Arquitetura da Informação

Uma Abordagem Prática para o Tratamento de Conteúdo e Interface em Ambientes Informacionais Digitais

CB004668

O GEN | Grupo Editorial Nacional reúne as editoras Guanabara Koogan, Santos, Roca, AC Farmacêutica, Forense, Método, LTC, E.P.U. e Forense Universitária, que publicam nas áreas científica, técnica e profissional.

Essas empresas, respeitadas no mercado editorial, construíram catálogos inigualáveis, com obras que têm sido decisivas na formação acadêmica e no aperfeiçoamento de várias gerações de profissionais e de estudantes de Administração, Direito, Enfermagem, Engenharia, Fisioterapia, Medicina, Odontologia, Educação Física e muitas outras ciências, tendo se tornado sinônimo de seriedade e respeito.

Nossa missão é prover o melhor conteúdo científico e distribuí-lo de maneira flexível e conveniente, a preços justos, gerando benefícios e servindo a autores, docentes, livreiros, funcionários, colaboradores e acionistas.

Nosso comportamento ético incondicional e nossa responsabilidade social e ambiental são reforçados pela natureza educacional de nossa atividade, sem comprometer o crescimento contínuo e a rentabilidade do grupo.

Arquitetura da Informação

Uma Abordagem Prática para o Tratamento de Conteúdo e Interface em Ambientes Informacionais Digitais

Liriane Soares de Araújo de Camargo
Silvana Aparecida Borsetti Gregorio Vidotti

LTC

Direitos exclusivos para a língua portuguesa
Copyright © 2011 by
LTC – Livros Técnicos e Científicos Editora Ltda.
Uma editora integrante do GEN | Grupo Editorial Nacional

Travessa do Ouvidor, 11
Rio de Janeiro, RJ – CEP 20040-040
Tels.: 21-3543-0770 / 11-5080-0770
Fax: 21-3543-0896
ltc@grupogen.com.br
www.ltceditora.com.br

Capa: Máquina Voadora DG
Editoração Eletrônica: Design Monnerat

CIP-BRASIL. CATALOGAÇÃO-NA-FONTE
SINDICATO NACIONAL DOS EDITORES DE LIVROS, RJ

C179a
Camargo, Liriane Soares de Araújo de
Arquitetura da informação : uma abordagem prática para o tratamento de conteúdo e interface em ambientes informacionais digitais / Liriane Soares de Araújo de Camargo, Silvana Aparecida Borsetti Gregorio Vidotti. - Rio de Janeiro : LTC, 2011.
il. ; 24 cm

Inclui bibliografia e índice
ISBN 978-85-216-0871-4

1. Tecnologia da informação. I. Vidotti, Silvana Aparecida Borsetti Gregorio. II. Título.

11-3874.   CDD: 658.4038
                 CDU: 005.94

Agradecemos aos nossos familiares, que nos apoiaram e entenderam as nossas trajetórias profissionais, nos incentivando, nos amando e compreendendo as nossas ausências em vários momentos de nossas vidas.

Agradecemos também a Deus, que permitiu o término deste livro, dando-nos a saúde necessária para isso.

Prefácio

O livro *Arquitetura da Informação: uma abordagem prática para o tratamento de conteúdo e interface em ambientes informacionais digitais* demonstra como os processos e métodos para o desenvolvimento de ambientes informacionais digitais podem ser aplicados no contexto da arquitetura da informação a fim de conduzir e guiar os arquitetos da informação no tratamento funcional, estrutural, informacional, navegacional e visual de tais ambientes.

A Parte I do livro trata do assunto de modo teórico, abordando no Capítulo 1, "Arquitetura da Informação", os conceitos e a história da arquitetura da informação, apontando seus relacionamentos com áreas do conhecimento, além de definir princípios e o papel do arquiteto da informação. O Capítulo 2 – "Ambientes Informacionais Digitais" – descreve os tipos de ambientes, suas características e recursos e explica conceitos e peculiaridades de ambientes informacionais digitais, assuntos e recursos como: acessibilidade, usabilidade, metadados, interoperabilidade, política, preservação, ferramenta de busca, personalização e customização. Destaca-se a apresentação de um instrumento auxiliar (*estratégia de avaliação de elementos de arquitetura da informação*) para desenvolvedores na avaliação de ambientes informacionais digitais.

O Capítulo 3, "Metodologia de Desenvolvimento", descreve os conceitos e a definição de metodologia de desenvolvimento de ambientes informacionais digitais, totalizando a construção de um arcabouço teórico para o desenvolvimento de ambientes informacionais digitais gerais e específicos. Tal abordagem se configura como uma grande contribuição para o desenvolvimento de ambientes digitais por essa vertente de atuação carecer de orientações metodológicas consistentes.

A Parte II é dedicada à orientação prática, baseada nos princípios da arquitetura da informação, para a compreensão da metodologia de desenvolvimento de ambientes informacionais. Nessa parte da obra são minuciosamente descritos os requisitos e o planejamento para o desenvolvimento do ambiente, além da orientação para a análise e o projeto de funcionalidade do ambiente.

De relevância capital é a metodologia de desenvolvimento de ambientes informacionais digitais detalhadamente explicitada nessa parte do livro, que, a partir dos princípios da arquitetura da informação no interior das áreas de ciência da informação, design gráfico e ciência da computação, apresenta as fases, as etapas, as subetapas, as atividades ou processos e as práticas metodológicas, descrevendo os métodos de auxílio à coleta, à análise, ao projeto, à avaliação e à retroalimentação dos objetos de conteúdo dos ambientes informacionais digitais.

Nesse contexto, pode-se dizer que a presente obra se destina a estudantes e professores de graduação e pós-graduação que cursam ou ministram disciplinas relacionadas à arquitetura da informação e àqueles que se interessam pelo tema, bem como aos profissionais que trabalham com ambientes informacionais digitais. O leitor irá constatar, à medida que percorrer dinamicamente a leitura dos capítulos, que os passos vão se delineando no próprio processo de desenvolvimento. Afinal, as autoras, se propuseram a estruturar uma dinâmica de exercícios e questões que levam a leitura à familiaridade com as temáticas abordadas e à compreensão da metodologia proposta.

As informações contidas neste livro foram elaboradas por meio de pesquisas baseadas em várias áreas do conhecimento, em especial a ciência da informação, mas principalmente a partir do amplo conhecimento das autoras Liriane Soares de Araújo de Camargo e Silvana Aparecida Borsetti Gregorio Vidotti e da experiência sólida na práxis do desenvolvimento e da análise de ambientes informacionais digitais no tratamento dos objetos de conteúdo de tais ambientes a partir dos princípios da arquitetura da informação. É importante destacar que este trabalho é fruto da tese de doutorado da primeira autora.

Em suma, espera-se que o conteúdo do livro possibilite ao seu leitor uma reflexão sob o olhar da ciência da informação sobre a arquitetura da informação do processo de construção e de avaliação de ambientes informacionais digitais e da busca por soluções que favoreçam os processos de geração, produção, tratamento, descoberta, uso e preservação de recursos informacionais.

Plácida Leopoldina Ventura Amorim da Costa Santos
Marília, São Paulo
Fevereiro de 2011

Doutora e mestre em Ciência da Informação pela Universidade Estadual Paulista Júlio de Mesquita Filho (UNESP) – *Campus* de Marília, Liriane Soares de Araújo de Camargo é graduada em Processamento de Dados pela Faculdade de Tecnologia (FAE-TEC) e pesquisadora atuante na linha de pesquisa Tecnologia e Informação com pesquisas sobre Arquitetura da Informação, Biblioteca e Repositório Digital, Análise, Projeto e Desenvolvimento de Ambientes Informacionais Digitais, além de pesquisadora do Grupo de Pesquisa Novas Tecnologias em Informação.

Doutora em Educação na área de concentração Educação Brasileira pela Faculdade de Filosofia e Ciências da UNESP, mestre em Ciências na área de concentração Ciências da Computação e Matemática Computacional pelo Instituto de Ciências Matemáticas de São Carlos da Universidade de São Paulo (USP) e especialista em Ciência Computacional pelo Instituto de Ciências Matemáticas de São Carlos da USP, Silvana Aparecida Borsetti Gregorio Vidotti é licenciada em Matemática pelo Instituto de Biociências, Letras e Ciências Exatas da UNESP. Atua como docente do Departamento e do Programa de Pós-Graduação em Ciência da Informação da Faculdade de Filosofia e Ciências (FFC) da UNESP – *Campus* de Marília, pesquisadora da área de Ciência da Informação, com ênfase em Tecnologias de Informação e Comunicação e em Arquitetura da Informação para ambientes informacionais digitais, e pesquisadora do Grupo de Pesquisa Novas Tecnologias em Informação.

Material Suplementar

Este livro conta com materiais suplementares.

O acesso é gratuito, bastando que o leitor se cadastre em http://gen-io.grupogen.com.br.

GEN-IO (GEN | Informação Online) é o repositório de material suplementar e de serviços relacionados com livros publicados pelo GEN | Grupo Editorial Nacional, o maior conglomerado brasileiro de editoras do ramo científico-técnico-profissional, composto por Guanabara Koogan, Santos, Roca, AC Farmacêutica, Forense, Método, LTC, E.P.U. e Forense Universitária.

Sumário

PARTE I
Introdução à arquitetura da informação

PARTE II
Metodologia de desenvolvimento de ambientes informacionais digitais com base nos princípios da arquitetura da informação

Arquitetura da Informação

Uma Abordagem Prática para o
Tratamento de Conteúdo e Interface
em Ambientes Informacionais Digitais

Introdução à arquitetura da informação

Capítulo 1

Arquitetura da informação

A arquitetura é a arte/técnica para projetar e construir ambientes. A arquitetura da informação também!

A arquitetura da informação (AI) é um campo ainda em consolidação, e entre os autores da área há aspectos convergentes e divergentes. Como aspectos convergentes podemos destacar:

- O consenso de que a AI oferece informações para auxiliar o arquiteto da informação no desenvolvimento de ambientes digitais.

- O conceito de que a AI permite elaborar uma estrutura que visa à organização das informações para que os usuários possam acessá-las mais facilmente e encontrar seus caminhos para a construção de conhecimentos.

Entre os aspectos divergentes identificamos:

- Os diferentes termos utilizados para representar os assuntos abordados pela AI, os quais são apresentados como diretrizes, princípios, planos, processos, atividades, elementos, itens, sistemas, guias, regras, critérios etc.

- O conceito de que a AI pode ser um produto, consistindo tanto em uma área que aborda assuntos relacionados ao tratamento de informações na construção de ambientes digitais quanto em um projeto palpável que especifica tal tratamento de forma estruturada e planejada em um determinado ambiente que será construído ou reconstruído. Nesse contexto, alguns autores comentam sobre o termo "metodologia de AI" se referindo à construção de uma AI específica de acordo com as características individuais e próprias de um ambiente.

Entre esses aspectos, podemos afirmar que ideias inovadoras e criativas devem ser inseridas e trabalhadas na AI, bem como instrumentos e recursos a fim de facilitar o desenvolvimento de ambientes informacionais digitais, auxiliando os arquitetos da informação e desenvolvedores a organizar, estruturar e representar objetos de conteúdo, além de melhorar e aumentar a utilização dos serviços e conteúdos dos ambientes informacionais digitais.

Assim, este livro apresenta em sua parte prática uma metodologia de desenvolvimento de ambientes informacionais digitais baseada em princípios da arquitetura da informação.

1.1 A IMPORTÂNCIA DA ARQUITETURA DA INFORMAÇÃO

Os arquitetos de informação devem mostrar a importância da AI, relatando as experiências e os projetos de sucesso já concretizados e ressaltando, principalmente, a vantagem competitiva oferecida por ela.

A arquitetura da informação, além de auxiliar na estruturação dos ambientes digitais, deve viabilizar os processos de gestão em geral, principalmente da gestão da informação e do conhecimento. Nesse contexto, Lima-Marques e Macedo (2006, p. 250) relatam que "a arquitetura da informação fornece suporte às ações de gestão do conhecimento, à medida que visa a promover a acessibilidade à informação armazenada para garantir a eficácia do processo decisório nas organizações".

As instituições querem saber quanto elas vão gastar para desenvolver um ambiente e quanto vão ter de retorno. E a resposta para isso é muito difícil de ser mensurada, pois as vantagens de uma AI podem ser de várias naturezas e só podem ser analisadas depois de determinado período de utilização do ambiente informacional.

Em relação às atividades de desenvolvimento de uma AI (práticas do arquiteto da informação) no mercado de trabalho, lança-se uma questão: qual é a estratégia de posicionamento da AI no que se refere à venda da mesma?

Essa questão ainda deve ser debatida pelos profissionais da área, que, apesar de atuarem em várias áreas do conhecimento, ainda são pouco conhecidos e valorizados. Lara Filho (2003, p. 4) comenta que:

> O profissional de arquitetura da informação ainda é pouco conhecido, pouco valorizado, ou antes, totalmente ignorado. Seu trabalho consiste em criar uma organização própria e particular para o conjunto de informações do site, planejar a distribuição destas informações, determinar o conteúdo

apropriado e relacioná-lo dentro do site. O profissional de arquitetura da informação deve participar dos trabalhos desde seu início. As mesmas informações que irão nortear os trabalhos de redação e design serão as bases de seus trabalhos.

Contudo, esse panorama vem sendo modificado atualmente, pois Melo (2007, p. 2) afirma que "os arquitetos de informação estão entre os profissionais mais bem pagos do meio (pelo menos no exterior)". A autora realizou uma pesquisa, concluindo que:

> Os arquitetos de informação geralmente têm as principais qualidades desejadas do setor: pensamento orientado para usabilidade e acessibilidade, conhecimentos de design e de interface, noções de programação e domínio da escrita, entre outras.

Anderson (2002) relata que a comunidade de arquitetos da informação ainda não está estabelecida, mas está crescentemente buscando um centro.

1.2 HISTÓRIA E ORIGEM DA ARQUITETURA DA INFORMAÇÃO

Segundo a literatura da área, o termo arquitetura da informação foi popularizado por Richard Saul Wurman em meados da década de 1960. Em 1976, ele organizou uma conferência denominada National Conference of the American Institute of Architects (AIA), em que o tema principal era *The Information Architecture*. Assim, Wurman transformou a arquitetura da informação em seu objeto de estudo com a finalidade de organizar informações de forma que seus usuários pudessem acessá-la com facilidade. Nessa conferência, Wurman comenta sobre a prática do profissional arquiteto da informação enfatizando os processos de estruturação e desenho de informações. Contudo, no tocante a essa prática, a área de design de informação a enfoca muito antes da popularização do termo por Wurman.

Complementando essa constatação, Agner Caldas (2007, p. 100) relata que "um campo limítrofe à arquitetura da informação – e que deve ser mencionado – é o design de informação". E Rosenfeld e Morville (1998) afirmam que os "arquitetos de informação fazem design e os designers fazem arquitetura da informação".

O design de informação, também conhecido como infodesign, é uma área do design gráfico que visa tratar a informação visual. O design gráfico estrutura e formata a informação visual, tratando a relação entre imagem e texto.

Assim, o design é considerado uma área base para a compreensão da AI. Constatado isso, apresentam-se aqui a história e a origem da AI, as quais envolvem várias disciplinas, como design, ergonomia, usabilidade, interação humano-computador (HCI), computação, entre outras. Vale ressaltar que não foi encontrado na literatura um relato da evolução da AI por ordem cronológica (considerando sua ideia central desde as atividades realizadas na área de design). Assim, o texto apresentado a seguir é conduzido de forma cronológica, porém existem situações e eventos marcantes que entrecortam décadas e são realizados concomitantemente com outros marcos importantes da área.

Em 1914 foi fundado o American Institute of Graphic Arts (AIGA – Instituto Americano de Artes Gráficas), que, segundo Anderson (2002), possuía como objetivo disseminar o design como disciplina definida.

O AIGA usa o termo *experience design* para descrever uma comunidade de prática, abordando mais do que uma simples profissão. O instituto apresenta experiências efetivas de muitos tipos diferentes de profissionais com ampla gama de conhecimento, como projetistas e planejadores estratégicos, pesquisadores de usuários e usabilidade, designers gráficos, informação, interface, interação e software (ANDERSON, 2002). Esse instituto começou a enfocar experiências no meio digital em 1998, mas continuou atento às experiências humanas que não estão restritas à tela do computador. As primeiras experiências dessa natureza foram realizadas na década de 1950 apoiadas por estudos de ergonomia e usabilidade de aparatos, geralmente no âmbito militar (MARCOS, 2004). Tendo como base essa afirmação, pode-se concluir que a área de design gráfico é atrelada às áreas de ergonomia e usabilidade desde os anos 50.

A ergonomia objetiva conceber e avaliar produtos e ferramentas que possam ser utilizados com o máximo de conforto, segurança e eficiência, enquanto a usabilidade visa aumentar e melhorar o uso do produto. No âmbito computacional, Cybis *et al.* (1999, p. 1) relatam que

> a ergonomia mostra-se habilitada a enfrentar os problemas e propor soluções lógicas para o desenvolvimento de software interativos que sejam adaptados aos seus usuários e adequados às suas tarefas.

Já a usabilidade pode ser considerada "um requisito para toda atualização que se faça nos sistemas de informação e documentação, como também nas ocasiões em que se amplia o acervo e se adquirem novos produtos e equipamentos" de acordo com Dias (2003, p. 18). Ambas possuem relacionamento direto com a AI, principalmente no que se refere à aplicação de recursos no desenvolvimento de sistemas de informação a fim de melhorar a utilização para os usuários.

Na década de 1950, estudos começaram a enfocar os sistemas de informação. De acordo com Macedo (2005, p. 136),

> a literatura considera sistemas de informação, num sentido amplo, como sinônimo de ambientes de informação, referindo-se a serviços de informação propriamente ditos, tais como bibliotecas ou centros de informação.

Nesse contexto, a AI se preocupava em tratar a informação para a recuperação da mesma, abordando desde os catálogos das bibliotecas até os sistemas automatizados e de banco de dados.

É inegável que a AI se tornou mais valorizada depois do surgimento dos sistemas de informação automatizados. A partir dos anos 1950, houve marcos importantes para a evolução da AI, os quais envolveram comunidades de design, HCI, ergonomia, usabilidade e arquitetura da informação em sistemas de informação concomitantemente. Em paralelo a essa evolução histórica da AI, Brancheau *et al.*, em 1989, publicaram um relato histórico citando alguns eventos ocorridos na Pillsbury U.S. Foods (distribuidora americana do setor alimentício) que conduziram ao desenvolvimento de uma arquitetura da informação que poderia ser utilizada em muitas grandes organizações, envolvendo desde a década de 1950 até a de 90. Nesse relato, o autor comenta que nas décadas de 50 e 60, essa distribuidora começou a utilizar sistemas de administração de banco de dados (DBMS) e, no início de 1970, muitos desses sistemas foram implantados em outras organizações. Eles foram fundamentais para a distribuidora nos anos 70 e 80, pois esse foi um período muito lucrativo e de aquisição de outras companhias. Contudo, os sistemas começaram a dar altos custos de manutenção, e, com as pressões econômicas dos anos 80, a distribuidora era incapaz de manter a companhia em posição de vantagem competitiva. Por meio de estudos, a administração executiva verificou que não havia lugar único de armazenamento de informações básicas de clientes, produtos, faturas e outras informações relevantes e, reconhecendo então a natureza crítica do problema de dados, começou a construir um novo planejamento de sistemas de informação nos anos 90 que era composto por três partes. A primeira parte abrangeu um estudo para determinar o estado atual dos recursos de informação na distribuidora, determinando quais aplicações eram utilizadas e como essas aplicações serviam a necessidade da organização. A segunda parte determinou onde a distribuidora deveria estar em relação ao sistema de informação após cinco a sete anos, abordando aplicação de software, sistemas, rede e hardware. Já a terceira parte determinou como a distribuidora obteria uma arquitetura da informação a partir de seu estado atual. Durante o ano de 1984, foi planejada a maioria das atividades da Pillsbury

U.S. Foods, centradas em determinar exigências de informação para aplicações empresariais. Assim, o trabalho da arquitetura de informação começou em fevereiro e foi concluído em agosto de 1985. A partir desse relato, verificamos que a necessidade de uma arquitetura da informação se originou das necessidades informacionais e tecnológicas sofridas em épocas específicas. A AI não auxiliou apenas no desenvolvimento de um sistema de informação; auxiliou também no processo de gestão da empresa. Com relação a esse aspecto, Lima-Marques e Macedo (2006, p. 241) afirmam que:

> Percebeu-se que os conhecimentos poderiam ser retirados dos dados resultantes das atividades que caracterizam o negócio da organização, que são continuamente acumulados pelos sistemas de informação. A transformação eficiente e eficaz desses dados em conhecimento acessível, que possa resultar em melhor desempenho da organização, passa pelo domínio da arquitetura da informação (AI).

Continuando o relato sobre a evolução da AI, foi identificada, entre 1950 e 1965, a preocupação principal no hardware, o qual sofria mudanças contínuas. O software era uma "arte secundária" para a qual havia poucos métodos sistemáticos, além de não conter documentação necessária. Nesse período, grandes máquinas foram projetadas e uma delas especificamente ganhou destaque – a Memex, elaborada por Vannevar Bush, que abordava o conceito de armazenar e recuperar informações por meio de índices associados e com uma natureza multimídia.

Nos anos 60, observa-se uma proliferação de protótipos que facilitaram a interação entre pessoas e computadores, sempre dentro dos limites da tecnologia do momento. Além das válvulas, surgiram os circuitos integrados, juntamente com a ideia de criar uma relação simbiótica entre o homem e a máquina, mas havia alguns problemas, como:

- Os computadores deveriam permitir acesso a múltiplos usuários simultaneamente.
- A tela/monitor deveria oferecer informações icônicas.
- Os sistemas deveriam ser interativos e trabalhar em tempo real no processamento da informação.
- Deveriam existir sistemas de armazenamento e recuperação em grande escala.
- Deveria ser estabelecida a cooperação humana no desenho e na programação de sistemas (MARCOS, 2004, p. 44).

Como as válvulas foram trocadas por transistores de silício, o tamanho do computador diminuiu e eles se tornaram mais baratos, rápidos e resistentes que a válvula. Segundo Manzano e Manzano (1998), o transistor era, em média, cem vezes menor do que a válvula e a IBM desenvolveu um minicomputador para ser utilizado em diversos segmentos do mercado.

Apenas a partir de 1965 surgiram a multiprogramação, os sistemas multiusuários, as técnicas interativas, os sistemas de tempo real, a primeira geração de sistemas de gerenciamento de banco de dados (SGBD), as bibliotecas de software, o crescimento do número de sistemas baseado em computador e a difícil manutenção – maior motivo da crise de software.

A crise do software foi um marco para a AI, pois em 1968 foi proposto em uma conferência em Bruxelas para minimizar problemas relacionados ao desenvolvimento de software o conceito de engenharia de software, em que novas técnicas e novos modelos eram necessários para controlar a complexidade inerente aos grandes sistemas de software. Atualmente, novas tecnologias resultantes da convergência de computadores e sistemas de comunicação, e as complexas interfaces com o usuário, impuseram novos desafios aos engenheiros de software (SOMMERVILLE, 2007). Vale ressaltar que, antes dessa época, o hardware era a preocupação principal, havendo poucos métodos sistemáticos para a elaboração de software e nenhuma documentação.

Sommerville (2007, p. 5) relata que "o desenvolvimento menos formal é particularmente apropriado para sistemas baseados na Web, que requerem uma combinação de habilidades em projeto gráfico e em software".

Assim, é possível considerar que a AI pode auxiliar de maneira significativa no desenvolvimento de sistema de informação digital, atuando especificamente no tratamento de informações e interfaces.

Seguindo o pensamento de Vannevar Bush, Ted Nelson pensou na possibilidade de o computador construir e manejar estruturas de dados complexas e interconectadas que poderiam ser partes de textos inter-relacionadas. Assim, no final da década de 1970, as abordagens voltadas para o desenvolvimento de sistemas de informação sofreram uma quebra de paradigma, e parte de seus adeptos ampliou sua visão enfocando aspectos contextuais e cognitivos nesse processo (MACEDO, 2005).

Em relação a esses aspectos, Ted Nelson idealiza uma rede mundial que seria um grande repositório (potencialmente infinito) de todos os documentos da humanidade. Esses documentos, arquivados em uma estrutura universal de dados, poderiam apontar de modo associativo para outros documentos afins, tendo em comum sua natureza digital e hipertextual, na qual os links redefinem a fronteira entre um documento e outro (LEVACOV, 1997).

De 1960 a 1973, a IBM lançou um modelo de microcomputador que utilizava microcircuitos, também conhecidos como circuitos integrados. Foi a partir desse modelo que se começou a utilizar o termo byte, segundo Manzano e Manzano (1998).

Levacov (1997) comenta sobre a revolução informacional e relata que um grande acontecimento foi o surgimento das bibliotecas virtuais. A autora (1997, p. 4) afirma que

> A construção das bibliotecas virtuais foi acontecendo aos poucos, à medida que a evolução da tecnologia disponibilizava novas ferramentas que podiam ser utilizadas para este fim. Esta construção ocorreu (e ainda ocorre) paralelamente em dois fronts: off e on-line. A parte off-line iniciou com o controle do inventário e circulação, depois com a criação de catálogos eletrônicos e a automação de atividades de indexação. Mais tarde, acrescentou versões eletrônicas de obras de referência, geralmente em CD-ROMs (índices de periódicos e jornais, *abstracts* etc.). E, finalmente, o armazenamento e recuperação de versões eletrônicas da própria informação. De índices de periódicos, a sumários, *abstracts* e, por fim, *full-text* e acesso a bases de dados on-line e/ou na Internet.
>
> Paralelamente, por duas décadas, a evolução das comunicações on-line foi criando recursos que os bibliotecários passaram a utilizar, como ftp (e archie), depois *gophers* (e veronica, WAIS etc.), OPACS (e Z39.50) e atualmente WWW (e indexadores como Yahoo ou *robots* indexadores como o AltaVista, Lykos, WebCrawler etc.), integrando-os gradualmente aos recursos off-line. Mais ainda, as bibliotecas e os centros de informação começam a disponibilizar eletronicamente outras informações, de natureza mais comunitária, como calendários de eventos, informações locais etc.

Levacov (1997, p. 6) relata que, "em 1969, Frederick Kilgmore criou um catálogo cooperativo e compartilhado organizando um consórcio de bibliotecas acadêmicas em Ohio", atualmente conhecido como Ohio Colleges Library Center (OCLC), "que permite que mais de 21 mil bibliotecas em 62 países, compartilhem um banco de dados de indexação com mais de 30 milhões de registros".

Os catálogos eletrônicos on-line também são conhecidos na Internet como *on-line public access catalogs* (OPACs). Eles se tornaram comuns, e alguns apresentam interfaces bastante sofisticadas. As "prateleiras virtuais" reúnem coleções geograficamente dispersas e podem ser construídas instantaneamente por meio de diferentes campos indexadores. O conceito de operadores lógicos booleanos, antes restrito aos profissionais da informação, integra, agora, em menos de uma década, o vocabulário dos usuários (LEVACOV, 1997).

Em 1973 surgiram os computadores pequenos, rápidos e com grande capacidade de memória, e em 1975 surgiram as redes locais e globais, o uso generalizado de microprocessadores e produtos inteligentes, o hardware de baixo custo, o impacto de consumo, as tecnologias orientadas a objetos, os sistemas especialistas e os software de inteligência e rede neural artificial. Também nessa década começaram as publicações de grandes obras sobre HCI e o estabelecimento de grandes centros de investigação.

Evernden e Evernden (2003, p. 95, tradução nossa) relatam que:

> A abordagem arquitetural para gerenciar informação originada na década de 1980 e o aumento da complexidade e do tamanho de sistemas de informação individuais colaboraram para o desenvolvimento de programas de arquitetura considerados mais amplos "no escopo, no impacto organizacional e no processo" do que o desenvolvimento de aplicações que não rodam na Web baseado em projetos anteriores. A arquitetura da informação era um "mecanismo para definição e controle das interfaces e integração de todos os componentes do sistema".

A década de 1980 começou com publicações de grandes obras, as quais tratavam de aspectos mais psicológicos do que tecnológicos, passando por temas de interação, ergonomia e projeto, com o objetivo de integrar ferramentas e indivíduos em comunidades. Em 1983, a Xerox PARC propôs um modelo que serviu de base teórica para modelos posteriores como o de processamento humano de informações, que parte do conhecimento fisiológico das pessoas (MARCOS, 2004).

Nessa mesma década, os métodos tradicionais de ergonomia começaram a ser aplicados a fim de estudar os desenhos em todas as suas variáveis, desde a forma e a disposição dos elementos nos teclados até os aspectos que influenciam o âmbito social e trabalhista dos usuários. A PARC oferece um suporte para investigar o momento em que a Xerox entrou no negócio de sistemas e tecnologias digitais, e seus laboratórios criaram protótipos de computadores pessoais (PCs), pensados para o uso individual, que seria possível graças à capacidade de processamento e memória, telas de alta resolução, teclado e mouse.

Marcos (2004) relata que a primeira estação de trabalho foi criada pela Apple (posterior Macintosh) e que, a partir disso, foi verificada a necessidade de diálogo entre usuário e máquina, começando a implementar novos estilos de interação das interfaces, como menus e formulários por meio de linguagens de comando.

Na década de 1990, começaram a aparecer revistas centradas na HCI como a *Transactions on Computer-Human Interaction* (ACM), de 1994. Pela bibliografia publicada nos últimos anos, percebem-se áreas de investigação em: avanços da teoria de HCI, projetos de informação de telas, sistemas para trabalho em grupo e cooperativo, formas de organização da informação, apresentação da informação em sistemas de realidade virtual e realidade aumentada e admissão da voz como dispositivo de entrada e saída da informação.

Em 1994, Louis Rosenfeld e Joseph Janes, ambos com formação em ciência da informação e biblioteconomia, fundaram a Argus Associates, a primeira empresa dedicada exclusivamente a trabalhar com arquitetura da informação na Web. A ação pioneira da Argus logo foi seguida por outras empresas especializadas em projetos de websites, como Sapient, Scient, Viant, Agency.com, IXL, marchFIRST, Rare Medium, Zefer, Luminant e Razorfish. Todas elas abordam formalmente a AI como disciplina para a execução de seus projetos. A Argus Associates começou a usar a metáfora arquitetura com clientes para realçar a importância da estrutura e da organização do Web design (REIS, 2007; WHITE, 2004).

Nesse mesmo ano, a revista *Web Review* publicou uma coluna intitulada "Arquiteto da Web", assinada por Rosenfeld, que se uniu subsequentemente com Peter Morville, também diplomado da Escola de Informação e Estudo de Biblioteca, na Universidade de Michigan, e o primeiro empregado da Argus Associates (WHITE, 2004). Rosenfeld e Morville foram convidados pela O'Reilly Publishing para escrever um livro, lançando assim sua primeira obra sobre a AI na Web: *Information Architecture for WWW*, também chamado de "urso polar", por apresentar essa imagem na capa – de acordo com os padrões da O'Reilly, que usa uma linha de desenhos de animais nas séries em que os livros são publicados.

Em 2000, o Comitê Executivo SIGCHI propôs uma sociedade cooperativa com a AIGA para explorar e estender os conceitos de design de acordo com as perspectivas diferentes de cada organização. Uma das atividades dessa sociedade inclui discussões sobre projeto centrado no usuário, estudos de caso como a experiência da AIGA e estudo de caso de design na Biblioteca Digital do ACM. Nessa época, já havia comunidades específicas de arquitetura da informação. Contudo, para os sócios dessa sociedade havia muitas comunidades de arquitetura da informação visíveis dentro do SIGCHI, pois os arquitetos da informação projetavam a planta baixa da estrutura e navegação para sistemas de conteúdo e interações para ajudar os usuários a acessar e administrar informação.

Nesse mesmo ano (2000), reuniões abordaram as necessidades da comunidade de AI. Assim, foi realizada a primeira conferência internacional sobre AI, denominada First Annual Information Architecture Summit, organizada pela American Society for Information Science and Technology (ASIS&T). O evento passou a ser realizado anualmente desde então. Em seu glossário, publicado na ocasião do encontro, Hagedorn (2000, p. 5, tradução nossa) estabeleceu os seguintes conceitos:

> Arquitetura da informação: arte e ciência da organização da informação para ajudar efetivamente pessoas a satisfazer suas necessidades de informação. Envolve investigação, análise, desenho e implementação.
>
> Ecologia da informação: a rede dos relacionamentos que cria um espaço de informação. As partes de uma ecologia da informação são os conteúdos, as ferramentas criadas para veiculá-los, o contexto no qual se inserem e os usuários que o acessam.

White (2004) relata que outra definição para arquitetura da informação é apresentada por Roger Evernden no livro *Information First* (Butterworth-Heinemann, 2003), no qual ele define AI como "a fundação de uma disciplina descrevendo teoria, princípios, diretrizes, padrões, convenções e fatores para administrar informação como um recurso". O autor relata que, nesse encontro, Peter Morville promoveu o conceito de *findability* em particular como uma combinação de navegação e procurou prover acesso à informação altamente efetivo e eficiente.

Com relação à conferência ocorrida em 2000, a First Annual Information Architecture Summit (SURLA, 2006) relata que há um grande número de indivíduos trabalhando para trazer mudanças na área de AI, como Brian Arbigast de Hubert-Miller, autor de um artigo sobre AI, participante em todos os sete *summits* de AI e membro respeitado dessa comunidade. Kathleen Burnett, que editou o artigo de Brian, resumindo e apresentando uma pequena parte da teoria da AI, possibilitou uma conversação mais informal e grandemente dispersa em discursos acadêmicos. Dr. Burnett continua editando e publicando partes da dissertação de Brian e promovendo debates – em especial com Christine Connors, a qual está envolvida em um contexto corporativo que abrange taxonomias, metadados e gerenciamento de websites. Samantha Starmer segue com um engajado artigo sobre como vender AI no ambiente corporativo. Andrew Hinton enfoca a relevância da modalidade de jogos para a AI. Finalmente, o artigo de Jason Hobbs fala sobre projetos em países em desenvolvimento e oferece pontos pertinentes sobre AI na África do Sul.

No final de 2001, Louis Rosenfeld convidou um grupo de pessoas para formar um comitê com o objetivo de criar uma organização para arquitetos de informação. Esse grupo inclui arquitetos de informação proeminentes e pessoas de organizações que já serviam as comunidades representantes da AIGA, da Experience Design, da Society for Technical Communication (STC), da Usability Professionals' Association (UPA) e da ASIS&T), que foi anfitriã de um *summit* de AI.

A Argus Associates encerrou suas atividades em março de 2001, junto com várias empresas, por não conseguir atravessar a explosão informacional da Internet. Contudo, os conceitos de AI continuam sendo fundamentais no design de websites (REIS, 2007, p. 62).

Em 2002, surgiu a primeira comunidade formal de profissionais de AI, o Asilomar Institute for Information Architecture (AIfIA),[1] que mudou de nome em 2005 para Information Architecture Institute.

White (2004) relata que, em 2004, o Parlamento inglês estava buscando um arquiteto de informação com prestígio por meio de um anúncio em páginas importantes do *Sunday Times*. O anúncio indicava que era um compromisso com sistemas de informação e realçava assuntos relacionados com habilidades, perícias e extensão de um arquiteto da informação. Nos Estados Unidos, a arquitetura da informação foi abraçada pela Sociedade Americana da Ciência da Informação e promovido e apoiado pela AIfIA.

Na Europa, a arquitetura da informação começava a ser um assunto para conferências e seminários, pois foram realizados eventos sobre AI como a Conferência de Informações On-line, em Londres, em 2003, e a Conferência de AI na Dinamarca, em 2004, e formou-se o grupo de usuários on-line do Reino Unido, que também realizou um seminário em Londres.

É importante relatar a dificuldade em se identificar quando a AI começou – Morville (2005) acredita que as pessoas de alguma forma utilizam ou a utilizaram por séculos. Baptista e Espantoso (2008, p. 14) relatam que os termos "arquitetura da informação" e "arquiteto da informação", dentro do conceito mais restrito condicionado à construção de sites, "tiveram, inicialmente, uma forte participação de duas escolas norte-americanas de biblioteconomia, responsáveis pelos primeiros estudos na área".

O Google sugere mais de 1.100.000 artigos que contêm o termo "Arquitetura da Informação". Para um termo que só existe há três anos, o nível de interesse no assunto é uma indicação interessante (WHITE, 2004).

Segundo Evernden e Evernden (2003, p. 98, tradução nossa):

> A arquitetura da informação mudou dramaticamente nos últimos 20 anos, tornando-se uma ferramenta sofisticada e multidimensional de gestão da informação como um recurso corporativo distinto de arquiteturas de tecnologia e frameworks não exclusivos da competência do departamento de MIS. Organizações contemporâneas precisam de uma arquitetura da informação e de uma tecnologia complementar que trabalhem juntas para poder oferecer supremacia comercial por meio da comunicação e uso de informação de forma produtiva e rentável.

---

1   http://iainstitute.org/

Para esses autores (2003, p. 95), a AI evoluiu por três gerações distintas (ver Quadro 1):

Quadro 1	Características das três gerações da arquitetura da informação		
Geração	**Foco**	**Orientado por**	**Conteúdo**
1ª geração 1970 e 1980	Sistemas como aplicações que não rodam na Web dentro de organizações individuais	Aumento de funcionalidade e sofisticação de aplicações que não rodam na Web	Esclarecimento da necessidade de uma abordagem arquitetural; analogias com arquitetura de construção; diagramas 2D simples ou frameworks fornecendo uma visão inicial da arquitetura
2ª geração 1990	Sistemas Web como conjuntos integrados de componentes dentro de organizações individuais	Crescimento da complexidade de sistemas e interdependência; demanda por reúso de software	Extensões e adaptações de diagramas das arquiteturas da 1ª geração; conjunto de frameworks com modelos de referências industriais
3ª geração Depois de 1990 e 2000	Informação como recurso corporativo com ferramentas de apoio de TI e técnicas.	Surgimento da Internet, do e-commerce e aumento nas aplicações business to business; crescimento de interdependência entre organizações; adoção do gerenciamento de conhecimento, sistemas inteligentes e visão mais holística da informação como um recurso	Definição explícita de princípios e teoria básica; desenvolvimento de arquiteturas multidimensionais; customização de frameworks de informação para as necessidades de organizações individuais; padrões e mapas de informação genérica

Fonte: Traduzido de Evernden e Evernden (2003, p. 96).

A primeira geração de arquitetura da informação foi publicada e descrita em 1980 para desenvolvimento de aplicações *standalone* (sistemas locais, não disponíveis na Web). A segunda geração utiliza essas ideias no âmbito do empreendimento para mais de uma aplicação. A terceira e atual geração foca na informação no lugar da tecnologia.

> A sociedade contemporânea parece firmar-se como fato a presença de uma nova modalidade de organização social, em que se estabelece uma relação direta com o conhecimento, sendo este muitas vezes considerado como um recurso econômico (ALMEIDA e CURTY, 2006, p. 535).

Os autores relatam também que as expressões "sociedade da informação" e "sociedade do conhecimento" entraram em circulação, procurando designar a sociedade, caracterizá-la e assimilá-la conforme acentua o uso das novas tecnologias da informação e comunicação.

Oliveira (2005, p. 65) relata que:

> Até meados da década de 1990, a Internet se estruturava para adquirir um apelo mais comercial e democrático, facilitando o acesso às interfaces de exploração e a produção de conteúdos personalizados. Com ela cresceu a necessidade de zelar para que seu crescimento fosse mais gerenciável. Uma arquitetura das redes floresceu nos âmbitos de trabalho, mesmo que virtuais, dos maiores e mais experientes programadores, designers e desenvolvedores de então. Alguns dos procedimentos, que eram não mais do que adaptações de conceitos há muito conhecidos, como a filosofia, a arquitetura e a biblioteconomia, tornaram-se disciplinas de construção das redes digitais, e entre estas novas matérias está a arquitetura da informação.

A maior circulação de informação/conhecimento implica a necessidade de criação de estratégias de controle e medição desses recursos. Dentre essas estratégias, pode-se mencionar a arquitetura da informação, que se configura em uma alternativa que visa ao mapeamento e à medição dos insumos "informação e conhecimento".

1.3 CONCEITOS E DEFINIÇÃO DA ARQUITETURA DA INFORMAÇÃO

Para compreender o conceito de arquitetura da informação, é necessário retomar sua origem. Como citado, a AI começou a ganhar força entre as décadas de 1960 e 1970, quando os sistemas de informação começaram a determinar vantagem competitiva nas organizações que os utilizavam, desde que seu design gráfico e de informação fossem elaborados de acordo com as necessidades dos usuários.

Nessa época, começou a se perceber que, para garantir a qualidade dos sistemas de informação, era necessário tratar as informações que entravam e saíam da aplicação por meio de uma interface interativa e de boa qualidade. Baseado nesse contexto, o primeiro conceito a ser popularizado do termo foi dado por Wurman, em 1976, como uma estrutura ou mapa de informação, permitindo às pessoas/usuários encontrar seus caminhos para a construção de conhecimentos em ambientes informacionais (WURMAN, 1996).

Essa estrutura ou mapa de informação visa a organizar as informações para que os usuários possam acessá-las mais facilmente. Essa organização por meio de mapas ou estruturas foi considerada por Wurman uma forma análoga de projetar espaços organizados e estruturados semelhante à prática do profissional arquiteto. A partir disso, ele cunhou o termo arquitetura de informação, popularizando assim o termo arquitetura da informação.[2]

Wurman (1996) entende os problemas de reunião, organização e apresentação da informação como sendo análogos aos de um arquiteto ao projetar um edifício que serve às necessidades de seus ocupantes. De forma complementar a essa afirmação, Siqueira (2008, p. 30) relata que:

> a visão de Wurman é derivada de sua formação como arquiteto, e seu principal propósito é estender os conceitoschave de organização de espaços, desenvolvidos na arquitetura, para os espaços informacionais.

Outros autores – de várias áreas distintas – conceituam AI de forma semelhante aos conceitos e às práticas utilizados na área de arquitetura como planta, espaço, desenho estrutural e construção. Junto a isso, Tosete Herranz e Rodríguez Mateos (2004, p. 205, tradução nossa) relatam que:

> Em múltiplos sentidos, a produção de sites guarda surpreendentes semelhanças com a prática da arte da arquitetura. Os arquitetos ocupam boa parte do processo de planificação das construções e criam espaços físicos funcionais e adequados a suas tarefas. A arquitetura da informação (AI) trata acerca do desenho de espaços de informação, que está no âmbito da *World Wide Web*, conhecidos como sites. Existem convenções e princípios para construção de edifícios, em que se apoiam todos os arquitetos; existem convenções e princípios de desenho que se devem conhecer e aplicar no desenvolvimento de um site.

---

2   Vale ressaltar que se pode encontrar o termo "arquitetura informacional" para "arquitetura da informação", bem como acontece para os termos "ambiente de informação" ou "ambiente informacional".

É importante relatar que devemos considerar na AI alguns princípios da arquitetura tradicional, como a beleza (estética e aparência) e a funcionalidade (utilidade e praticidade). A beleza está envolvida com o aspecto externo, enquanto a funcionalidade está relacionada com as funções do ambiente.

Muitos autores comentam sobre a semelhança das práticas da arquitetura tradicional com a arquitetura da informação. Macedo (2005, p. 113 e 115) apresenta alguns desses autores:

> Na opinião de Chiou (2003), a arquitetura tradicional tem muito em comum com a arquitetura da informação, especialmente a habilidade de planejar e relacionar vários elementos. E a percepção das similaridades entre os ambientes físico e informacional pode ser muito útil para os arquitetos da informação, pois os princípios podem ser comuns.
>
> Para Sayed (2002), a disciplina tradicional de arquitetura, como desenho de edifícios e espaços físicos, envolve a elaboração e a solução de problemas, que requer análise (planejamento) para a manifestação de uma síntese (desenho). Segundo ele, tanto para o desenho da infraestrutura virtual quanto para o da física, a programação arquitetural é uma abordagem objetiva para a compreensão da natureza da tarefa, de forma que um problema específico possa ser identificado como algo a ser solucionado por planejadores de espaço (*space planners*) e desenhistas (designers).
>
> Na opinião de Taylor (2004), arquitetos criam modelos com vistas a projetar edifícios ou outras estruturas para servir às necessidades das pessoas e, ao mesmo tempo, serem belas. Arquitetos da informação, do mesmo modo, determinam as necessidades de uso da informação e modelam os caminhos que levam à informação desejada, além de criarem interfaces atrativas para apresentar os conteúdos.

Também existem autores que reconhecem as práticas de AI em outras áreas de conhecimento como nas áreas de design de informação, design de interação, ecologia da informação, processos de gerenciamento da informação ou de gestão estratégica de negócios, entre outras. Algumas dessas áreas são comentadas a seguir:

- O design de informação enfoca o conteúdo, ele é o design da apresentação da informação para facilitar a compreensão do usuário.

■ O design de interação deve enfocar o conteúdo em relação ao sistema; é o desenvolvimento de fluxos de aplicação para facilitar as tarefas do usuário, definindo como este interage com as funcionalidades do ambiente informacional (SHEDROFF, 1994; GARRETT, 2002). Toms (2002, p. 855, tradução nossa) relata que "interação da informação é o processo que as pessoas usam na interação com o conteúdo de um sistema de informação. A arquitetura da informação é um plano de ajuda à navegação e ao conteúdo para sistemas ricos em informação". A autora relata ainda que a AI realiza um papel de suporte importante na interatividade da informação, sendo ela "um mapa das estruturas de informação básicas". O design de interação deve envolver questões de acessibilidade, usabilidade e funcionalidade, deixando a navegação intuitiva. A AI envolve o design de informação e de interação, pois não aborda apenas a organização e a forma de apresentação da informação apresentada pelo usuário, mas também envolve a organização e a estruturação de dados e metadados invisíveis ao usuário, o que pode garantir a satisfação do usuário.

■ A ecologia da informação é uma metáfora para representar a ciência de compreender e administrar todos os ambientes para induzir comportamentos e ajudar a formar uma nova visão organizacional, em vez de modelar um ambiente informacional em máquinas e edifícios, propondo uma abordagem mais harmoniosa com as coisas vivas (DAVENPORT, 1998). Diferentemente da AI, a ecologia da informação não modela ambientes, mas visualiza os elementos e as relações entre eles como um todo.

■ Os processos de gerenciamento da informação são mais voltados para área administrativa, em que conteúdos gerenciais e organizacionais são administrados. McGee e Prusak (1994) os consideram parte integrante de uma arquitetura da informação, utilizada como metáfora pelos especialistas em projeto de sistema e pelos teóricos para indicar um modelo de organização abrangente para a geração e movimentação dos dados. Esse modelo tenta documentar todas as fontes de dados importantes numa organização e as relações entre os dados. O objetivo desse modelo é criar um mapa abrangente dos dados organizacionais e, em seguida, construir um sistema baseado nesse mapa.

Outro termo muito semelhante à arquitetura é engenharia – muito utilizado na área de AI e afins para representar análise, projeto e desenvolvimento de recursos como engenharia de software, engenharia da Web e engenharia de usabilidade. Porém, essas áreas se diferenciam da AI pelo enfoque dado no produto, principalmente na infraestrutura tecnológica. Este livro não se aprofunda nessas áreas especificamente, mas é importante comentar que a engenharia de software é uma área que oferece muitos recursos e fundamentos para a AI como metodologias, métodos e ferramentas, abrangendo a engenharia da Web, que é voltada especificadamente a ambientes inseridos na plataforma Web.

McGee e Prusak (1994, p. 129) relatam que o termo arquitetura da informação "é um termo complexo, pois combina duas palavras que possuem vasta gama de conotações". Assim, se a palavra "arquitetura" for considerada a arte e a ciência de desenhar e projetar espaços/ambientes, como seria desenhar e projetar informação? A palavra "informação" é conceituada de forma distinta de acordo com diversos autores da área, sendo o primeiro problema encontrado para a definição de AI.

Agner Caldas (2007, p. 67) relata que "faz parte do desafio de trabalhar com a arquitetura da informação compreender os fundamentos do conceito de informação". Como afirma Saracevic (1999), "não sabemos definir o que é informação, embora existam definições léxicas e a compreensão intuitiva sobre o seu significado".

Belkin (1978) "considera informação como um estado de conhecimento comunicado capaz de transformar estruturas". Hjørland (1998) relata que o conceito de informação não pode ser analisado isoladamente, pois não importa apenas o significado atribuído ao termo, mas de que forma o conceito se relaciona com outros termos como "documento" e "conhecimento". Para Kobashi *et al.* (2001, p. 5), "a informação está associada não só aos seus produtos, mas também ao modo de funcionamento de sua produção (processo e produto)".

Agner Caldas (2007, p. 67) relata que:

> Existem várias abordagens que debatem o conceito de informação, abordando teorias, tratamento semântico, perda informacional, transmissão de mensagens, nível sintático e pragmático da comunicação, visões cognitivas, entidade e processo tangível e intangível etc. (CAPURRO e HJØRLAND, 2003; BUCKLAND, 1991).

"Muita coisa pode ser informação, nós utilizamos e criamos informação, mas não conseguimos desenhar um círculo e definir o que está dentro ou está fora do conceito", relata Agner Caldas (2007, p. 70). Contudo, a informação no contexto da AI está inserida em uma aplicação (ambiente/sistema de informação), e sendo assim esta pesquisa não irá abordar a conceituação do termo "informação" propriamente dita, mas sim considerar todas informações contidas no ambiente informacional, sendo ela uma notícia na interface ou um documento armazenado no banco de dados.

Segundo Morville (2005), alguns exemplos de informação podem ser: artigos, livros, bases de dados, enciclopédias, arquivos, gestos, hologramas, imagens, jornais, leis, mapas, números, pinturas, sinais e websites.

Hubert-Miller (2006, p. 11, tradução nossa) relata que:

> Eu entendo a arquitetura como um conjunto de atributos de um espaço e arquitetura da informação como um conjunto de atributos de um espaço em que experiências informacionais ocorrem. O conceito de arquitetura e de arquitetura da informação é, no mínimo, literalmente, relacionado aos conceitos de espaço e lugar. A arquitetura da informação é o conjunto de atributos do espaço onde um evento ocorre durante o qual o significado vem em forma de reunir conteúdo, comunicação e contexto.
>
> No coração da filosofia da AI está a natureza da informação. A maior característica da informação é sua potencialidade e seu significado.

Na maioria das definições de AI encontradas na literatura, encontra-se o termo "informação" referente ao ambiente informacional. Por exemplo, de acordo com Morville e Rosenfeld (2006, p. 4, tradução nossa) a arquitetura da informação pode ser definida como:

- o projeto estrutural de ambientes informacionais compartilhados;

- a combinação de sistemas de organização, rotulagem, busca e navegação dentro de websites e intranets;

- a arte e ciência de moldar experiências de produtos de informação para apoiar usabilidade e encontrabilidade;

- como uma disciplina emergente e comunidade de prática focada em trazer princípios de design e arquitetura para o ambiente digital.

De acordo com essas definições, destacamos os termos "ambientes informacionais compartilhados", "websites", "intranets", "experiências de produtos de informação" e "'ambiente digital". Outras definições de AI que abrangem o tratamento da informação em ambientes informacionais são descritas a seguir:

- Brancheau e Wetherbe (1986, tradução nossa, grifo nosso) adotam o conceito de AI como "uma metodologia para estruturação de *sistemas de informação* aplicada a *qualquer ambiente informacional*, sendo este compreendido como o *espaço* que integra contexto, conteúdos e usuários";

- Latham (2002, p. 825, tradução nossa, grifo nosso) relata que "o termo 'arquitetura da informação', como é atualmente utilizado, é tipicamente aplicado ao projeto e desenvolvimento de websites". O autor explica que o termo, contudo, pode ser aplicado mais amplamente para projeto e desenvolvimento de *sistemas e produtos informacionais de forma geral*, desde que envolva o usuário e coordenação de numerosos componentes técnicos, incluindo banco de dados, metadados, gerenciamento de conteúdos dinâmicos, múltiplas mídias, fonte única e modelos de informação;

■ Sotillos Sanz (2002, p. 35, tradução nossa, grifo nosso) sustenta que a AI não trata somente de projeto de *sites* (os espaços de informação) na WWW, e sim, em geral, de *qualquer ambiente digital*.

É importante destacar que o termo arquitetura da informação surgiu antes da Internet, podendo ser utilizado no contexto de ambientes informacionais off-line e tradicionais como bibliotecas e empresas. A AI deve ser utilizada para auxiliar no tratamento de conteúdo independentemente do tipo do ambiente, seja ele físico ou virtual, com ou sem fins lucrativos. Entretanto, os ambientes com fins lucrativos como as empresas sempre tiveram interesses em soluções e melhorias informacionais para garantir a vantagem competitiva, principalmente no âmbito tecnológico e informacional.

Vale ressaltar que, neste livro, concorda-se com Siqueira (2008, p. 33) quando ele afirma que:

> Não é possível delimitar a arquitetura da informação ao uso pragmático de tratamento de documentos, muito menos restringi-la ao contexto da criação de sítios na Internet [...] A aplicação da arquitetura da informação viabiliza a redução do custo de acesso à informação, potencializando o seu valor para o usuário.

Compreendendo o termo arquitetura da informação, podemos ter uma ideia do que ela é. Contudo, qual é seu status científico? A AI é arte, ciência, disciplina, metodologia ou técnica?

Tosete Herranz e Rodríguez Mateos (2004) relatam que a AI é tanto arte como ciência centrada na gestão da informação e no projeto de website, cuja função primordial é facilitar aos usuários o acesso e a recuperação da informação. Os autores (2004, p. 205, tradução nossa) afirmam que:

> Sua concepção está mais próxima do campo de desenho da informação (DÜRSTELER, 2002) e tem um forte componente em torno de como se apresenta a informação de maneira visual para que o usuário possa compreender com facilidade o que se está tratando de comunicar, que é en-

tendido propriamente por arquitetura da informação para a produção de sites na *World Wide Web*.

Macedo (2005, p. 143) realizou um estudo sobre o status científico da AI, concluindo que:

> Com relação ao posicionamento da arquitetura da informação no âmbito da ciência, [...] o campo apresenta características de uma disciplina que se estabelece no contexto da ciência pós-moderna.

A ciência pós-moderna repensa a existência de uniformidades básicas e regularidades empíricas acerca do fenômeno que engloba o objeto de estudo de uma área, bem como a utilização de um método científico rigoroso para investigá-lo, dando ênfase à universalidade em vez da pluralidade e complexidade. A autora (2005, p. 132) define a AI como:

[...] uma metodologia de desenho que se aplica a qualquer ambiente informacional, sendo este compreendido como um espaço localizado em um contexto; constituído por conteúdos em fluxo; que serve a uma comunidade de usuários. A finalidade da arquitetura da informação é, portanto, viabilizar o fluxo efetivo de informações por meio do desenho de ambientes informacionais.

Macedo (2005, p. 144) relata ainda que a natureza da AI "é inerentemente interdisciplinar, e seus métodos, modelos e teorias são derivados de outras disciplinas". A autora afirma que

> [...] é possível atribuir um caráter de cientificidade para a arquitetura da informação [...]. Mas, para que o campo científico se estabeleça como disciplina, há que se dissolver a lacuna conceitual que se apresenta. Apesar de ser possível delimitar um objeto de estudo relevante e distinguível para a arquitetura da informação, a área ainda carece de um corpo sistematizado de conhecimentos organizados acerca deste objeto.

Complementar a isso, Haverty (2002) relata que AI "pode ser considerada como uma área, mas não tem ainda alcançado o status de disciplina". O autor comenta que a comunidade de AI apoia uma variedade de definições para o que ela faz e oferece longas listas de disciplinas relacionadas.

Assim, concordamos com Haverty (2002) em definir a AI como uma área, considerando ainda que oferece opções/alternativas para estruturar e projetar um ambiente digital, visando a melhorar a recuperação e o acesso às informações pelos usuários finais.

A partir dessas acepções, apresentamos uma definição para AI considerada sob a perspectiva deste livro:

> **A arquitetura da informação é uma área do conhecimento que oferece uma base teórica para tratar aspectos informacionais, estruturais, navegacionais, funcionais e visuais de ambientes informacionais digitais por meio de um conjunto de procedimentos metodológicos a fim de auxiliar no desenvolvimento e no aumento da usabilidade de tais ambientes e de seus conteúdos.**

O conjunto de procedimentos metodológicos pode envolver processos, elementos, planos, sistemas, diretrizes, métodos etc., facilitando o processo de desenvolvimento de um ambiente informacional, auxiliando na estruturação e recuperação das informações e permitindo a implantação de diversos tipos de serviços e funções.

É importante relatar que nos próximos capítulos (na parte prática) serão apresentados procedimentos metodológicos no contexto da área de AI inseridos dentro de etapas de desenvolvimento de ambientes informacionais digitais.

Resumindo, a AI oferece instruções, principalmente voltadas ao tratamento das necessidades informacionais e de objetos de conteúdo, e sua própria elaboração gera um documento essencial para garantir qualidade e manutenção no ambiente.

1.4 RELAÇÃO DA ARQUITETURA DA INFORMAÇÃO COM OUTRAS ÁREAS DO CONHECIMENTO

Independentemente do status científico, a AI possui relacionamentos interdisciplinares. E, relativo a isso, Campbell (2006, p. 7, tradução nossa) afirma que:

> A AI parecia reunir muitos aspectos do projeto da informação que têm sido frequentemente dividos nos assuntos: estudos de usuários, cognição de usuários, política de informação, projeto de ferramenta de busca, projeto de interface, metadados e classificação.

Surla (2006, p. 5 e 6, tradução nossa) afirma que:

> Sobreposições de relações com outras disciplinas, algumas veteranas e outras novas como a AI, são chaves importantes para o desenvolvimento da AI. O projeto de interação,

as experiências de usuários e a interação humano-computador interceptam a AI (ou a sobrepõem – dependendo de quem fala).

Macedo (2005, p. 158) analisou um conjunto de campos do conhecimento que a literatura enumera como relacionados à AI e concluiu que as áreas de maior relacionamento interdisciplinar com a AI são: ciência da computação, ciência da informação, usabilidade e ergonomia. Acredita-se que esse diálogo entre disciplinas seja extremamente positivo para sua formação e seu desenvolvimento.

Essa análise confirma que as disciplinas com maior relação com a AI são as mesmas que influenciaram o surgimento dela, conforme mostra a Seção 1.2, sobre a origem e a história da AI. A ciência da computação influenciou diretamente o desenvolvimento da área de AI por meio da evolução dos sistemas de informação automatizados. A usabilidade e a ergonomia estão atreladas à área de design gráfico, que originou a AI. E, assim, surge uma questão – por que a ciência da informação (CI) está diretamente relacionada à AI?

Segundo Macedo (2005, p. 59), o conceito de ciência da informação, assim como o conceito de AI, "surge em um momento em que os indivíduos começam a se preocupar com a questão da sistematização e do acesso a uma quantidade crescente de informações". Existe muita divergência na literatura acerca do seu conceito, consequência de sua interdiciplinaridade e complexidade, porém muitos autores consideram a ciência da informação uma disciplina que tem como objeto de estudo principal a informação.

A ciência da informação pode ser definida, de acordo com Robredo (1991), como "o estudo, com critérios, princípios e métodos científicos da informação". Nessa mesma linha, Borko (1968) relata que a ciência da informação é a disciplina que investiga as propriedades e o comportamento da informação, as forças que governam o fluxo da informação e os meios de processamento da informação para a sua ótima acessibilidade e usabilidade.

Borko (1968) afirma que:

> Em essência, a pesquisa na ciência da informação investiga as propriedades e o comportamento da informação, a utilização e a transmissão da informação, bem como o processamento da informação para armazenagem e recuperação ótimas.

De acordo com Saracevic (1995), a ciência da informação é um campo voltado à pesquisa científica e à prática profissional que trata de problemas da comunicação dos conhecimentos e dos registros de conhecimentos na sociedade, no contexto de usos de necessidades informacionais sociais, institucionais e individuais.

Robredo *et al*. (2008) realizaram um estudo para situar a fundamentação teórica da AI no contexto geral da ciência da informação, utilizando os pressupostos levantados por Svenonius (2000), em que os autores (2008, p. 3) relatam que

> Retomando os conceitos enumerados para a ciência da informação, se torna patente o enfoque dado pelos autores à representação, à organização e à recuperação da informação e do conhecimento.
>
> Respectivamente, estas três áreas são facilmente delineadas na representação de propriedades, estruturas e construção; na viabilização de armazenagem; e na facilitação à transmissão, disseminação, comunicação e uso. [...] Percebe-se com isso que, mesmo que não seja citada diretamente a relação entre as duas áreas, ela existe e é implícita para qualquer desenvolvimento em arquitetura da informação.

Também é importante ressaltar os problemas descritos por Robredo *et al*. (2008, p. 9):

> A ciência da informação, sob a ótica das discussões que a descrevem, tem como foco a informação científica, tecnológica ou organizacional, e os problemas envolvidos que decorrem dos processos de organização, fluxo, recuperação, comportamento e disseminação.

Assim, se a AI for vista como um recurso de auxílio à recuperação, comunicação e uso da informação, pode-se considerar que ela é um assunto relevante e diretamente relacionado com a ciência da informação, principalmente quando se refere ao tratamento informacional em ambientes informacionais digitais.

1.5 O PAPEL DO ARQUITETO DA INFORMAÇÃO

Definir o que é um arquiteto da informação ou quais são suas atividades é uma tarefa difícil, pois, se for considerado que um arquiteto da informação é aquele que trabalha com arquitetura da informação, deve-se, então, entender esse conceito. E, conforme visto anteriormente, a AI ainda é uma área do conhecimento não consolidada.

Fica mais difícil ainda delimitar a profissão do arquiteto da informação quando se percebem a multi e interdisciplinaridade desse profissional com outras áreas do conhecimento e a escassez de cursos de graduação e profissionalizante no país.

No Brasil, alguns cursos profissionalizantes e de graduação para o arquiteto da informação estão sendo realizados entre Rio de Janeiro e São Paulo e oferecidos pelas áreas de comunicação e design. Entretanto, a maioria dos arquitetos da informação é oriunda das áreas de biblioteconomia e ciência da informação, as quais possuem atualmente linhas de pesquisa e disciplina sobre arquitetura da informação – segundo uma entrevista disponibilizada no site Olhar Digital.[3]

Nos Estados Unidos, existem mais opções de cursos de graduação e pós-graduação de arquitetura da informação, como a School of Information Arts and Technologies da University of Baltimore, a Capitol College, o Illinois Institute of Technology, a Indiana University School of Library and Information Science, a Kent State University e a University of Pittsburgh (LIMA-MARQUES e MACEDO, 2006, p. 247).

Segundo Reis (2007, p. 162) a maioria dos profissionais com curso de graduação tem formação na área de humanas, especialmente nos cursos de jornalismo, desenho industrial, publicidade e propaganda. Entre os profissionais com formação na área de exatas, a maioria fez cursos relacionados com computação. O autor afirma ainda (2007, p. 165 e 166) que a maioria desses profissionais aprendeu sobre AI de forma autodidata, alguns nas empresas e a minoria por meio de cursos.

Conforme alguns autores da área, outras disciplinas que possuem relacionamentos com AI podem ser: informática, jornalismo, design, marketing, biblioteconomia, arquitetura, desenho da experiência, desenho da informação, desenho de interação, gestão do conhecimento, gestão de relacionamento com o cliente, antropologia, ciência da computação, ciência da informação, ciências cognitivas, desenho gráfico e industrial, educação, engenharia de software, psicologia organizacional e sociologia (ADOLFO E SILVA, 2006; MACEDO, 2005; LARA FILHO, 2003).

Considerando as disciplinas citadas pelos autores, pode-se afirmar que uma área muito envolvida com o arquiteto da informação é a computação ou informática, já que a prática desse profissional envolve tecnologias e ambientes Web. Complementar a isso, Lara Filho (2003) relata que no início da Internet, quando os profissionais de informática eram os mais familiarizados com as ferramentas e com o computador, eles assumiam as atividades de design, redação e organização do site. Com o passar do tempo, essas atividades foram – e estão sendo – gradualmente ocupadas por profissionais diversos e mais capacitados.

---

3   Disponível em: <http://olhardigital.uol.com.br/central_de_videos/video.php?id_conteudo=4602>.

Assim, muitos analistas de sistemas, engenheiros de software, programadores e outros profissionais da área podem ser considerados arquitetos da informação. Entretanto, esses profissionais possuem enfoque na infraestrutura tecnológica, necessitando de aperfeiçoamento no processo de tratamento informacional.

Outra atividade muito importante e uma das mais citadas na AI é o design. A preocupação com a aparência do site, componentes de interface e interação usuário-sistema sempre esteve presente no desenvolvimento de uma AI. A atividade de design encontra-se dentro da área de design gráfico, que por sua vez se subdivide em outros tipos de design. Nos ambientes informacionais digitais, o design de interface, de interação e de informação são atividades essenciais. Entretanto, essas atividades também não abordam com profundidade a questão do tratamento informacional. Segundo Gruszynski (2000, p. 141 e 142):

> Através da história, o design gráfico tem significado compor, esteticizar e estilizar componentes numa página, embalagem ou sinal para atrair a atenção visual e transmitir uma mensagem. O designer gráfico é um navegador que estrategicamente posiciona sinais, cores, e essas coisas são marcos, elementos integrais na arquitetura de uma página.

A área de comunicação também está presente no contexto da AI, principalmente jornalismo, publicidade e propaganda e marketing, porém essas áreas abordam os meios e formas de comunicação e mediação, não enfocando o tratamento informacional.

Assim, a biblioteconomia e a ciência da informação podem ser consideradas áreas-chave para a AI, pois possuem o embasamento teórico e prático para o tratamento semântico e temático dos conteúdos.

Considerando que um ambiente informacional é formado por indivíduos e suas relações, a área de administração pode auxiliar muito em uma AI, gerenciando informações e pessoas. Dessa forma, podem-se considerar disciplinas essenciais para o arquiteto da informação a ciência da computação, o design gráfico, a comunicação, a biblioteconomia, a ciência da informação e a administração. É importante considerar subáreas importantes para AI, como usabilidade, acessibilidade, ergonomia, HCI, entre outras.

Considerando essas áreas, podem-se encontrar vários profissionais trabalhando como arquitetos da informação. Latham (2002, p. 825, tradução nossa) comenta que:

> Parece que as pessoas que se consideram arquitetos da informação fazem uma grande quantidade de coisas diferentes, dependendo do seu perfil educacional e da posi-

ção particular que cada um possui. Até mesmo antes de a área começar a ficar bem definida, muitas pessoas em várias áreas estavam engajadas na prática da arquitetura da informação, incluindo os bibliotecários, documentalistas e especialistas em recuperação da informação, engenheiros de usabilidade, comunicadores, técnicos, designers de interface, cientistas da computação, modeladores de dados e muitos outros (Rosenfeld, 2000).

Reis (2007, p. 168) afirma que a maioria dos tipos de empresa em que os arquitetos da informação trabalham encontra-se nas agências que desenvolvem websites. O autor (2007, p. 170) apresenta denominações de cargos exercidos pelos arquitetos da informação, como: arquiteto de informação júnior, pleno e sênior, coordenador de arquitetura da informação e usabilidade, gerente da área de soluções, inovações e arquitetura da informação, web designer, analista de produto e de sistemas, bibliotecário e gestor de conteúdo, coordenador de informação e de criação, designer de interação, de interface e digital, diretor de tecnologia, editor, gerente de conteúdo e de projeto etc.

Considerando a influência e utilização de conceitos de tantas áreas de conhecimento na AI, constatamos que existem muitos tipos de profissionais atuando como arquitetos da informação, e unindo todos esses profissionais e dividindo-os nas respectivas disciplinas podemos verificar que:

- Nas áreas de biblioteconomia e ciência da informação, podem-se encontrar bibliotecários, especialistas em recuperação da informação ou analista de busca, engenheiros de usabilidade, coordenador de arquitetura da informação e usabilidade, designer de tesauros, gerenciador de vocabulário controlado e especialista de indexação. Contudo, é importante comentar que muitos desses profissionais, principalmente os comentados por Morville e Rosenfeld (2006), realizam atividades muito específicas, as quais podem ser exercidas por um único profissional da informação, o bibliotecário;

- Na área de comunicação, podem-se encontrar comunicadores técnicos e editores trabalhando como arquitetos da informação.

- Na área de design, podem-se encontrar designers de interface, web designers, designers de interação, designers digitais, engenheiros de usabilidade e cartógrafos.

- Na área da computação, podem-se encontrar cientistas da computação, tecnólogos em processamento de dados e bacharéis em sistema de informação como modeladores de dados ou analistas de sistemas ou de software e diretores de tecnologia.

- Na área de administração, podem-se encontrar gerentes da área de soluções, inovações e arquitetura da informação, analistas de produto, gestores de conteúdo, coordenadores de informação, coordenadores de criação, gerentes de projeto arquitetos de estratégias.

Morville e Rosenfeld (2006, p. 352) comentam sobre uma equipe ideal ou uma equipe dos sonhos para desenvolver e trabalhar com AI abordando os seguintes profissionais: arquiteto de estratégias, designer de tesauros, gerenciador de vocabulário controlado, especialista de indexação, designer de interação, analista de software, engenheiro de usabilidade, cartógrafo e analista de busca.

Além da formação ou da denominação do profissional que trabalha com AI, apresentamos a seguir algumas atividades que devem ser realizadas pelo arquiteto da informação. Segundo Morville e Rosenfeld (2006), há sete princípios fundamentais que caracterizam todo o trabalho do arquiteto da informação: organizar, navegar, nomear, buscar, pesquisar, projetar e mapear. Os autores (2006, p. 5) exploram alguns conceitos básicos relacionados a essas atividades – estruturar determina o nível adequado de granularidade da informação. A granularidade se refere ao tamanho/dimensão relativo de pedaços de informação, ou seja, o nível de detalhe de uma informação. Esses níveis são variados e podem incluir tópico de um periódico, artigo, parágrafo e sentença. Quanto mais detalhada for a informação, menor será o nível de granularidade. A atividade de organizar agrupa componentes dentro de categorias distintas e significativas. A atividade de rotular denomina categorias e séries de links de navegação que levam às reais e significativas categorias. E a atividade de buscar e gerenciar deve equilibrar as necessidades dos usuários com os objetivos do negócio/ambiente.

Um arquiteto da informação deve ser hábil em desenvolver estruturas de informação direcionadas a contextos específicos; descrever o conteúdo e as facilidades de interação entre sistemas de comunicação mediados por computadores; definir a organização, navegação, rotulação e sistemas de busca; aplicar princípios de desenhos interativos centrados no usuário para desenvolvimento de processos; definir parâmetros de usabilidade e adequação em seu contexto-alvo; planificar mudanças e crescimento; bem como compreender social e culturalmente efeitos do sistema de informação e sua implementação (LIMA-MARQUES e MACEDO, 2006, p. 247).

Segundo Agner Caldas (2007, p. 85), as responsabilidades profissionais do arquiteto de informação podem ser agrupadas nas quatro seguintes categorias:

- Design – Os arquitetos são responsáveis por projetar soluções que reconciliam as necessidades dos usuários, os objetivos do negócio e as capacidades da tecnologia. Para isso, a AI pode se tornar responsável pelo projeto de interação, navegação, interface e informação.

■ Gestão – Em projetos de larga escala, os arquitetos são responsáveis por gerenciar as equipes multidisciplinares, que projetam e implementam as soluções. Dessa forma, podem ter responsabilidades de administração e planejamento, incluindo liderança, workflows e processos, padrões de qualidade, monitorar e avaliar equipes, definir tarefas do projeto, cronograma, recursos humanos e financeiros.

■ Pesquisa – Os arquitetos são entusiastas da pesquisa com usuários. As responsabilidades por esses estudos podem ser operacionais ou gerenciais. Envolvem entrevistas, questionários, grupos de discussão, estudos etnográficos e testes de usabilidade.

■ Mediação – A AI é um esforço colaborativo que envolve clientes, usuários e equipes multidisciplinares (cada uma com suas próprias linguagens e práticas especializadas). Os arquitetos encontram-se no centro de uma complexa teia de visões e de ideias conflitantes. Nesses casos, desempenham um papel diplomático: como mediadores, são responsáveis por educar, advogar e traduzir os requisitos do projeto para as audiências internas (MORROGH, 2003).

Há várias divergências na literatura sobre AI, principalmente em relação à abrangência das etapas de desenvolvimento de um ambiente informacional, pois alguns autores comentam apenas sobre as etapas de coleta e análise dos dados como responsabilidades do profissional arquiteto da informação (BRANCHEAU *et al.*, 1989; SINHA e BOUTELLE, 2004; HENDERSON *et al.*, 2003), enquanto outros autores defendem que esse profissional deve realizar todas as etapas para desenvolver um ambiente digital (GOTO e COTLER, 2005; MORVILLE e ROSENFELD, 2006; REIS, 2007).

Nesse contexto surgem as seguintes questões: é necessário um profissional específico para coletar dados? A função do arquiteto é gerenciar uma equipe multidisciplinar? Qual a principal atividade do profissional arquiteto da informação?

Outras questões que provocam reflexão no que se refere à consolidação da área de AI e das atividades do arquiteto da informação são sugeridas por Morville e Rosenfeld (2006, p. 25, tradução nossa), como:

■ Os arquitetos de informação deveriam estar familiarizados com quais métodos de pesquisa e avaliação?

■ Qual é a educação ideal para um arquiteto da informação?

■ Quais tipos de pessoas devem fazer parte de uma equipe de arquitetura da informação?

■ Quai tipos de livros e blogs eu deveria ler para manter contato com o campo e sua prática?

■ O que deve conter na estratégia de AI para que eu proponha meu novo prospecto?

Morville e Rosenfeld (2006) afirmam que o usuário, o conteúdo e o contexto formam a base do modelo para a prática efetiva do projeto da arquitetura da informação e, sendo assim, o profissional arquiteto da informação deve coletar, gerenciar e projetar informações de usuários, do contexto envolvido e do conteúdo em si. Isto é, abordar todo o processo de desenvolvimento de um ambiente informacional desde a fase de coleta de dados (também conhecida como pesquisa e levantamento de requisitos) até a fase de testes e manutenção.

Com base nisso, consideramos que o profissional arquiteto da informação deve projetar ambientes informacionais digitais, abordando o tratamento funcional, estrutural, informacional, navegacional e visual do ambiente a fim de organizar, estruturar e representar os objetos de conteúdo.

Para a realização dessas tarefas, é necessário tempo e dinheiro, pois são atividades complexas e onerosas. Assim, surge uma questão a ser pensada pelo arquiteto da informação: como convencer a alta administração a implantar uma AI?

Para finalizar esta seção, podemos considerar que o profissional arquiteto da informação assume vários tipos de atividades, como projetar informações e websites, organizar, estruturar, rotular e redigir informações, identificar princípios de usabilidade de acordo com as necessidades informacionais e tecnológicas, entre outras atividades que são abordadas por outros profissionais como os designers, programadores, administradores e bibliotecários.

1.6 CARACTERÍSTICAS E PRINCÍPIOS DA ARQUITETURA DA INFORMAÇÃO

A AI oferece informações para direcionar e guiar os desenvolvedores na elaboração de recursos e ambientes informacionais. Essas informações podem ser recomendações, diretrizes ou instruções explicando como fazer e o que utilizar.

Segundo Morville e Rosenfeld (2006, p. 8, tradução nossa), "temos poucas orientações preciosas para a criação da arquitetura da informação para espaços digitais". Além de termos poucas orientações, não há metodologias e métodos estabelecidos na área. Sinha e Boutelle (2004, p. 349) afirmam que "não há nenhuma metodologia geralmente aceita para o design de AI centrada no usuário" e:

> Para criar arquiteturas de informação (AI) centradas no usuário, projetistas precisam de uma metodologia estruturada que os permite mover-se rapidamente da exploração inicial do domínio para o projeto e teste da arquitetura de informação.

De acordo com Reis (2007), por não ter metodologias e métodos estabelecidos na área de AI, a maioria dos desenvolvedores utiliza metodologias próprias desenvolvidas com base em suas experiências e estudos autodidatas. Contudo, o quadro se agrava ainda mais quando é verificado que "quase metade dos profissionais não segue nenhuma metodologia em seus projetos" (REIS, 2007, p. 176).

Apesar de não haver uma metodologia específica e métodos próprios para AI, a área está caminhando para a constituição desses recursos. De acordo com Tosete Herranz e Rodríguez Mateos (2004, p. 206 e 207, tradução nossa):

> Por um lado, a AI é uma disciplina fundamentalmente prática orientada aos processos de criação de sites. Com o trabalho do dia a dia, tem-se constituindo um conjunto de métodos, técnicas e ferramentas que guiam e facilitam sua produção (avaliação heurística, testes de usabilidade, estudos de mercados, criação de cenários e perfis de usuários, *card storing*, elaboração de diagramas de arquiteturas, mapas, análises de tarefas, produção de protótipos).

Surla (2006, p. 6) relata que "a prática da AI é informada pelas decisões e metodologias da biblioteconomia, pesquisas etnográficas e práticas de gerenciamento da informação como desenvolvimento de software". Um arquiteto da informação não pode utilizar uma AI sem antes saber a resposta de uma pergunta apresentada por Morville e Rosenfeld (2006, p. 11,12): por que a AI é importante? Segundo Davenport (1998, p. 222):

> Boas arquiteturas são essenciais para processos informacionais eficientes, em especial quando lidam com acesso, obtenção e distribuição de dados. Arquiteturas são criadas, tipicamente, por profissionais especializados em informação e podem incluir referências a pessoas que fornecem assessoria informacional. Uma arquitetura pode e deve modificar comportamentos e culturas. Se não o fizer, ao menos minimamente, então nem toda a elegância técnica do mundo poderá resolver os problemas de informação de uma empresa.

Brancheau *et al*. (1989, p. 9, tradução nossa) relatam que "uma arquitetura da informação pode guiar decisões sobre quais aplicações devem ser construídas". Os autores (1989, p. 17) relatam ainda que:

No nível estratégico, uma arquitetura de informação pode ajudar a determinar quais aplicativos devem ser desenvolvidos e identificar interfaces possíveis entre os sistemas. No nível tático, uma arquitetura da informação pode sugerir uma sucessão inerente ao desenvolvimento, identificar as lacunas nos planos de desenvolvimento e identificar as questões que precisam de resolução pela administração superior. No nível de projeto, uma arquitetura da informação pode ajudar a definir o escopo do projeto e guiar a determinação de requisitos.

Morville e Rosenfeld (2006) enfatizam o alto custo de encontrar informação, de não encontrar a informação, de construir e manter informações e de treinar indivíduos. Assim, podemos considerar que a AI é importante não apenas para a diminuição de custos, mas também para a melhoria e o aumento de qualidade no nível estratégico, tático e operacional da organização, auxiliando nas tomadas de decisão, na identificação de falhas, na solução e aperfeiçoamento dessas falhas, bem como na projeção de posicionamentos estratégicos para manter vantagem competitiva e mudança cultural.

Com relação à minimização de custos, principalmente de manutenção de aplicativos, pode-se fazer uma ligação com a área de ES (engenharia de software), que visa solucionar/minimizar o alto custo de manutenção, impactando assim em todo o funcionamento tecnológico organizacional.

Comentar sobre metodologia de desenvolvimento de AI requer comentar sobre ES, pois essa já é uma área que possui metodologias e métodos para o desenvolvimento de software e pode oferecer uma base teórica e prática para a projeção de uma AI. O diferencial é que a ES possui metodologias e métodos voltados para a infraestrutura tecnológica, considerando paradigmas, linguagens, banco de dados e outros recursos de programação; contudo essas metodologias e métodos podem ser adaptados para o contexto de AI, o que é mostrado nos próximos capítulos.

A área de design também oferece alguns métodos que podem ser muito utilizados na AI, principalmente na fase de projeto de informação e de interface. A área de administração pode contribuir por meio da aplicação de métodos na fase de concepção, gerenciamento e avaliação, principalmente no que se refere à obtenção de resultados mensuráveis (produtividade, custo-benefício e vantagem competitiva). Entretanto, a área que mais se destaca na utilização e oferecimentos de métodos e técnicas é a biblioteconomia, que oferece recursos específicos para tratamento de conteúdo.

Reis (2007, p. 176) relata que "entre as atividades que desempenha, o profissional de arquitetura da informação se concentra mais naquelas classificadas nas três primeiras fases [...] (Pesquisa, Concepção e Especificação)". Contudo, existem autores que enfocam o acompanhamento do arquiteto da informação na etapa de desenvolvimento/implementação, bem como na aplicação de testes e manutenção. Assim, considera-se que a projeção de uma AI deve contemplar todas as fases de desenvolvimento de um ambiente digital, concordando que um enfoque maior é dado nas fases iniciais, sobressaltando as fases de levantamento de requisitos, análise, projeto e testes, pois as atividades do arquiteto da informação nas fases de implementação e manutenção se restringem ao acompanhamento e gerenciamento do projeto e equipe.

Entretanto, como iniciar um projeto de AI? O início da elaboração de uma AI envolve um planejamento inicial, podendo seguir algumas diretrizes do planejamento básico da área de administração. Alday (2000, p. 12) relata que:

> Planejar é a palavra apropriada para se projetar um conjunto de ações para atingir um resultado claramente definido, quando se tem plena certeza da situação em que as ações acontecerão e controle quase absoluto dos fatores que asseguram o sucesso no alcance dos resultados. É necessário um plano para se construir uma ponte, pilotar um avião, transplantar um rim, abrir um novo escritório numa outra cidade ou lançar um novo produto.

A forma de elaborar uma AI varia de acordo com a metodologia de desenvolvimento escolhida pelo arquiteto da informação. Desse modo, apresentamos a seguir algumas metodologias segundo autores da área. Morville e Rosenfeld (2006) apresentam cinco fases: pesquisa – fase em que são coletadas e analisadas informações sobre os usuários, suas necessidades e o ambiente para poder definir o escopo e os requisitos para o projeto; estratégia – fase eminentemente criativa, na qual se concebe a visão macro da solução; design – em que a visão macro da solução é detalhada em documentos e diagramas que explicam como construir o website; implementação – em que o website é construído conforme especificado e disponibilizado para uso; e administração – em que o resultado do projeto é avaliado em função dos seus objetivos iniciais para registrar acertos e erros;

Garrett (2002, p. 23) apresenta cinco planos para o desenvolvimento de um ambiente digital: plano da superfície – em que são visualizadas séries de páginas Web com imagens e textos, abordando o design visual; plano do esqueleto – em que são definidos os elementos da interface e o arranjo de itens navegacionais, abordando assim o design da informação; plano da estrutura – em que é definido o que as categorias são de fato, como os usuários navegam na página, abordando o design de interação; plano do escopo – em que é definido o escopo para estabelecer as características e funções do site, abordando as especificações funcionais e os requisitos de conteúdo; e plano da estratégia – que embasa o escopo, abordando necessidades dos usuários e objetivos do site. Esses planos podem ser compreendidos em uma abordagem top-down ou bottom-up.

Tosete Herranz e Rodríguez Mateos (2004) apresentam nove fases: definição do projeto – define a finalidade do site; estudo do setor – identifica características dos sites dos competidores; definição e estudo das audiências – identifica usuários; definição dos conteúdos – identifica as necessidades informacionais; organização da informação e estruturação do site – utiliza esquemas de organização; navegação – mapeia formas de navegação; rotulagem – descreve a informação e normaliza a linguagem; busca – projeta as formas e estratégias de busca; e elaboração de protótipos – desenvolve protótipos tipo maquete.

Goto e Cotler (2005, p. 18-19) afirmam que o processo de redesign (as autoras consideram redesign como o processo geral de desenvolvimento e reestruturação de websites) pode envolver cinco fases com suas respectivas subfases:

■ Definir o projeto: descoberta – reunião da informação, entendimento do usuário, analisar o mercado, desenvolver requerimentos funcionais; planejamento – criar um plano de projeto, fixar o orçamento, criar horários, nomear sua equipe, organizar áreas, planejar testes de usuários; clarificação – determinar objetivo global e preparar uma comunicação sumária.

■ Desenvolver a estrutura do site: visão do conteúdo – dirigir, examinar e esboçar o conteúdo; visão do site – mapear o site, dirigir a organização do conteúdo do site e nomear convenções; visão da página – utilizar wireframe, dirigir a navegação e etiquetar; visão do usuário – definir caminhos-chave para o usuário, desenvolver protótipo e criar cenários de usuários.

■ Projetar a interface visual: criar – rever objetivos do site, desenvolver conceitos e apresentar projetos e obter feedback; confirmar: – testar fluxo e funcionalidades; handing off – criar templates gráficos e diretrizes de estilo de design.

■ Implementar/elaborar e integrar: planejar – avaliar o status do projeto, estabelecer diretrizes e fixar estruturas de arquivos; construir e integrar: – particionar e otimizar, criar templates e páginas HTML, implementar scripts; testar – priorizar e fixar erros, conduzir a verificação final.

■ Launch & beyond ou projete/lance além: distribuir – entregar, completar a produção de estilos de diretrizes, criar um pacote de entrega, localizar a documentação, conduzir uma reunião pós-lançamento, programar um treinamento de manutenção; lançando – preparar um plano anúncio, otimizar ferramentas de busca e lançar o site; mantendo – avaliar a capacidade de equipe, desenvolver um plano de manutenção, confirmar a segurança do site, planejar iniciativas interativas e medir o sucesso.

Martinez (2003) elaborou um método de web design baseado em usabilidade abrangendo as etapas de: análise de requisitos – baseada no feedback dos usuários fornecidos em resposta a questionários; especificação de conteúdo – incorporação de funcionalidades relacionadas ao modelo mental e conceitual; especificação de leiaute – definição da apresentação gráfica da aplicação e elaboração de protótipos; especificação de implementação – decisões sobre lógica de armazenamento dos arquivos; restrições e soluções de implementação, especificação de distribuição – definição das restrições de acesso e segurança, manutenção, atendimento ao usuário e estratégias de divulgação e implementação; implementação das funcionalidades e distribuição – compreende a publicação/implantação e divulgação do site.

D'Andréa (2006, p. 41) afirma que primeiramente é necessário coletar e produzir informações de acordo com as políticas internas da unidade e, durante o controle e registro material do documento, acontece o tratamento intelectual do documento que já pertence à unidade de informação, seguindo as etapas da descrição bibliográfica (catalogação de suas características formais, como autor, título, fonte e formato) e descrição do conteúdo (tradução das informações para uma linguagem documental, de acordo com os interesses da unidade e de seus usuários, permitindo a classificação, indexação, resumo ou extração de dados). A terceira etapa é o armazenamento ou arquivamento, que pode se basear em dois grandes tipos de arranjo dos documentos: numérico (organizados por ordem de chegada) e sistemático (classificados por conteúdos). A quarta e a quinta etapas da cadeia documental são pesquisa (a partir da memória) e difusão da informação.

Ribeiro (2008) destaca diretrizes candidatas para projetos de sítios Web inseridas dentro das fases: planejamento, elaboração, desenho lógico, desenho físico e implantação. Alguns exemplos dessas diretrizes são: escolha da abordagem para investigar a organização da informação, entendimento da utilidade e da importância dos documentos disponibilizados, entender os domínios, desenvolver princípios de construção, projetar sistemas para servir os usuários, estudar as tipologias dos documentos, representar documentos etc. Ribeiro ainda distingue 162 diretrizes, bem como delimita as relações entre elas.

Além das fases de desenvolvimento, alguns autores apresentam diretrizes e recomendações gerais para o desenvolvimento de ambientes informacionais digitais. Goto e Cotler (2005, p. 14,15) sugerem dez princípios fundamentais para redesign: foco em seu usuário; conjunto de objetivos mensuráveis; redesign para padrões Web; customize seu próprio processo; estabeleça um método de criação e distribuição de conteúdo; defina seus objetos técnicos claramente; mantenha a manutenção do site em mente; acredite em testes de usabilidade; não esconda ferramentas de busca externas; pense a longo prazo, mas focalize a curto prazo.

Marcos (2004) apresenta princípios e diretrizes de projeto de interfaces, como as diretrizes para normalização – oferecer uma terminologia comum para evitar problemas de entendimento, proporcionar maior facilidade de manutenção já que todos os programas compartilham estruturas, dar ao sistema uma identidade comum para que seus elementos sejam mais fáceis de reconhecer, reduzir a necessidade de informação para usar o programa e proporcionar segurança ao usuário que pode predizer a atuação do sistema ao interagir com ele e evitar ações inesperadas. Os princípios fundamentais para a normalização são conhecer o usuário, minimizar a memorização, otimizar as operações e considerar os erros. As regras de ouro consistem em permitir controle por parte do usuário, reduzir a memorização e possuir coerência da interface. Já as interfaces gráficas do usuário (IGU ou GUI) são interface de alta resolução, dispositivos de entrada, coerência entre os programas distintos, visualização dos objetos na tela e como serão impressos, interação objeto-ação em lugar de ação-objeto, possibilidade de transferir informação entre programas, manipulação direta da informação que se mostra em tela, ícones e janelas, retroalimentação visual das ações executadas pelos usuários, representação visual das ações e modos da interação usuário-sistema, controle gráfico que podem ser selecionados, e possibilidade de que o usuário personalize a interface e as interações. A avaliação do projeto consiste em compreender o mundo real (como as pessoas usam o sistema e se ele se adequa às suas necessidades e expectativas), comparar com projetos anteriores do mesmo produto e outros similares e comprovar se está obtendo o objeto esboçado no início do projeto.

Huang *et al.* (1997) apresentam alguns princípios de design como: consistência, utilização de atalhos para usuários frequentes, oferecimento de feedback informativo, projeto de diálogo, tratamento de erros, reversão de ações, suporte de controle local e interno e redução da carga de memória a curto prazo.

Independentemente das práticas de desenvolvimento adotadas, o arquiteto da informação pode utilizar métodos advindos de várias áreas do conhecimento. Alguns desses métodos são apresentados a seguir de acordo com autores da área.

Sinha e Boutelle (2004) descrevem um rápido protótipo de AI utilizando uma metodologia de três estágios: primeiro foram realizados a análise de stakeholder, que é usada para entender contextos organizacionais e de negócio, e exercícios de free-listing (listagem livre), em que cada indivíduo é entrevistado individualmente e tem a ideia central de cultura como conhecimento, aprendida e repassada na população com o intuito de explorar o domínio. O próximo passo foi utilizar o resultado do free-listing para usar no card-sorting aberto para entender o modelo mental do usuário e gerar um protótipo geral de AI, e o último estágio envolveu a análise do card-sorting fechado para avaliar e identificar estruturas dos candidatos/indivíduos.

Agner Caldas (2007, p. 84) relata que alguns produtos desenvolvidos pelo arquiteto de informação envolvem: blueprints, wireframe, inventário de conteúdo, taxonomias, esquema de metadados, vocabulário controlado, tesauro, mapa do site, índices etc. Complementar a isso, Reis (2007, p. 172) identifica os métodos mais utilizados, sendo eles: estratégia e visão macro da arquitetura da informação, fluxo de navegação, benchmark, protótipos digitais, análise de tarefas, levantamento de requisitos e modelo mental.

Mesmo seguindo metodologias, recomendações e utilizando métodos, alguns problemas podem aparecer no desenvolvimento de um ambiente. Sinha e Boutelle (2004) relatam o problema relacionado com o atendimento das necessidades informacionais coletadas e analisadas (tanto dos usuários finais, quanto do cliente – instituição), o qual se desdobra em três: como desenvolver o ambiente informacional entendendo a estrutura conceitual do usuário; como também atender as metas e preocupações empresariais; e como assegurar que o design não fique obsoleto logo, sendo flexível o bastante para incorporar adições futuras de conteúdo e funcionalidade. Já Brancheau *et al.* (1989) comentam que um dos problemas em utilizar uma AI é seu amplo escopo, que envolve muitas pessoas e projetos complexos.

A utilização de práticas de AI pode oferecer algumas vantagens, como minimização e facilidade de alterações nos layouts e na estrutura do banco de dados por meio da identificação de alterações já no planejamento inicial e minimização de erros e de custo de manutenção. Contudo, também podem ser encontradas algumas dificuldades, como: retroalimentação constante, atualização da documentação e armazenamento de grande quantidade de documentação (a análise e o projeto de sistemas exigem muita documentação, como, por exemplo, relatórios, modelos e esboços, os quais devem estar disponíveis e atualizados).

1.7 EXERCÍCIOS PROPOSTOS

1 – O que é arquitetura da informação?

2 – Qual a importância de elaborar uma AI ou utilizar princípios da arquitetura da informação para o desenvolvimento de um ambiente informacional digital?

3 – Cite algumas áreas do conhecimento que fizeram parte do surgimento da arquitetura da informação influenciando-a com seus estudos e métodos.

4 – Cite algumas das possíveis atividades do profissional arquiteto da informação.

5 – Cite outros termos (profissionais) designados para o arquiteto da informação.

6 – Em quais áreas do conhecimento podemos encontrar o profissional arquiteto da informação atuando?

7 – Cite fases básicas de metodologias de desenvolvimento encontradas no contexto da arquitetura da informação.

8 – Qual é o principal processo ou atividade abordado pela arquitetura da informação?

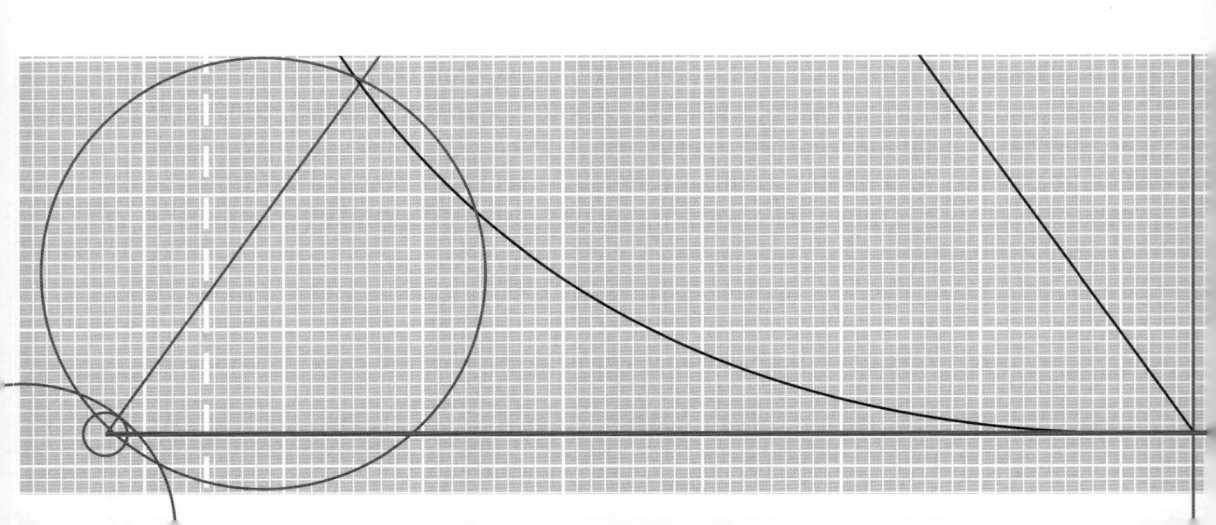

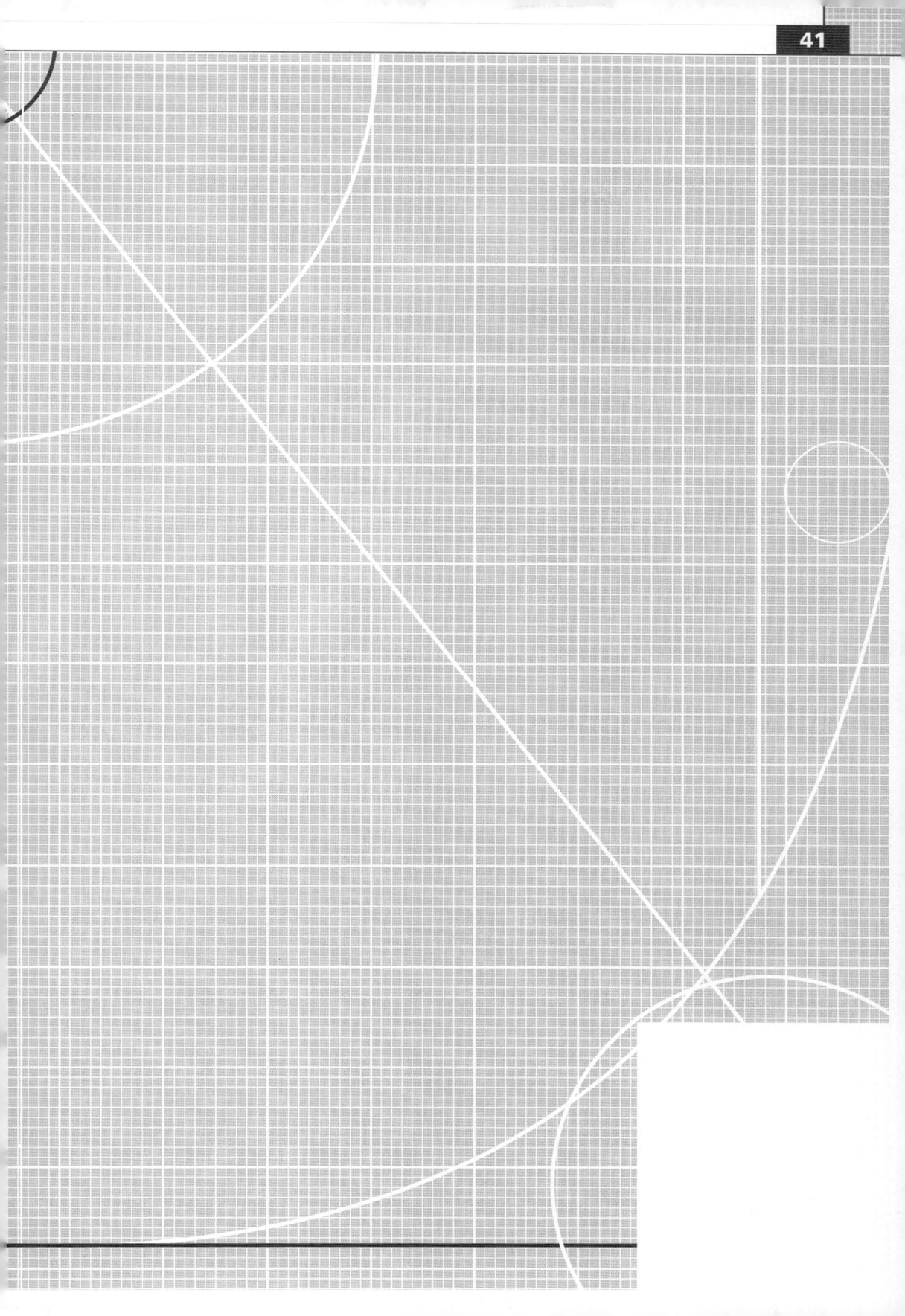

Capítulo 2

Ambientes informacionais digitais

Os ambientes informacionais digitais são, geralmente, como os ambientes informacionais tradicionais, porém possuem algumas características específicas do meio digital.

2.1 CONCEITOS E DEFINIÇÃO DE AMBIENTES INFORMACIONAIS DIGITAIS

Os ambientes informacionais digitais também são conhecidos como sistemas, sistemas de informação, sites, websites, portais, espaços de informação, ambientes de informação, ambiente digital, software, aplicações etc.

Considerando o ambiente informacional como um sistema de informação, podemos definir de acordo com Batista (2004, p. 13):

■ **Sistema** – "o conjunto de elementos interdependentes, ou um todo organizado, ou partes que interagem formando um todo unitário e complexo". Batista (2004, p. 14) relata que "existem muitos sistemas que fazem parte de nosso dia a dia", como, por exemplo, sistema de transporte, de energia elétrica, de trânsito, entre outros.

■ **Sistema de informação** – "todo e qualquer sistema que possui dados ou informações de entrada que tenham por fim gerar informações de saída para suprir determinadas necessidades".

Assim, podemos considerar que sistema ou ambiente informacional é um local que reúne informações a fim de minimizar necessidades informacionais. Os ambientes informacionais existem muito antes do surgimento do computador e da Internet, gerenciando informações e gerando conhecimentos como as bibliotecas e empresas. Macedo (2005, p. 136) relata que:

> A literatura considera sistemas de informação, num sentido amplo, como sinônimo de ambientes de informação, referindo-se a serviços de informação propriamente ditos, tais como bibliotecas ou centros de informação. Num sentido mais restrito, referem-se aos sistemas de recuperação da informação, dentre estes os catálogos de bibliotecas, as bases de dados e os sistemas automatizados de um modo geral.

Batista (2004, p. 21) relata que os conjuntos de dados nos sistemas têm de ser gerenciados

> por alguma estrutura que permita o armazenamento de grandes quantidades de informações, o processamento rápido do que lhe for solicitado e a disponibilidade dessa informação para qualquer integrante do sistema que tenha a devida autorização para acessá-la.

O autor comenta ainda que, "para o controle de informações que fluem por essa estrutura, temos os sistemas de informação, que obtêm e armazenam informações e permitem a consulta e a emissão de relatórios de acordo com as necessidades dos gerentes e administradores".

Batista (2004) comenta sobre diversos tipos de sistemas de informação como sistemas: empresariais básicos, de automação de escritório, de informação gerencial (SIG), de suporte à decisão (SSD), de suporte executivo (SSE), especialistas e de informação geográfica (GIS). Em complemento a isso, Laudon e Laudon (2007) classificam os sistemas, abordando-os sob a perspectiva funcional, sob a perspectiva de grupos de usuários e aqueles sistemas que abrangem toda a empresa. Esses sistemas são descritos a seguir:

- Sistemas sob a perspectiva funcional: sistemas de vendas e marketing – responsáveis pela venda do produto ou serviços da organização; sistemas de manufatura e produção – responsáveis pela produção propriamente dita dos bens e serviços da empresa; sistemas financeiros e contábeis – responsáveis pela gestão dos ativos financeiros da empresa; e sistemas de recursos humanos – responsáveis por atrair, aperfeiçoar e manter a força de trabalho da empresa;

■ Sistemas sob a perspectiva de grupos de usuários: sistemas de processamento de transações – realizam e registram as transações rotineiras necessárias ao funcionamento da empresa, monitorando as transações básicas como vendas, recebimento e folhas de pagamento; sistemas de informações gerenciais e sistemas de apoio à decisão – auxiliam na monitoração, controle, tomada de decisões e atividades administrativas; e sistemas de apoio ao executivo – abordam questões estratégicas e tendências a longo prazo, tanto no que diz respeito à própria empresa quanto ao ambiente externo;

■ Sistemas que abrangem toda a empresa: aplicativos e sistemas integrados – abrangem todas as áreas funcionais, executam processos de negócios que atravessam toda a empresa; sistemas de gerenciamento da cadeia de suprimentos – ajudam as empresas a administrar suas relações com os fornecedores; sistemas de gerenciamento do relacionamento com o cliente – ajudam as empresas a administrar suas relações com os clientes; e sistemas de gestão do conhecimento – permitem às organizações administrar seus processos, a fim de capturar e aplicar conhecimentos e *expertise*.

Comparando as classificações dos autores, podemos perceber que aquilo que Batista (2004) denomina sistemas empresariais básicos, automação de escritório e informações gerenciais Laudon e Laudon (2007) classificam como sistemas sob a perspectiva funcional, abordando venda, marketing, produção, finanças e recursos humanos. Os sistemas de suporte à decisão e ao executivo são citados por ambos os autores. A principal diferença entre eles é que Laudon e Laudon (2007) os classificam sob três perspectivas, o que é muito significativo, pois, assim, podem-se identificar claramente os sistemas voltados para o gerenciamento básico da empresa, voltados para o gerenciamento de informações para e pelos usuários e sistemas que unem essas duas perspectivas.

Neste capítulo iremos enfocar os ambientes informacionais inseridos na plataforma Web. Geralmente esses sistemas são aqueles sob a perspectiva do usuário, já que o objetivo principal consiste em atender as necessidades informacionais dos usuários, aumentando a fidelidade do mesmo em relação ao sistema e consequentemente aumentando o número de vendas de produtos. Entretanto, como a Internet suporta ambientes informacionais de grande escopo, Laudon e Laudon (2007, p. 239) acreditam que os últimos sistemas apresentados (aqueles que abrangem sistemas integrados, de gerenciamento da cadeia de suprimentos, de gerenciamento do relacionamento com cliente e de gestão do conhecimento) são os principais para a era digital. Contudo, autores da área apresentam outras denominações para sistemas Web, como e-commerce ("comércio eletrônico") e e-business ("negócios eletrônicos").

Segundo Laudon e Laudon (2007, p. 58), esses tipos de sistemas podem ser definidos da seguinte forma:

- **e-business** – "refere-se ao uso de tecnologia digital e da Internet para executar os principais processos de negócios em uma empresa". Ele "inclui atividades para a gestão interna da empresa e para sua coordenação com fornecedores e outros parceiros de negócios".

- **e-commerce** – pode ser considerado "parte do e-business que lida com a compra e venda de mercadorias e serviços pela Internet. Tal conceito abrange as atividades que apoiam essas transações, tais como propaganda, marketing, suporte ao cliente, segurança, entrega e pagamento".

Laudon e Laudon (2007, p. 272) afirmam ainda que "o comércio eletrônico cresce rapidamente em consequência de sua natureza singular da Internet e da Web"; "as tecnologias da Internet e do comércio eletrônico são muito mais versáteis e poderosas que as revoluções tecnológicas precedentes". Os autores (2007, p. 58) relatam também que, "com o uso de redes e da Internet, os sistemas e tecnologias que acabamos de descrever estão 'digitalizando' as relações das empresas com seus clientes, funcionários, fornecedores e parceiros de logística".

Complementando essas definições, Batista (2007, p. 98) relata que:

> O e-business é o planejamento da imersão da organização na Internet com o propósito de automatizar suas diversas atividades, como a comunicação interna e externa, a transmissão de dados, o contato com clientes e fornecedores, o treinamento de pessoal etc.

E continua: "O e-business não compreende apenas comércio, mas também qualquer tipo de prestação de serviços, troca de informações, disponibilização de informações".

Laudon e Laudon (2007, p. 287) comentam também sobre o m-commerce, que são os dispositivos móveis sem fio usados "para compra de bens e serviços, assim como para a transmissão de mensagens". Esse é um novo tipo de ambiente, que surge como alternativa promissora de meios de comunicação para sociedade em geral. Os autores (2007) comentam sobre as tendências dos sistemas de informação, enfocando mashups, Web 2.0 e aplicativos de software distribuídos, além de expor as tendências em redes de comunicações enfocando os dispositivos e meios de transmissão sem fio como: sistemas para celulares, bluetooth e wi-fi, bem como os principais serviços da Internet como e-mail, grupos de discussão, bate-papo e mensagens instantâneas, telnet, FTP e WWW.

Segundo Ferreira (2007, p. 16):

> A grande difusão do mercado dos dispositivos móveis, inclusive superior à difusão de computadores desktop, significa que cada vez mais indivíduos de diferentes localidades e de níveis culturais e contextos de uso os mais diversificados sejam potenciais consumidores.

O autor (2007, p. 29) comenta sobre os vários termos utilizados para dispositivos móveis, relatando que "termos como móvel (*mobile*), sem fio (*wireless*), pervasivo (*pervasive*) e ubíquo (*ubiquitous*) têm sido, frequentemente, utilizados com conotações distintas". Ele ainda afirma (2007, p. 40) que os dispositivos móveis: "podem ser identificados a partir de uma série de características e possuem limitações como: velocidade de conexão, capacidades de armazenamento e processamento, duração da bateria podem ser minimizadas à medida que a tecnologia evoluir".

Podemos considerar que os ambientes ou sistemas inseridos na plataforma Web podem abordar tanto o gerenciamento sob a perspectiva do usuário quanto sob a perspectiva funcional da empresa. Isso deve depender do tipo de ambiente que será construído, o qual deve atender as necessidades da organização e/ou do indivíduo responsável pelo desenvolvimento do ambiente.

Assim, consideramos que a Internet modificou de forma significativa a forma de funcionamento e de utilização dos sistemas de informação. Oliveira (2005, p. 15) afirma que "a Internet abriu a seus usuários a possibilidade de produzir, digitalizar e veicular informação, da maneira que melhor lhes conviesse. O usuário passa então a desempenhar tanto o papel de produtor quanto o de distribuidor da informação".

Com o surgimento da Internet, os clientes das empresas começaram a fazer parte do uso dos sistemas de informação, e, assim, todas as pessoas envolvidas com o sistema (clientes, funcionários e fornecedores) passaram a ser chamadas de "usuários". Além de utilizar e interagir com os sistemas de informação, o usuário se tornou cada vez mais exigente, principalmente em relação ao tempo de resposta, aos erros e falhas e à facilidade de navegação e de busca das informações no sistema.

Atualmente, debate-se sobre a criação de ambientes criativos e inovadores como sites de entretenimento e ambientes colaborativos. Pesquisadores comentam sobre a criação de um "YouTube científico", para aproveitar as tecnologias e ferramentas da Web 2.0 na incorporação de periódicos e ambientes científicos, a fim de "vender" informação como as empresas vendem seus produtos.

Seabra (2008) comenta sobre ambientes que possuem sincronicidade com seus participantes como salas de chat e comunicadores instantâneos do tipo ICQ e aqueles que permitem que cada usuário acesse assincronamente, como os fóruns, e-mail, blogs etc. O autor (2008, p. 1) relata que "cada ambiente e ferramenta se encaixa a diferentes materiais e objetivos, bem como se adéqua diferentemente a cada tipo de usuário", apesar de "no mundo virtual ocorrerem estranhas mudanças de comportamento".

Com relação a esses tipos de ambientes, Duque e Viera (2008, p. 3) relatam que:

> Na Web, devido à facilidade para se estabelecer canais de comunicação, essa simbiose entre desenvolvedor e usuário aparece de forma mais nítida. A capacidade de eliminar distâncias e unir indivíduos com o mesmo interesse, focados em um objetivo comum, é apenas uma das faces do trabalho colaborativo. As ferramentas disponíveis – e-mail, fóruns, listas de discussão, podcasts, videocasts, messengers – possibilitam a criação de comunidades devotadas à construção social de conhecimento e disseminação de informações. Essa forma de estabelecer canais de comunicação em um trabalho colaborativo não é novidade, ela é baseada nas redes sociais que se aproveitam cada vez mais das facilidades oferecidas pela Internet. Tomaél (2005, apud Marteleto 2001, p. 72), define as redes sociais como "[...] um conjunto de participantes autônomos, unindo ideias e recursos em torno de valores e interesses compartilhados".

Duque e Viera (2008, p. 4) relatam que "redes sociais, baseadas em relacionamento, como o Orkut,[1] Facebook,[2] LinkedIn,[3] servem de plataforma experimental para ferramentas de interação que mais tarde serão incorporadas por outros sites". Os autores (2008, p. 8) também comentam sobre uma abordagem para estudos de usuários na Web conhecida como netnografia, a qual se origina da etnografia para pesquisa de marketing, visando aos estudos de comportamentos de consumidores no ambiente real. Por meio dos estudos de usuários, podem-se aplicar recursos da arquitetura da informação mais específicos a um público-alvo, como, por exemplo, utilizar uma rotulagem textual de acordo com a terminologia dos usuários finais.

---

1   Disponível em: <www.orkut.com.br>.
2   Disponível em: <www.facebook.com>.
3   Disponível em: <www.linkedin.com>.

Gomes *et al*. (2006, p. 1) relatam que "alguns sistemas de suporte ao trabalho cooperativo procuram combinar diferentes funcionalidades de forma a oferecer um ambiente único e completo de suporte à colaboração". Nos ambientes colaborativos, os usuários trabalham juntos. Costa (2008) comenta sobre a diferença entre colaboração e cooperação, relatando que:

> Na cooperação, uns ajudam os outros (co-operam), executando tarefas cujas finalidades geralmente não resultam de negociação conjunta do grupo, podendo haver subserviência de uns em relação a outros e/ou relações desiguais e hierárquicas. Na colaboração, por sua vez, todos trabalham juntos (co-laboram) e se apoiam mutuamente, visando atingir objetivos comuns, negociados pelo coletivo do grupo (Costa, 2008).

O Google Docs,[4] os blogs, as wikis, os chats e os fóruns são exemplos de ambientes colaborativos. De acordo com Gomes *et al*. (2006, p. 3), "uma ferramenta de navegação Web colaborativa permite que diferentes usuários naveguem em grupo a Web". Dentro desse contexto, ouve-se falar em interfaces colaborativas, que tratam da questão da interação e dos processos criativos. Segundo Tramontano e Salerno Junior (2005, p. 776), as interfaces colaborativas devem: (1) ter propósitos voltados para comunidade; (2) investigar as relações entre o indivíduo e virtual; e (3) explorar potencialidades do ambiente virtual. É importante comentar que muitos desses ambientes podem ser considerados meio de comunicação entre pesquisadores.

Como se pode perceber, os sistemas de informação podem analisar/estudar seus usuários (público-alvo) a fim de identificar necessidades informacionais e comportamentos de utilização e navegação no ambiente para garantir vantagem competitiva.

A importância de direcionar informações específicas para usuários específicos está sendo reconhecida principalmente na Web 2.0, em que ferramentas estão sendo desenvolvidas para personalizar informações em larga escala. Cada usuário possui um contexto distinto, e isso deve ser levado em consideração. Um exemplo pode ser visto na busca da mesma informação por usuários distintos como: a busca de determinado local na cidade de São Paulo por um usuário nascido nessa cidade e um usuário de outro estado que não sabe que existe mais de um local com o mesmo nome dentro dessa grande metrópole.

Dentro do contexto de ambientes inovadores, criativos e colaborativos, também podemos encontrar: os sistemas de inteligência de negócios, que, segundo

---

4   Disponível em: www.docs.google.com.

Wanderley (1999, p. 1), "é o processo organizacional pelo qual a informação é sistematicamente coletada, analisada e disseminada como inteligência aos usuários que possam tomar ações a partir dela"; os objetos de aprendizagem digital, que, segundo Machado e Silva (2005, p. 2),

> têm como função atuar como recurso didático interativo, abrangendo um determinado segmento de uma disciplina e agrupando diversos tipos de dados como imagens, textos, áudios, vídeos, exercícios, e tudo o que pode auxiliar o processo de aprendizagem;

as tecnologias de sindicação de conteúdos, em que, segundo Almeida (2008, p. 18), "é possível oferecer aos usuários notificações automáticas sobre a atualização de conteúdos disponibilizados sob a plataforma Web"; entre tantos outros recursos.

Apesar da existência de grande quantidade de sistemas de informação que enfocam o gerenciamento de informações empresarias, podemos perceber o aumento de ambientes informacionais situados fora do contexto empresarial, os quais não visam ao lucro em si, mas à disseminação de informações para a sociedade em geral como blogs, wikis, bibliotecas digitais e repositórios institucionais.

A partir dessa constatação, incentivamos o desenvolvimento de ambientes científicos digitais como uma biblioteca digital expansiva, considerando-a um recurso/instrumento efetivo da comunicação e produção científica a partir da expansão de uma arquitetura da informação que considere princípios da Web 2.0 e 3.0 como colaboração, personalização, tratamento semântico, estudo de usuários, acessibilidade, usabilidade etc.

O objetivo principal dessa expansão é abranger recursos específicos e determiná-los como essenciais na elaboração de uma AI, considerando que tais recursos consistem na satisfação e no atendimento dos usuários e que, para isso, é necessária a implantação de funções e serviços como especialização em respostas de questões, exploração de informações específicas, descrição de conteúdo, mineração de dados, recomendação de informações, disseminação seletiva de informações etc.

Todos esses serviços e funções podem ser considerados recursos de customização e personalização da informação e de ambientes (considerando o usuário), facilitando a utilização do ambiente, o acesso e uso da informação e a construção de conhecimento. Isso pode impactar na transformação do usuário consumidor para o usuário produtor de conhecimento.

O relacionamento entre usuários e contexto envolvido influencia diretamente a utilização do ambiente e o acesso e uso às informações. Bretas (2001, p. 29) explica que as interações no meio digital possuem muitas características em comum com a prática conversacional face a face, mas também diferem delas, pois não necessitam da presença física do usuário. A participação ativa dos usuários das comunidades é essencial para a comunicação científica. Mais do que pessoas, o relacionamento envolve eventos, ações e comportamentos na criação, na manutenção ou no término de relações. Além disso, a relação sempre ocorre em um contexto (não se deve aqui supor apenas o contexto físico, mas também o contexto temporal e principalmente o social). Logo, a relação envolve três elementos inter-relacionados: os participantes, a relação e o contexto.

A partir desse contexto, consideramos que alguns fatores que influem na comunicação são: informações relevantes dos usuários, como perfil, comportamento, experiências, preferências, modo de interação, interpretação e combinações de informações; oferecimento de feedback; utilidade, usabilidade, acessibilidade, confiabilidade, atualização e coerências das informações; facilidade de entendimento; interfaces agradáveis, entre outros.

A partir da importância de tais fatores, neste livro é enfocada a necessidade de uma base conceitual para auxiliar o estabelecimento da área da arquitetura da informação, podendo contemplar uma metodologia de desenvolvimento de ambientes informacionais digitais.

2.2 ALGUNS TIPOS DE AMBIENTES INFORMACIONAIS DIGITAIS

Nesta seção é apresentada uma revisão sobre alguns tipos de ambientes científicos digitais específicos, como: bibliotecas digitais, periódicos científicos eletrônicos e repositórios digitais. Esses ambientes foram selecionados em consequência de sua significativa relevância no tratamento de conteúdo, o que é fundamental em uma arquitetura da informação.

Nessa revisão, alguns assuntos e recursos foram identificados a fim de elaborar um instrumento de análise proposto na Seção 2.4, que consiste em uma listagem de itens que podem auxiliar desenvolvedores e usuários na avaliação de ambientes informacionais digitais.

Para a identificação dos itens abordados no instrumento proposto, são apresentados os objetivos e as características de cada ambiente, bem como seus conceitos, princípios e um breve levantamento literário, como mostramos a seguir:

■ **Biblioteca digital** – é vista como uma área de investigação na ciência da informação e, desde 1994, tem sido objeto de um volume crescente de pesquisas. O conceito de biblioteca digital está na analogia com um lugar onde se encontra um repositório contendo uma coleção organizada de publicações (que possam ser impressas) e outros artefatos físicos, combinados com sistemas e serviços que facilitem o acesso físico, intelectual e disponível por longo tempo (ATKINS, 1998). Cunha (1999, p. 258) relata que nelas "estão embutidas a criação, aquisição, distribuição e armazenamento de documento sob a forma digital". O autor relata ainda que se pode encontrar na biblioteca digital: acesso remoto pelo usuário, utilização simultânea do mesmo documento, inclusão de produtos ou serviços, existência de coleções de documentos correntes em que se pode não somente acessar a referência bibliográfica, mas também ter acesso a seu texto completo, provisão de acesso em linha a outras fontes externas de informação (bibliotecas, museus, bancos de dados, instituições públicas e privadas), utilização de maneira que a biblioteca local não necessite ser proprietária do documento solicitado pelo usuário, utilização de diversos suportes de registro da informação e existência de unidade de gerenciamento do conhecimento, que inclui sistema inteligente ou especialista para ajudar na recuperação de informação mais relevante. Ferreira (1997, p. 2) também apresenta algumas atividades responsáveis pela biblioteca, como: criar um ambiente compartilhado; prover acesso a um grande número de fontes de informação e coleções de qualidade; facilitar a provisão, a disseminação e o uso da informação por instituições, grupos e individuos; armazenar e processar informação em múltiplos formatos e intensificar a comunicação e colaboração entre os sistemas de informação para benefício da sociedade em geral.

■ **Periódico científico eletrônico** – segundo Mueller (2006, p. 32), "os primeiros periódicos eletrônicos começaram a aparecer na década de 1990" e podem ser considerados uma publicação seriada e com periodicidade definida, designada no Brasil como revista científica (ou técnico-científica) (SCHULTZE, 2005). De acordo com Crespo e Caregnato (2004), as principais características dos periódicos eletrônicos são: agilidade na publicação, interação, diversidade de formatos/mídias, recuperação da informação, facilidade de acesso, dimensão e apresentação do documento. Segundo esses autores (2004), pesquisadores apontam problemas encontrados como os altos preços, as complicações de uso e acesso e a má qualidade de impressão. Para Mueller e Pecegueiro (2001, p. 2), o periódico científico possui três funções: estabelecimento da ciência certificada, que recebeu o aval da comunidade científica; canal de comunicação entre os cientistas e de divulgação mais ampla da ciência e registro da autoria da descoberta científica. Schultze (2005, p. 162) relata que, nos países em desenvolvimento, as funções dos periódicos científicos devem ser: estabelecer e implementar critérios de qualidade para a realização e divulgação de pesquisas; ajudar a consolidar as áreas de pesquisa; ser depósitos das informações de interesse nacional ou regional; e treinar revisores e autores em análise e crítica, melhorando a qualidade da ciência. Vale ressaltar que os periódicos científicos se diferenciam das bibliotecas digitais e dos repositórios digitais principalmente pelo processo de avaliação dos pares e pelas políticas de submissão dos trabalhos científicos, que, segundo Pavan e Stumpf (2008, p. 2), consistem "na apreciação minuciosa de originais por especialistas em uma temática ou mais para indicar a sua aceitação ou recusa para publicação". Tal processo deve ter justiça no julgamento e estar livre de preconceito e viés por parte dos avaliadores. Nesse contexto, aposta-se em treinamentos de avaliadores e na padronização dos procedimentos por meio de checklists. Considerando o processo de avaliação pelos pares, os periódicos científicos podem utilizar sistemas de gerenciamento de mensagens, de avaliadores, de documentos e de datas. A qualidade do periódico reside exatamente na dos trabalhos publicados; assim, a visibilidade do periódico perante as comunidades científicas determina seu uso. Vale ressaltar ainda que, além da política de avaliação dos pares, os periódicos ainda devem se preocupar com a política de privacidade das informações, em que cada documento submetido deve possuir uma declaração de direitos autorais. Em relação a esse aspecto, Souto e Oppenheim (2008, p. 153) comentam sobre os modelos de propriedade dos direitos autorais, relatando que eles "podem ser observados sob dois focos: reúso de informação protegida pelos direitos autorais para fins educacionais ou novos modelos de titularidade dos direitos autorais". Os autores falam sobre os padrões de acesso aberto, "que devolvem o controle para os autores, permitindo-lhes disseminar e reutilizar livremente sua própria produção". Entre esses padrões, pode-se encontrar o *Creative Commons* (CC),[5] que desenvolveu diferentes tipos de licenças em que o autor pode lançar mão para proteger suas citações, oferecendo parâmetros para contratos entre um usuário final e um autor, de acordo com os níveis de licença que um indivíduo pode ter ao usar a produção de outrem (SOUTO e OPPENHEIM, 2008). Para auxiliar no desenvolvimento desses tipos de ambientes, pode-se utilizar o *Open Journal Systems* (OJS), que consiste em um sistema que permite a completa automatização e gerência do processo de publicação de periódicos científicos eletrônicos.

■ **Repositório digital** – em 2005, foram debatidas definições de repositórios pelos membros da *Coalition for Networked Information* (CNI), envolvendo duas visões com ênfases diferentes: a primeira caracteriza o repositório como primariamente uma maneira de disseminação de várias formas de e-print[6] para trabalhos universitários; a segunda abordagem o conceitua como um lugar amplo de documentação de trabalhos intelectuais (pesquisa e en-

---

5   Disponível em: <http://creativecommons.org>.
6   Versão digital de um documento de pesquisa.

sino). Contudo, atualmente, podemos considerar que o repositório digital surgiu com propósitos de preservação da memória e visibilidade institucional, porém esses ambientes não precisam ser obrigatoriamente científicos; eles iniciaram com esse objetivo, mas podem ser desenvolvidos com fins administrativos (visando à comunidade funcional). O repositório digital é um ambiente muito recente que deverá sofrer mudanças conceituais ao decorrer do tempo – entretanto deve manter em seu princípio "preservar a memória a longo prazo". Viana *et al.* (2006, p. 4) definem repositório digital como "uma forma de armazenamento de objetos digitais que tem a capacidade de manter e gerenciar material por longos períodos de tempo e prover o acesso apropriado". Para o desenvolvimento de repositórios não há regra e sim definições de políticas institucionais, considerando a elaboração de acervos originalmente digitais (diferentemente das bibliotecas universitárias que criam suas coleções de acordo com normas dos cursos institucionais). Algumas diferenças entre repositórios e bibliotecas digitais consistem na(s) política(s) de: inserção de documentos, gerenciamento de conteúdo e de usuários. A política influencia no processo de autoarquivamento, que necessariamente não significa autopublicação. Esse serviço pode ser considerado o principal dos repositórios digitais, que, geralmente, constitui a realização de *login*, a escolha da comunidade e da coleção e geralmente as etapas necessárias para submissão de arquivos. Os repositórios possuem processos e funções similares às bibliotecas digitais; no entanto, possibilitam o autoarquivamento e a interoperabilidade entre diversos sistemas de informação por meio da coleta de metadados em arquivos abertos. Vale ressaltar que os repositórios digitais não substituem as publicações genuínas, tais como teses e dissertações, pois, segundo Weitzel (2006, p. 7), "sua função precípua é permitir o acesso organizado e livre àquelas publicações em especial e a toda a produção científica no geral". Assim, a publicação no repositório é apenas obra de referência. Rodrigues (2005, p. 2) afirma que "os repositórios digitais podem ser de dois tipos: disciplinares ou institucionais". Os repositórios disciplinares também são conhecidos como repositório temático.

☐ **Repositório temático** – segundo Café *et al.* (2003, p. 3), "um repositório temático se constitui em um conjunto de trabalhos de pesquisa de uma determinada área do conhecimento, disponibilizados na Internet". Suas principais características são: processamento automático dos mecanismos de discussão entre os pares; geração de versões de um mesmo documento; tipologia variada de documentos; autoarquivamento; e interoperabilidade entre todos os repositórios temáticos e seus serviços agregados;

☐ **Repositório institucional** – "é a reunião de todos os repositórios temáticos hospedados em uma organização" (CAFÉ *et al.*, 2003). Lynch (2003) afirma que um repositório institucional é como um conjunto de serviços que uma universidade oferece aos membros da comunidade para o gerenciamento e a disseminação de materiais digitais criados pela instituição e pelos membros da comunidade. Maccoll *et al.* (2006, p. 6, tradução nossa) relatam que, "quando falamos sobre 'repositório institucional', usamos 'instituição' para se referir ao estabelecimento educacional ou de pesquisa, como é o caso da biblioteca". Os autores relatam que repositórios institucionais têm emergido nas universidades, mas estão espalhados dentro de outros tipos de organização educacional, desde colégios a institutos de pesquisa.

Tendo por base essas definições, podemos considerar que existem objetivos em comum entre esses tipos de ambientes informacionais: armazenar, facilitar o acesso e disseminar informações. Porém, são objetivos que possuem enfoque distinto, pois a biblioteca digital visa à criação, à seleção e ao tratamento das informações para disponibilizá-las para o público em geral, o periódico científico visa ao estabelecimento de critérios de qualidade para consolidação da ciência e áreas de pesquisa e os repositórios digitais possibilitam visibilidade da propriedade intelectual de instituições e/ou comunidades.

Muitas das atividades desses ambientes também são as mesmas, como oferecer acesso remoto e simultâneo, gerenciar conteúdo, preservar e recuperar as informações, tratar o conteúdo considerando a segurança e confiabilidade das mesmas, oferecer coleções de documentos bibliográficos e completo, oferecer produtos e serviços, utilizar metadados e possuir diversas fontes e formatos. Enquanto algumas atividades específicas são as seguintes: a biblioteca digital pode elaborar catálogos coletivos, utilizar serviços de empréstimo e digitalizar documentos; o periódico científico pode treinar revisores e autores em análise e crítica, homologar prioridade nas descobertas científicas e fazer reconhecimento dos autores; e o repositório digital pode possibilitar visibilidade das instituições, interoperabilidade dos dados, estabelecer políticas de autoarquivamento e preservar informações a longo prazo.

2.3 ABORDAGEM CENTRADA NO USUÁRIO

Além dos tipos de ambientes informacionais digitais, é relevante comentar sobre o papel do usuário no desenvolvimento desses ambientes.

O usuário é fundamental na construção de um ambiente informacional, principalmente para a identificação dos serviços que serão oferecidos no mesmo.

Em uma AI ou em qualquer processo de desenvolvimento de ambientes digitais, a identificação do público-alvo é requerida já no início do projeto. Contudo, a Internet suporta um amplo escopo de contexto e de usuários, os quais possuem diversos perfis e características.

Nesse contexto, Vieira (2005) relata que, "à medida que o número de clientes cresce, a quantidade de informação sobre suas preferências também cresce, assim como a dificuldade em recuperar estas informações a tempo da realização de uma transação com o cliente" e que "é durante a transação com o cliente que se potencializa a maior riqueza no uso das informações sobre suas preferências. Isto requer processamento e tomada de decisão em tempo real".

Com base nessas afirmações, podemos afirmar que a coleta de dados sobre os usuários (envolvendo comportamentos, necessidades etc.) deve ser realizada durante a interação do usuário com o sistema para suportar a dinamicidade das informações na Web. Nesse sentido, defendemos que as informações sobre as características e os perfis de usuários devem ser aproveitadas para o desenvolvimento de serviços em ambientes informacionais digitais a fim de aumentar e facilitar a utilização das informações e da aplicação.

Assim, nesta seção, realizamos um levantamento literário para identificar tipos de dados de usuários que podem ser utilizados e coletados para a utilização de vários tipos de serviços (esses dados podem ser visualizados no Quadro 2). Eles foram divididos em categorias, juntamente com apresentações de exemplos para melhor visualização e compreensão de sua natureza.

Schuurmans e Zijlstra (2004, p. 1, tradução nossa) relatam que "os provedores de serviços desenvolvem e aplicam perfis de usuários para otimizar a interação". Os autores denominam os ambientes informacionais que utilizam conhecimento de perfis de usuários como ambientes inteligentes, os quais possuem como características principais: integração, contextualização, personalização, adaptação e antecipação. Isso resulta em um ambiente familiar em que os produtos são cada vez mais conscientes dos seus usuários, em termos de suas preferências, necessidades e comportamentos.

Considerando que para possuir uma base de perfis é necessário coletar dados específicos de usuários, vários autores, como Callan *et al.* (2003) e Dias (2003), comentam sobre alguns exemplos de dados que podem ser coletados, como: habilidades cognitivas, diferenças individuais, padrões de comportamento individual ou grupal, domínio de assuntos, tarefas e ambientes de trabalho, papel ou função específica, familiaridade com computadores, nível de conhecimento do domínio da aplicação, frequência de uso da aplicação, contexto sociocultural etc.

Se forem consideradas a familiaridade com computadores e a frequência de uso da aplicação, os usuários podem ser divididos em experientes, frequentes, novatos e ocasionais. Os usuários experientes e frequentes tendem a ficar irritados com exageros visuais, pois têm objetivos definidos e apreciam menus de textos detalhados e rápidos. Já os usuários novatos e ocasionais tendem a se sentir intimidados com menus de texto. Eagan (2006, p. 351, tradução nossa) ainda relata que "o design de um sistema ricamente personalizável deve facilitar uma transição entre diferentes graus de customização", em que a interface deve ser simples para permitir que o usuário casual ou novato realize suas tarefas facilmente e permitir aos usuários avançados ou experientes desempenhar suas tarefas sem esforço adicional. Contudo, as ligações entre as interfaces de distintos níveis de complexidade devem ser claras para permitir ao usuário casual realizar uma tarefa um pouco mais complexa de forma a saber qual caminho tomar. Assim, como os usuários são flexíveis, as interfaces também devem ser flexíveis.

Além desses dados, Nathansohn e Freire (2005, p. 48) fizeram um estudo de usuários considerando os seguintes dados, os quais eles denominam variáveis:

■ Variáveis para descrever os usuários – utilizadas para fazer um levantamento da origem e do perfil do usuário, como idade, gênero, nível de instrução e o contexto regional no qual está inserido.

■ Variáveis para descrever a relação dos usuários com a Internet e com o site – utilizadas para obter dados referentes à relação do usuário com a Internet e com o site, como nível de informação da Web, regularidade no acesso, tempo de conexão na Internet, meio pelo qual conheceu o site e o tempo de frequência de acesso.

■ Variáveis para avaliação do site pelos usuários – utilizadas para revelar o grau de aceitação, por parte do usuário, das seções e temas apresentados pelo site, a descrição de tema preferencial, bem como sua avaliação em relação à forma e ao conteúdo do texto e do design.

Essas variáveis podem auxiliar na coleta de dados, a qual precisa ser flexível e dinâmica, porque a informação pode variar de acordo com o tempo e espaço as quais estão envolvidas. Assim, considerando as variáveis de tempo e espaço e as tecnologias emergentes, atualmente pode-se afirmar que os perfis de usuários estão tendendo para a utilização dos dispositivos móveis como celulares e palmtops.

Baseado nos dados apresentados pelos diversos autores da área, o Quadro 2 apresenta uma síntese de tais dados.

Quadro 2 Dados sobre usuários

Dados sobre usuários		
Identificação	**Tipos de dados**	**Descrição e exemplos**
Dados de reconhecimento do usuário	Endereço do visitante (IP)	Esses dados são responsáveis pela identificação do usuário, seja por login ou não (IP). Exemplo: Bem-vinda, Maria da Silva!
	Login	
	Senha	
Dados pessoais	Nome	São dados para identificar carac-terísticas pessoais de um usuário. Exemplos: uma mulher viúva de 30 anos japonesa e católica ou um estudante adolescente solteiro com deficiência auditiva.
	Idade/faixa etária	
	Sexo/gênero	
	País	
	Contexto regional	
	Estado civil	
	Nível de escolaridade/ instrução	
	Religião	
	Etnia	
	Contexto sociocultural	
	Necessidade especial	
	Outros	
Dados profissionais	Formação	São dados referentes ao contexto profissional do usuário. Vale res-saltar que nem sempre a formação do usuário condiz com a profissão atual ou área de atuação. Exemplo: possui formação em computação, mas trabalha como administrador de empresas em um instituto filan-trópico.
	Profissão/área de atuação	
	Experiência	
	Tarefas de trabalho	
	Ambiente de trabalho	
	Domínio de assuntos	
	Outros	

(continua)

Quadro 2 Dados sobre usuários (Continuação)

Dados sobre usuários

Identificação	Tipos de dados	Descrição e exemplos
Dados sobre conteúdo	Assunto de interesse	São dados relacionados ao assunto ou produto a ser pesquisado no ambiente informacional. É relevante comentar que o nível do conhecimento é distinto do nível de informação, pois esse está relacionado com as partes de informação, como a recuperação de um documento científico completo ou apenas o preço de um produto. Exemplo: uma cozinheira experiente que busca por várias receitas, em específico sobre peixes grelhados.
	Nível de conhecimento do assunto	
	Preferências de assuntos	
	Relacionamento com outros assuntos	
	Nível de informação (granularidade da informação)	
Habilidades cognitivas/ Intelectuais	Grau de habilidade de manipulação e construção de informação	Esses dados se referem à forma de construção de conhecimento do usuário. Exemplo: um idoso pode possuir uma capacidade de aprendizagem inferior a uma criança, navegando de forma linear e consequentemente fazendo uma leitura de forma linear, possuindo certo receio em interagir de forma ativa e profunda com o sistema.
	Capacidade de aprendizagem	
	Estilo de aprendizagem e percepção	
	Método de leitura	
	Formação de conceito	
	Organização de palavras/ reestruturação de informações	
	Grau de criatividade, inovação e refletividade do usuário	
	Semântica geral e simbólica	
	Outros	

(continua)

Quadro 2 Dados sobre usuários (Continuação)

Dados sobre usuários

Identificação	Tipos de dados		Descrição e exemplos
Dados comportamentais	Objetivo do acesso		São dados referentes à forma de navegação e ao uso do ambiente. Exemplo: o objetivo de acesso ao ambiente é pesquisar documentos científicos e o padrão comportamental ou estilo de navegação é sempre pesquisar em uma ferramenta de busca por palavra simples. Os documentos recuperados geralmente estão ligados a uma determinada comunidade científica (rede social).
	Padrões/estilo de navegação		
	Relacionamentos e conexões (rede social)		
Dados de utilização/uso do sistema	Familiaridade com computador/aplicação	Experiente	São dados referentes à familiaridade e frequência do uso do ambiente. Exemplo: um estudante de pósgraduação entra diariamente em determinado periódico científico para verificar artigos submetidos recentes.
		Novato	
	Frequência de uso da aplicação	Frequente	
		Ocasional	
	Dados da tarefa/navegação	Ação/objetivo do acesso	São dados referentes a determinada ação ou tarefa realizada no ambiente. Exemplo: o usuário vai escrever sobre um assunto em um blog ou escolher um filme para comprar.
		Data e hora de acesso/tempo de conexão	São dados referentes ao tempo relacionado à ação. Podem-se obter dados sobre a data e hora do início e fim do acesso ao ambiente ou da tarefa. O tempo de frequência se refere não apenas à quantidade de acesso ou de tarefa, mas ao tempo de duração de cada acesso. Exemplo: o usuário entra diariamente no ambiente e navega aproximadamente uma hora por dia.
		Tempo de frequência de acesso	

(continua)

| **Quadro 2** | Dados sobre usuários (Continuação) | |

Dados sobre usuários

Identificação	Tipos de dados	Descrição e exemplos
Dados de utilização/uso do sistema	Dados da tarefa/navegação	Caminho completo e endereços referenciados	São dados referentes a quais arquivos ou links foram acessados. Exemplo: o usuário fez download do arquivo X e acessou o link help.
		Importância da tarefa	Determina qual o grau de importância da tarefa para o ambiente. Exemplo: o usuário apenas cotou preços e não efetuou compras.
		Dependência de outras tarefas	Determina quais tarefas estão relacionadas. Exemplo: para submeter um artigo é necessário que o usuário se cadastre antes.
		Flexibilidade da tarefa	Determina flexibilidades na ação. Exemplo: o usuário administrador de um repositório digital pode criar comunidades e coleções de acordo com seu processo cognitivo. Outro exemplo é: um usuário pode efetuar o pagamento de um produto por meio de várias opções de pagamento.
		Experiência específica na tarefa	Verifica a experiência que o usuário tem em relação à determinada tarefa. Exemplo: o usuário nunca comprou um produto naquele ambiente ou o usuário submete artigos frequentemente em determinado repositório institucional.

(continua)

Quadro 2 Dados sobre usuários (Continuação)

Dados sobre usuários		
Identificação	**Tipos de dados**	**Descrição e exemplos**
Dados de utilização/uso do sistema	Dados da tarefa/navegação	Riscos associados	Identifica quais riscos estão associados à determinada tarefa. Exemplo: para inserir um documento em uma coleção é necessário possuir a autorização do autor. Outro exemplo: quando um usuário efetua uma compra, ele deve honrar o pagamento, bem como o ambiente deve honrar a entrega e as condições do produto.
Dados de avaliação do sistema	Meio pelo qual o usuário conheceu o ambiente		Esses dados referem-se a avaliações do ambiente feitas por usuários e responsáveis pelo ambiente. Exemplo: um questionário que possibilita identificar o meio mais propício para popularização/divulgação do ambiente, bem como o desempenho do mesmo e a qualidade do conteúdo. A avaliação de desempenho e de qualidade pode ser realizada por meio de testes.
	Motivações para uso do ambiente		
	Velocidade/tempo de resposta do ambiente		
	Taxa de erro/falhas		
	Privacidade das informações		
	Segurança das informações		
	Confiabilidade das informações		
	Relevância das informações		
	Design do ambiente		
	Outros		
Espaço/localização			Esse tipo de dado está sendo muito utilizado em dispositivos móveis. Exemplo: o ambiente identifica se o usuário está na rua ou no escritório, na hora do almoço ou de madrugada.

Vale ressaltar que a coleta de dados também pode ser aplicada para grupos de usuários identificando características e preferências de comunidades de usuários. Por exemplo, uma pesquisa deve identificar como as crianças brasileiras buscam informações.

A seguir, apresentaremos alguns assuntos e recursos essenciais que podem estar presentes nos ambientes informacionais digitais.

2.4 CARACTERÍSTICAS E RECURSOS DE AMBIENTES INFORMACIONAIS DIGITAIS

Não há como falar em arquitetura da informação se não abordarmos alguns assuntos e recursos de ambientes informacionais digitais essenciais, os quais envolvem:

- **Acessibilidade:** iniciativas governamentais surgem para minimizar problemas de acesso e inclusão digital, visando auxiliar usuários portadores de necessidades especiais por meio de recomendações de princípios específicos de acessibilidade. Torres *et al.* (2002) relatam que a acessibilidade consiste em tornar disponível ao usuário, de forma autônoma, toda a informação que lhe for franqueável, independentemente de suas características corporais (individuais/orgânicas), sem prejuízos quanto ao conteúdo da informação. O autor relata ainda que devem ser feitas adequações de requisitos para usuários com limitações associadas à motricidade, audição e visão. Contudo, Baranauskas e Mantoan (2001, p. 14) comentam que:

> Aspectos de acessibilidade em páginas Web consideram a variedade de contextos de interação que podem estar relacionados a diversos tipos de situações dos usuários com ou sem deficiência. Entre esses cidadãos encontra-se também a população de idosos.

Freire e Fortes (2004) relatam que durante o desenvolvimento de um ambiente informacional digital é necessário que seja levado em consideração os diferentes cenários em que o usuário poderá acessá-lo, tais como casos em que o usuário possui dificuldade para ler, ouvir ou compreender o conteúdo do website, ou casos em que o usuário utiliza dispositivos com interfaces não convencionais. Também deve ser considerado que o usuário pode estar utilizando *browsers* e/ou sistemas operacionais diferentes, ou possuir restrições quanto à velocidade da conexão com a Internet. Winckler e Pimenta (2002,

p. 2) relatam que "a maioria das recomendações ergonômicas e recomendação para acessibilidade não limita a utilização da interface apenas a pessoas com necessidades especiais". Algumas das recomendações podem ser úteis para qualquer usuário, como: descrever imagens e animações (atributo "alt"), incluir transcrição de áudio e descrição de vídeos, usar cabeçalho, listas e estruturas consistentes etc. Outras recomendações de acessibilidade podem ser encontradas nos guias de acessibilidade Web, os quais consistem em: Web Content Accessibility Guidelines (WCAG), Authoring Tool Accessibility Guidelines (ATAG) e User Agent Accessibility Guidelines (UAAG).

■ **Usabilidade:** esse termo começou a ser utilizado no início da década de 1980, principalmente nas áreas de psicologia cognitiva e ergonomia como um substituto da expressão *userfriendly*, considerando facilidade de aprendizagem, rapidez no desempenho da tarefa, baixa taxa de erro, interface adequada ao sistema e satisfação subjetiva do usuário. Os problemas de usabilidade mais recorrentes correspondem a: falta de atualização, interação usuário-sistema ineficiente, falha na navegabilidade e nas funcionalidades, ausência de suporte e feedback, dificuldade em acessar a informação desejada, interfaces complicadas e difíceis de utilizá-las e ocorrência constante de erros. Vale comentar que existem muitas ferramentas disponíveis na Web para avaliação de usabilidade e de desempenho de websites (por exemplo, ErgoList[7] – analisa recursos de usabilidade e de ergonomia por meio de questões; e Free Webmaster Tools[8] – possui diversas ferramentas para confirmar se há links quebrados, sugerir palavras-chave etc.). Contudo, alguns requisitos específicos de usabilidade podem ser subjetivos, sendo necessária uma análise específica e aprofundada, a qual pode envolver usuários.

■ **Metadados:** nos processos de organização e recuperação das informações é necessário utilizar esse recurso. Os metadados trazem diversas vantagens para os usuários, pois, por meio de uma representação padronizada dos recursos informacionais disponíveis em meio eletrônico, proporcionam o acesso mais amplo aos conteúdos, facilitam a busca, integram e compartilham recursos heterogêneos (GILLILAND-SWETLAND, 1999; ORTISREPISO JIMÉNEZ, 1999). Para os profissionais da ciência da informação, o termo metadados está relacionado com o tratamento da informação, mais especificamente às formas de representação de um recurso informacional para fins de identificação, localização e recuperação, ou seja, dados sobre catalogação e indexação que servem para organizar e tornar a informação mais acessível (GILLILAND-SWETLAND, 1999).

---

7   Disponível em: <http://www.labiutil.inf.ufsc.br/ergolist/>.
8   Disponível em: <http://www.iWebtool.com/tools/>.

■ **Política:** a maioria dos ambientes digitais é desenvolvida por iniciativas de instituições responsáveis e confiáveis, as quais definem políticas que abrangem formas de uso e gerenciamento informacional e questões sobre direitos autorais. As políticas orientam as coleções e garantem a visibilidade do ambiente, prevendo: forma de acesso; tipo de documentos; restrições ao nível do conteúdo do documento; formas de depósito de documentos; tipologias de formatos; formato de documentos; digitalização de documentos; normalização de formatos; segurança e preservação da informação; normalização para documentos eletrônicos; e incentivo. Cada política varia de acordo com o tipo de ambiente envolvido e deve ser adequada ao contexto do objeto informacional, como, por exemplo: uma foto em uma biblioteca digital possui um significado diferente comparado à sua utilização em um museu. É importante comentar que os ambientes informacionais precisam adotar políticas e diretrizes de autoavaliação e autorreajuste, bem como possuir transparência na divulgação de resultados e usar critérios de reconhecimento pessoal para impulsionar a motivação para o sucesso do ambiente informacional;

■ **Interoperabilidade:** normas, padrões e regras sempre foram desenvolvidos, principalmente pelas áreas da biblioteconomia e ciência da informação, a fim de garantir a precisão dos recursos informacionais para um acesso e recuperação efetivos, sobretudo em ambientes informacionais específicos, tais como as bibliotecas digitais. A interoperabilidade é a capacidade de compartilhamento de informações em diferentes sistemas e que, por meio de algumas ferramentas como linguagem de marcação adequada como Extensible Markup Language (XML), uso de metadados e arquiteturas de metadados. As informações registradas e armazenadas em diferentes estruturas e comunidades do conhecimento poderão ser intercambiadas, possibilitando um trabalho conjunto entre sistemas e usuários;

■ **Preservação:** muitos ambientes digitais não possuem URL permanente, e, de acordo com Coelho (2005, p. 9), algumas plataformas de desenvolvimento podem garantir "que a referência (URL) permaneça da mesma forma a longo prazo, pois os utilizadores necessitam de referências permanentes e estáveis para os seus trabalhos e estes tornam-se fundamentais para as suas citações". Assim, a permanência das URLs é uma forma de preservação da informação, que, segundo Boeres e Márdero Arellano (2005, p. 2):

> É a parte mais longa e também a última do ciclo de gerenciamento de objetos digitais, com ela é garantido o emprego de mecanismos que permitem o armazenamento em repositórios de objetos digitais e que garantem a autenticidade e perenidade dos seus conteúdos.

Os autores (2005, p. 4) relatam que preservação digital requer "estratégias e procedimentos para manter sua acessibilidade e autenticidade através do tempo, podendo requerer colaboração entre diferentes financiadoras e boa prática de licenciamento, metadados e documentação, antes de aplicar questões técnicas". Boeres e Márdero Arellano (2005, p. 10) esclarecem que:

> Uma aceitável política de preservação digital implica em observar e aplicar procedimentos que podem ser inclusive aceitos como estratégias de preservação. Entre eles estão os relativos à tecnologia da informação, mais especificamente no tocante a compatibilidade de hardware, software e migração dos dados (conversão para outro formato físico ou digital, emulação tecnológica e espelhamento dos dados); observação da integridade do conteúdo intelectual a ser preservado; análise dos custos envolvidos no processo; o desenvolvimento de uma criteriosa política de seleção do que será preservado e, intimamente atrelado a isto, a observação das questões concernentes ao direito autoral.

O Commission On Preservation & Access/ Research Libraries Group mencionava três das principais estratégias para a preservação digital: a preservação da tecnologia, a tecnologia de emulação e a migração da informação. Além dessas estratégias, Sayão (2008, p. 176) menciona a "preservação física, lógica, intelectual, do aparato e o monitoramente e a instrumentalização da comunidade-alvo". Em 2003 o grupo Research Library Group (RLG-OCLC) estudou aspectos práticos da implementação de metadados de preservação e projetos de preservação digital. Esses metadados informam sobre a origem do material, os detalhes técnicos dos registros como qual versão do software foi usada, como foi construído o registro etc. Isso pode ser usado como um meio de estocar a informação técnica que apoia a preservação dos objetos digitais e visa apoiar e facilitar a retenção, a longo prazo, da informação digital.

■ **Ferramenta de busca:** de acordo com Vidotti (2003) as ferramentas de busca (também conhecidas como pesquisadores, mecanismos ou motores de busca) são programas computacionais desenvolvidos com o objetivo de registrar, em bases de dados, as informações descritivas e temáticas das páginas e/ou sites da Internet, com a finalidade de possibilitar a recuperação de documentos solicitados, segundo as estratégias de busca adotadas pelos usuários. A estratégia de busca depende do tipo de usuário e da própria ferramenta, pois esse mecanismo pode possibilitar uma estratégia simples e/ou avançada. O que determina o tipo do usuário é o contexto no qual ele se encontra – por exemplo: os usuários que constantemente utilizam uma biblioteca digital geralmente são pessoas mais instruídas e mais habituadas com o computador; assim, esse tipo de usuário tem condições de elaborar expressões de busca mais sofisticadas. Em contrapartida, usuários que geralmente buscam informações em sites de pesquisa são menos habituados com as funções disponíveis nesses ambientes e suas expressões de busca são geralmente constituídas de uma única palavra. Rosenfeld e Morville (1998) comentam sobre o sistema de busca, que demonstra a variedade de expectativas dos usuários, os quais podem: buscar por itens conhecidos, situação em que algumas necessidades são claramente definidas e requerem uma resposta simples; buscar por ideias abstratas, caso em que o usuário sabe o que quer, mas tem dificuldade em descrever; buscar de forma exploratória, situação na qual o usuário sabe como expressar sua questão, mas não sabe exatamente o que espera encontrar e está apenas explorando uma questão para poder aprender algo mais; e buscar de forma compreensiva, caso em que os usuários querem todas as informações disponíveis sobre determinado assunto. Vale ressaltar que os ambientes informacionais digitais podem auxiliar os usuários na recuperação da informação por meio de e-mail, chats e outros serviços de orientação e direcionamento de informações;

- **Personalização e customização:** esses serviços aumentaram na Web em consequência de três fatores principais: a crescente quantidade de informações na rede; a crescente quantidade de sites e produtos disponibilizados; e os benefícios na venda dos produtos (aumento do lucro). De acordo com os benefícios oferecidos, destacamos dois fatores essenciais: (1) atrair o usuário para o ambiente, aumentando a utilização do mesmo e (2) aumentar as vendas e consequentemente os lucros das instituições. O primeiro fator se deu em consequência da explosão informacional, em que as informações encontradas em websites se tornaram cada vez mais genéricas com o objetivo de satisfazer uma quantidade cada vez maior de pessoas. Essa generalização tornou mais difícil a busca por informações específicas no ambiente Web. Em relação ao segundo fator, destacamos que o ambiente comercial necessitava de interações personalizadas com o objetivo de atrair os usuários para a compra de produtos. Huang e Lin (2005) relatam que os benefícios da personalização consistem em aumentar o nível de sofisticação de serviços, manter a promessa da privacidade pessoal, melhorar a precisão e a relevância dos resultados personalizados e proporcionar um cômodo canal de feedback que habilita os clientes, concedendo-lhes o pleno controle sobre a exatidão da sua informação pessoal.

Morville e Rosenfeld (2006) relatam que a personalização pode usar dados demográficos (por exemplo, idade, sexo, nível de renda, CEP) e previamente adquirir comportamentos para fazer suposições adequadas sobre qual produto caracteriza-se no sistema de navegação contextual durante a próxima visita do usuário. Na intranet, pode-se usar funções como cargo do funcionário para filtrar notícias e aplicações de e-service, controlando o acesso para aplicações de recursos humanos e envolvendo compensações e benefícios. Enquanto a customização dá a ideia de controle aos usuários, porém possui o problema de que muitas pessoas não querem gastar tempo customizando a aplicação, e só farão este trabalho em poucos sites, sendo esses os mais importantes para eles. Existem diversas abordagens e definições para personalização e customização, contudo existe um senso comum entre autores da área quando afirmam que a personalização não envolve a participação direta do usuário, apenas utiliza os dados sobre ele, enquanto a customização oferece o controle ao usuário para modificar conteúdos e componentes visuais de interface.

Autores como Callan *et al.* (2003, p. 2, tradução nossa) consideram a personalização como sistema de recomendação e afirmam que esses sistemas "são um tipo particular de personalização, que aprendem sobre as necessidades de uma pessoa e, em seguida, proativamente identificam e recomendam informações que satisfaçam a essas necessidades". Além disso, Herlocker *et al.* (2004, p. 5 e 6) relatam que esses sistemas usam a opinião de comunidades de usuários para ajudar indivíduos nessa comunidade mais efetivamente e identificar conteúdos de interesses de um conjunto de escolhas potencialmente. Lynch (2002) comenta que tecnologias de personalização tais como sistemas de recomendação têm se tornado comuns e bem aceitos em certos ambientes, na maioria em comércio eletrônico. Em outros ambientes, têm sido poucos usados, em parte devido à cultura organizacional que colocam uma ênfase pesada na privacidade do usuário. Um exemplo prático de sistema de recomendação é uma promoção que, ao comprar carne, ganha-se carvão ou descontos no produto, pois o sistema percebe o relacionamento entre tais mercadorias e, na compra de um, recomenda-se outro.

Vale ressaltar que, além desses assuntos e recursos, os ambientes informacionais digitais podem utilizar os sistemas de organização, busca, navegação, rotulagem e representação apresentados na arquitetura da informação de Morville e Rosenfeld (2006).

A partir de todo esse conteúdo, foi elaborado um instrumento para auxiliar na identificação de itens a fim de contribuir nas etapas de análise e testes dos ambientes informacionais digitais. Esses recursos e princípios abrangem: (1) qualidade do ambiente em relação à disponibilização de serviços e informações e (2) facilidade de acesso e uso do ambiente e das informações pelos usuários.

Em relação ao primeiro item, podem-se considerar: identificação e detalhamento de serviços específicos, análise de conteúdo, verificação de políticas e oferecimento de recursos direcionados. Em relação ao segundo item, podem-se considerar: princípios de acessibilidade, usabilidade e qualidade de software, análise de conteúdo e oferecimento de serviços direcionados.

O termo "instrumento de análise" também pode ser substituído por método de avaliação, que, segundo Santos (2000, p. 3), "é um procedimento para coleta de dados relevantes referentes à operação de uma interação homem-computador". Dentre os diversos métodos para avaliação de ambientes informacionais digitais podemos encontrar a análise de tarefas, teste de usabilidade e avaliação heurística.

De acordo com Dias (2003), os métodos de avaliação, especificamente os de usabilidade, podem ser: de inspeção e de teste com usuários. Para a autora (2003, p. 43), "os métodos de inspeção, também conhecidos como método analítico ou de prognóstico, caracterizam-se pela não participação direta dos usuários do sistema na avaliação". Enquanto "os métodos de teste com usuários caracterizam-se, como o próprio nome sugere, pela participação direta dos usuários do sistema na avaliação".

Para a aplicação do instrumento proposto, não há necessidade do envolvimento de usuários, pois o objetivo é apenas identificação de recursos. Sendo assim, esse instrumento envolve o método de inspeção, em específico a avaliação heurística, que "se destaca dentre os demais métodos por ser de fácil aplicação e por requerer poucos recursos e um pequeno número de pessoas envolvidas". Segundo Santos (2000, p. 3), "a avaliação heurística é um método informal de inspeção de interfaces onde especialistas de usabilidade julgam cada elemento da interface com usuário, tendo como referência os princípios heurísticos de usabilidade comumente aceitos".

É importante relatar que para a elaboração dos três primeiros itens do instrumento proposto (1 – acessibilidade, 2 – usabilidade e 3 – qualidade de software), utilizamos bases conceituais (guias, recomendações e normas) para auxiliar na listagem dos recursos/princípios a serem inseridos no instrumento proposto. Essas bases são descritas a seguir:

- Princípios específicos de acessibilidade encontrados no Web Content Accessibility Guidelines 2.0 (WCAG – W3C Working Draft 17 May 2007),[9] um documento que explica como tornar o conteúdo Web acessível para pessoas com diferentes condições sensoriais, linguísticas e motoras. A versão

---

9   Disponível em: <http://www.w3.org/WAI/>.

do WCAG 2.0 foi desenvolvida para aplicação em diferentes tecnologias da Web, para tornar o ambiente mais fácil de entender e de usar baseado em 4 princípios e 13 guias de acessibilidade. Esses princípios correspondem a: informações e componentes de interfaces que devem ser *perceptíveis* e *operáveis* pelos usuários; informações e operações de interfaces que devem ser *compreensíveis* pelos usuários; e conteúdos que devem ser *robustos* para ser interpretado adequadamente por uma grande variedade de agentes, incluindo tecnologias assistivas. Vale ressaltar que avaliações de acessibilidade de páginas Web podem ser feitas por meio de ferramentas disponíveis na Internet, as quais são, em sua maioria, de acesso livre. Contudo, ainda não existe nenhuma ferramenta que seja capaz de fornecer um diagnóstico preciso sobre o grau de acessibilidade de um website.

- Recomendações de usabilidade são apresentadas em diversas abordagens e por diversos autores como Shackel (1986), que aborda eficácia, aprendizagem, flexibilidade e atitude; Bastien e Scapin (1993) que abordam critérios ergonômicos para o desenvolvimento de interfaces; Shneiderman (1998) que apresenta critérios para avaliação de usabilidade como tempo de aprendizagem, velocidade de realização e taxa de erros. Contudo para essa pesquisa foram selecionadas 50 recomendações baseadas nas 113 diretrizes apresentadas por Nielsen e Tahir (2002), as quais foram selecionadas em consequência da relevância de suas utilidades e também para reduzir a redundância de algumas recomendações que são muito semelhantes, ou seja, elas foram selecionadas para representar um conjunto de processos mais reduzido e expressivo e menos subjetivo, minimizando a redundância na avaliação/análise dos ambientes.

- Qualidade de ambientes está diretamente ligada à satisfação do usuário. Existem várias normas sobre qualidade de software principalmente a ISO 9000, que, de acordo com Selner (1999, p. 44), "é um conjunto de normas que representam, atualmente, um consenso internacional sobre as características essenciais de um sistema de garantia da qualidade"; e também vários autores como Sampaio *et al.* (2004) e Selner (1999).

Os demais recursos foram identificados a partir de uma análise literária, exploratória e da observação direta não participativa de alguns ambientes informacionais digitais. O instrumento de análise proposto está apresentado nos 12 quadros abaixo, que estão organizados de acordo com os tópicos abordados na estratégia de avaliação proposta.

Quadro 3	Acessibilidade – Tópico 1 da estratégia de avaliação para ambientes informacionais digitais

Estratégia de avaliação de elementos de arquitetura da informação

Em relação ao tópico:	Critérios
1 – Acessibilidade	1.1 – Fornecer alternativas de não texto de modo que possa ser mudado para outro tipo como braile, discurso, símbolos ou uma linguagem mais simples. 1.2 – Fornecer alternativas sincronizadas para multimídia. 1.3 – Criar várias maneiras de apresentação do índice. 1.4 – Utilizar toda a funcionalidade disponível do teclado. 1.5 – Incentivar o uso de índice e oferecer bastante tempo para ler. 1.6 – Oferecer mapa do site específico para usuários com necessidades. 1.7 – Fazer o texto legível e compreensível a todos. 1.8 – Fazer as páginas aparecer e operar em maneiras configuradas. 1.9 – Oferecer ajuda para usuários evitarem erros. 1.10 – Maximizar a compatibilidade com agentes atuais e futuros, incluindo as tecnologias assistivas. 1.11 – Oferecer opção de modificação de tamanho de fonte. 1.12 – Oferecer opção de modificação de fundo da página (contraste).

Quadro 4	Usabilidade – Tópico 2 da estratégia de avaliação para ambientes informacionais digitais

Estratégia de avaliação de elementos de arquitetura da informação

Em relação ao tópico:	Critérios
2 – Usabilidade	2.1 – Exibir o nome da empresa e/ou logotipo ou slogan. 2.2 – Enfatizar as tarefas de alta prioridade. 2.3 – Agrupar informações do ambiente por assunto. 2.4 – Incluir um link da homepage para uma seção Sobre Nós. 2.5 – Incluir um link Fale Conosco. 2.6 – Usar seções e categorias de rótulo, usando a linguagem do cliente.

(continua)

Quadro 4	Usabilidade – Tópico 2 da estratégia de avaliação para ambientes informacionais digitais (Continuação)

Estratégia de avaliação de elementos de arquitetura da informação

Em relação ao tópico:	Critérios
2 – Usabilidade	2.7 – Evitar conteúdo redundante. 2.8 – Não utilizar frases eruditas nem dialeto. 2.9 – Empregar padrões e estilo com consistência. 2.10 – Explicar o significado de abreviações. 2.11 – Usar exemplos para revelar o conteúdo do site. 2.12 – Facilitar o acesso aos itens apresentados recentemente na homepage. 2.13 – Diferenciar links e torná-los fáceis de serem visualizados. 2.14 – Não usar instruções genéricas, como "clique aqui", como um nome de link. 2.15 – Permitir links coloridos para indicar os estados visitados e não visitados. 2.16 – Usar nomes de links significativos. 2.17 – Disponibilizar para os usuários uma caixa de busca na homepage. 2.18 – Forneça pesquisa simples na homepage. 2.19 – Na pesquisa do site não oferecer recurso "pesquisar na Web". 2.20 – Não oferecer ferramentas que reproduzem funções do navegador. 2.21 – Rotular gráficos e fotos se os respectivos significados não estiverem claros. 2.22 – Permitir que o usuário decida ver uma introdução animada de seu site. 2.23 – Usar texto com muito contraste e cores de plano de fundo. 2.24 – Evitar a rolagem horizontal. 2.25 – Usar raramente menus suspensos. 2.26 – Incluir uma descrição resumida do site no título da janela. 2.27 – Os títulos devem ser sucintos, mas descritivos. 2.28 – Evitar janelas pop-up. 2.29 – Não dê boas-vindas aos usuários no site. 2.30 – Informar se o website ficar paralisado ou não estiver funcionando.

(continua)

Quadro 4	Usabilidade – Tópico 2 da estratégia de avaliação para ambientes informacionais digitais (Continuação)

Estratégia de avaliação de elementos de arquitetura da informação

Em relação ao tópico:	Critérios
2 – Usabilidade	2.31 – Ao fazer atualizações, atualizar somente o conteúdo realmente modificado. 2.32 – Não disponibilize uma versão genérica do conteúdo para os novos usuários. 2.33 – Explicar para os usuários os benefícios e a frequência de publicação. 2.34 – Mostrar aos usuários a hora da última atualização de conteúdo. 2.35 – Disponibilizar mapa de navegação. 2.36 – Reduzir o tempo de resposta. 2.37 – Diminuir textos longos. 2.38 – Não utilizar de forma excessiva as ilustrações e animações. 2.39 – Padronizar as páginas do site. 2.40 – Oferecer feedback. 2.41 – Dividir o conteúdo em várias páginas. 2.42 – Possuir poucas propagandas. 2.43 – Dar pouca ênfase em desenhos e texturas no fundo da página. 2.44 – Oferecer cursor com comportamento padronizado. 2.45 – Dar enfoque no conteúdo e não nos adereços. 2.46 – Possibilitar retorno à página principal. 2.47 – Possibilitar acesso às informações por meio de poucos comandos. 2.48 – Utilizar mensagens de erro com vocabulário neutro. 2.49 – Evitar caracteres especiais e adequar a fonte em relação ao assunto.

Quadro 5	Qualidade de software – Tópico 3 da estratégia de avaliação para ambientes informacionais digitais

Estratégia de avaliação de elementos de arquitetura da informação

Em relação ao tópico:	Critérios
3 – Qualidade de software	3.1 – Adequação do uso das funções. 3.2 – Acurácia do sistema (resultados devem atingir seus objetivos).

(continua)

Quadro 5	Qualidade de software – Tópico 3 da estratégia de avaliação para ambientes informacionais digitais (Continuação)

Estratégia de avaliação de elementos de arquitetura da informação

Em relação ao tópico:	Critérios
3 – Qualidade de software	3.3 – Conformidade das funções segundo normas e leis em vigor. 3.4 – Segurança de acesso. 3.5 – Maturidade na confiabilidade (frequência de falhas baixa). 3.6 – Tolerância a falhas mantendo o desempenho (observa aspectos que, de alguma forma, restringem o uso, como quantidade permitida de acessos simultâneos, custo de acesso, mensagens de erro, entre outros). 3.7 – Recuperabilidade mesmo em caso de falhas. 3.8 – Inteligibilidade (minimizar esforço para o usuário compreender o sistema). 3.9 – Apreensibilidade (minimizar esforço para o usuário aprender a usar o software). 3.10 – Operacionalidade (minimizar esforço necessário para o usuário operar o software). 3.11 – Comportamento tempo-resposta (desempenho). 3.12 – Comportamento dos recursos (quantidade de recursos). 3.13 – Manutenibilidade – analisabilidade (identificação de problemas). 3.14 – Manutenibilidade – modificabilidade (remoção de problemas ou adaptação a mudanças). 3.15 – Manutenibilidade – estabilidade (evidências sobre os riscos de efeitos inesperados em caso de mudanças). 3.16 – Manutenibilidade – testabilidade (execução de testes em caso de modificações). 3.17 – Adaptabilidade (capacidade de adaptar-se a ambientes diferentes). 3.18 – Capacidade para ser instalado. 3.19 – Conformidade quanto à portabilidade (atributos do software que identificam o nível de padronização no que se refere à portabilidade). 3.20 – Capacidade para substituir (esforço necessário para usar o software em substituição a outro já instalado). 3.21 – Consistência das informações (detalha as informações que a fonte fornece, para analisar a completeza, verificando se desenvolve dados mais específicos).

(*continua*)

Quadro 5	Qualidade de software – Tópico 3 da estratégia de avaliação para ambientes informacionais digitais (Continuação)

Estratégia de avaliação de elementos de arquitetura da informação

Em relação ao tópico:	Critérios
3 – Qualidade de software	3.22 – Confiabilidade das informações (analisa a responsabilidade do produtor da fonte, que deve ser reconhecido como autoridade no assunto). 3.23 – Empatia (atenção e a personalização do atendimento fornecido aos usuários).

Quadro 6	Serviços oferecidos – Tópico 4 da estratégia de avaliação para ambientes informacionais digitais

Estratégia de avaliação de elementos de arquitetura da informação

Em relação ao tópico:	Critérios
4 – Serviços oferecidos	4.1 – Identificação de serviço de atendimento ao usuário como lista de discussão e fórum de debates. 4.2 – Identificação de índices, resumos e catálogos. 4.3 – Identificação de serviço de tradução. 4.4 – Identificação de serviço de coleta de dados dos usuários: 4.4.1 – Captação de habilidades criativas, potencialidades e talentos dos usuários envolvidos; 4.4.2 – Atendimento das necessidades de informação. 4.5 – Identificação de serviço de personalização: 4.5.1 – Personalização de interface (por meio de modificação de componentes visuais); 4.5.2 – Recomendação de informações (por meio de sistema de recomendação e direcionamento de informação a usuários específicos); 4.5.3 – Personalização de conteúdo (por meio de sugestões em metadados e termos de indexação, bem como formação de conteúdo). 4.6 – Identificação de serviço específico para usuários com necessidades especiais: 4.6.1 – Disponibilização de vídeos em libras; 4.6.2 – Disponibilização de vídeos com legenda; 4.6.3 – Disponibilização de texto e animação/vídeo simultaneamente; 4.6.4 – Disponibilização de áudio dos textos;

(*continua*)

Quadro 6	Serviços oferecidos – Tópico 4 da estratégia de avaliação para ambientes informacionais digitais (Continuação)

Estratégia de avaliação de elementos de arquitetura da informação

Em relação ao tópico:	Critérios
4 – Serviços oferecidos	4.6.5 – Disponibilização de documentos em braille; 4.6.6 – Compatibilidade com software e hardware específicos como impressora em braile e leitores de tela; 4.6.7 – Atendimento individual e específico para esses usuários. 4.7 – Identificação de serviço de digitalização de documentos. 4.8 – Identificação de serviço de conversão de formatos de documentos. 4.9 – Identificação de serviço de coleta metadados. 4.10 – Identificação de serviço de impressão configurada do documento. 4.11 – Identificação de serviço de realidade virtual. 4.12 – Identificação de serviço de treinamento por videoconferência ou outros recursos. 4.13 – Identificação de serviço gerador de estatísticas ou indicadores. 4.14 – Identificação de serviço de interatividade/colaboração como blog, wiki, murais. 4.15 – Identificação de serviço de autoarquivamento: 4.15.1 – Identificação da facilidade de cadastro e login; 4.15.2 – Identificação da facilidade de utilização da ferramenta de autoarquivamento; 4.15.3 – Identificação da possibilidade de atualização de depósito. 4.16 – Serviço de avaliação de documentos por pareceristas/avaliadores: 4.16.1 – Verificação da possibilidade de cadastros de avaliadores e suas respectivas áreas de atuação; 4.16.2 – Verificação de serviço de envio de documento para os avaliadores; 4.16.3 – Identificação de serviço de gerenciamento de avaliação de trabalhos científicos (controle de datas de submissão, envio de mensagens etc.); 4.16.4 – Atendimento de critérios de qualidade e regras de avaliação (padronização); 4.16.5 – Avaliação da forma de apresentação dos resultados.

Quadro 7	Formação e desenvolvimento de comunidades e coleções – Tópico 5 da estratégia de avaliação para ambientes informacionais digitais

Estratégia de avaliação de elementos de arquitetura da informação

Em relação ao tópico:	Critérios
5 – Formação e desenvolvimento de comunidades e coleções (acervos)	5.1 – Verificação da facilidade de utilização do recurso que possibilita a criação de comunidades e coleções. 5.2 – Verificação da coerência da categoria da comunidade e da coleção em relação aos trabalhos submetidos. 5.3 – Identificação da relevância da comunidade e da coleção. 5.4 – Identificação da possibilidade de relacionamentos da coleção entre outras comunidades. 5.5 – Verificação da qualidade do levantamento bibliográfico do tema pesquisado. 5.6 – Identificação de outros projetos relacionados. 5.7 – Verificação da relevância do objeto digital para a área e instituição.

Quadro 8	Recuperação da informação – Tópico 6 da estratégia de avaliação para ambientes informacionais digitais

Estratégia de avaliação de elementos de arquitetura da informação

Em relação ao tópico:	Critérios
6 – Recuperação de informação	6.1 – Identificação de ferramenta de busca. 6.2 – Verificação da facilidade de utilização das ferramentas de busca. 6.3 – Identificação e verificação das estratégias de busca de informações. 6.4 – Identificação de refinamento ou filtragem de dados obtidos na busca. 6.5 – Verificação das formas de resultados da busca. 6.6 – Verificação da precisão da busca. 6.7 – Criação de catálogos/portais de acesso. 6.8 – Possibilidade de download de documentos completos. 6.9 – Possibilidade de impressão do trabalho científico. 6.10 – Verificação de várias formas de busca (catálogo, ferramenta, estrutura hipertextual etc.).

Quadro 9 Visibilidade e ética da instituição – Tópico 7 da estratégia de avaliação para ambientes informacionais digitais

Estratégia de avaliação de elementos de arquitetura da informação

Em relação ao tópico:	Critérios
7 – Visibilidade e ética da instituição	7.1 – Verificação de sugestões feitas pelos usuários dos trabalhos científicos disponibilizados. 7.2 – Verificação da veracidade e qualidade do conteúdo. 7.3 – Identificação da intenção de conquistar e manter a confiança das pessoas e das empresas por meio de comportamento íntegro e de respeito ao indivíduo (responsabilidade social). 7.4 – Garantia de direitos autorais e copyright.

Quadro 10 Políticas internas – Tópico 8 estratégia de avaliação para ambientes informacionais digitais

Estratégia de avaliação de elementos de arquitetura da informação

Em relação ao tópico:	Critérios
8 – Políticas Internas	8.1 – Verificação da política de acesso. 8.2 – Verificação da política de autoarquivamento. 8.3 – Verificação da política de tipos e formatos de documentos. 8.4 – Verificação da política de digitalização de documentos. 8.5 – Verificação da política de segurança e preservação da informação. 8.6 – Verificação da política de normalização. 8.7 – Verificação da política de preservação da informação. 8.8 – Verificação da política de incentivo (relacionado à utilização do ambiente).

Quadro 11 Informações disponibilizadas no ambiente – Tópico 9 da estratégia de avaliação para ambientes informacionais digitais

Estratégia de avaliação de elementos de arquitetura da informação

Em relação ao tópico:	Critérios
9 – Informações disponibilizadas no ambiente	9.1 – Verificação das informações sobre o capital ambiental: 9.1.1 – Descrição das atividades, funções e objetivos da instituição; 9.1.2 – Descrição das atividades, funções e objetivos do ambiente informacional; 9.2 – Verificação das informações sobre o capital estrutural: 9.2.1 – Descrição dos conceitos, modelos, rotinas, marcas, patentes e programas de computador, necessários para fazer a instituição e o ambiente funcionar. 9.3 – Verificação das informações sobre o capital intelectual: 9.3.1 – Identificação da capacidade, da habilidade e da experiência dos usuários para publicação ou administração do ambiente. 9.4 – Verificação das informações sobre o capital de relacionamento: 9.4.1 – Incentivo em alianças com os usuários para ampliar sua presença no mercado.

Quadro 12 Disseminação da informação – Tópico 10 da estratégia de avaliação para ambientes informacionais digitais

Estratégia de avaliação de elementos de arquitetura da informação

Em relação ao tópico:	Critérios
10 – Disseminação da informação	10.1 – Verificação de sugestões feitas pelos usuários. 10.2 – Verificação de aplicativo de envio de mensagens sobre os objetos digitais submetidos. 10.3 – Identificação de parcerias com outras aplicações Web.

(continua)

Quadro 12 Disseminação da informação – Tópico 10 da estratégia de avaliação para ambientes informacionais digitais (Continuação)

Estratégia de avaliação de elementos de arquitetura da informação

Em relação ao tópico:	Critérios
10 – Disseminação da informação	10.4 – Utilização de protocolos de interoperabilidade. 10.5 – Utilização de metadados. 10.6 – Utilização de linguagem coerente para o público-alvo determinado. 10.7 – Facilidade no acesso às informações. 10.8 – Oferecimento de serviço de referência e avaliação de pedidos de documentos.

Quadro 13 Divulgação e incentivo à utilização do ambiente – Tópico 11 da estratégia de avaliação para ambientes informacionais digitais

Estratégia de avaliação de elementos de arquitetura da informação

Em relação ao tópico:	Critérios
11 – Divulgação e incentivo à utilização do ambiente	11.1 – Envio de informações para comunidades. 11.2 – Oferecimento de indicadores e estatísticas do ambiente. 11.3 – Divulgação em outros ambientes informacionais.

Quadro 14 Manutenção e atualização do ambiente – Tópico 12 da estratégia de avaliação para ambientes informacionais digitais

Estratégia de avaliação de elementos de arquitetura da informação

Em relação ao tópico:	Critérios
12 – Manutenção e atualização do ambiente	12.1 – Identificação de informações (notícias) atualizadas. 12.2 – Identificação de novos depósitos. 12.3 – Identificação de caminhos/URLS/links válidos. 12.4 – Indicação de números de acessos diários.

(*continua*)

Quadro 14	Manutenção e atualização do ambiente – Tópico 12 da estratégia de avaliação para ambientes informacionais digitais (Continuação)

Estratégia de avaliação de elementos de arquitetura da informação

Em relação ao tópico:	Critérios
12 – Manutenção e atualização do ambiente	12.5 – Disponibilização de tecnologias inovadoras. 12.6 – Verificação das atividades de documentar e reutilizar informações resultantes de experiências, erros, acertos e melhores práticas a fim de aperfeiçoar a eficiência operacional.

Os itens apresentados nos Quadros de 3 a 14 podem ser aplicados em vários tipos de ambiente informacional e quase todos podem ser utilizados especificamente em ambientes científicos digitais como bibliotecas ou repositórios digitais. Por exemplo: o repositório pode utilizar todos os serviços relacionados à avaliação e aos pareceres de trabalhos científicos, caso ele exija uma avaliação antes da inserção no banco de dados. O repositório apenas não precisa utilizar o serviço de gerenciamento de datas de submissão de artigos, pois os usuários podem submeter/autoarquivar documentos a qualquer momento; contudo, o repositório pode gerenciar datas de pareceres ou de treinamentos virtuais, por exemplo.

Outro exemplo de ambiente otimizado é um ambiente que possa rastrear seus usuários, levantar perfis específicos, gerar estatísticas de downloads, mapear a produção de documentos científicos e a construção de ideias por meio de ambientes interativos coletivos e utilizar a retroalimentação de informações como recurso de atualização, manutenção e personalização.

É importante ressaltar que cada item deve ser adaptado de acordo com o ambiente informacional que será desenvolvido, por exemplo: alguns princípios de usabilidade são relevantes apenas para determinado tipo de público-alvo como a utilização do termo "clique aqui" ou "leia mais", que, segundo Vechiato e Vidotti (2008), é significativo para os ambientes voltados para os idosos. Assim, é importante fazer um estudo prévio do público-alvo antes de determinar os recursos e princípios a serem aplicados, pois um mesmo usuário pode possuir comportamentos em diferentes ambientes como navegar em um ambiente de entretenimento como o orkut[10] e pesquisar um assunto em uma biblioteca pública.

---

10 Ambiente de entretenimento disponível em: <www.orkut.com>.

É importante considerar que recomendações podem não garantir a qualidade, acessibilidade e/ou usabilidade de ambientes informacionais digitais, mas é um bom começo e uma forma de análise.

Esta seção apresentou, de forma geral, conceitos e características de ambientes informacionais digitais, alguns assuntos e recursos como acessibilidade, usabilidade, metadados, interoperabilidade, política, preservação, ferramenta de busca, personalização e customização, bem como apresentou um instrumento que pode auxiliar desenvolvedores na avaliação de ambientes informacionais digitais.

2.5 EXERCÍCIOS PROPOSTOS

1 – Defina sistema e sistema de informação.

2 – Qual a diferença entre e-commerce e e-business?

3 – Quais termos podem ser designados para m-commerce?

4 – O que você entende por ambientes colaborativos?

5 – Cite alguns tipos de ambientes que podem ser considerados científicos digitais.

6 – Quais são os objetivos e as atividades comuns e diferentes entre os ambientes: biblioteca digital, periódico eletrônico e repositório digital?

7 – Cite alguns dados que podem ser coletados dos usuários.

8 – Escolha um e-commerce de sua preferência e identifique os tipos de dados do seu público-alvo.

9 – Avalie três websites científicos utilizando o instrumento de avaliação proposto neste capítulo, ressaltando quais itens estão presentes, quais estão ausentes e quais são utilizados de forma insatisfatória como segue o exemplo abaixo.

Exemplo: Foram analisados alguns ambientes em que:

- Os recursos de usabilidade mais utilizados consistem em utilização da ferramenta e estratégia de busca, utilização de conteúdos compreensíveis e terminologias adequadas, tempo de resposta curto, não utilização excessiva de ilustrações, padronização das páginas, destaque de títulos principais e distinção de página.

- Os recursos de usabilidade utilizados de forma insatisfatória consistem em depósito de documentos apenas textuais, utilização de cores sem contraste, informações incompletas e desatualizadas e links inativos.

- Os recursos de usabilidade menos utilizados consistem em utilização de recurso próprio para impressão da página e de documentos, não utilização de timbres nos documentos e disponibilização de mais de uma forma de mapa do site.

Capítulo 3

Metodologia de desenvolvimento

Uma metodologia de desenvolvimento pode ser considerada como um conjunto de atividades que deve ser percorrido para alcançar a realização de um trabalho/objetivo.

3.1 CONCEITOS E DEFINIÇÃO DE METODOLOGIA DE DESENVOLVIMENTO

Uma metodologia de desenvolvimento de ambientes informacionais digitais pode facilitar o tratamento informacional e visual e aumentar a usabilidade tanto do ambiente quanto de seus recursos.

Ainda não há uma metodologia de desenvolvimento de ambientes digitais bem estabelecida no campo de AI, apenas há utilização de alguns métodos e ferramentas próprios e aprimorados de outras áreas do conhecimento, não constituindo assim uma metodologia de desenvolvimento consistente.

É importante ressaltar que deve haver um equilíbrio entre a rigidez e a liberdade para o processo de desenvolvimento de ambientes digitais. Apoiando a utilização de procedimentos metodológicos, Reis (2006, p. 1) relata que:

> Se o processo para gerenciar o design de ambientes de informação não for explícito, as chances de falhas aumentam. Portanto, o gerenciamento do design de ambientes de informação é mais eficiente e efetivo quando segue um método (Morrogh, 2003, p. 117).

Reforçando essa ideia, Henderson *et al*. (2003, p. 1023, tradução nossa) relatam que:

> O documento de AI será seguido como diretriz para desenvolver uma site eficaz e amigável ao usuário durante todo clico de vida do projeto. O documento de AI também será usado como um guia para testar a usabilidade.
>
> Tendo usado o documento para ganhar superioridade sobre seus competidores, ganhará um nível aumentado de sucesso e talvez, adquirir a capacidade para viver felizes para sempre.

Uma metodologia de desenvolvimento deve auxiliar o profissional, caso isso não ocorra, ele deve procurar outras formas de facilitar o desenvolvimento do ambiente. No entanto, é relevante para o profissional da informação que ele tenha opções de escolhas entre vários tipos de processos/metodologias de desenvolvimento.

Além disso, muitos autores comentam sobre atividades em comum, a qual deve ser realizada em qualquer AI. Em consequência disso, defende-se a importância da elaboração de uma metodologia de desenvolvimento de ambientes digitais específica no campo de AI.

A metodologia apresentada nos próximos capítulos possui um direcionamento para o processo de tratamento informacional, que, segundo Maimone e Tálamo (2008, p. 1), "é agente potencial de geração de conhecimento uma vez que analisa e representa informações visando este objetivo".

A AI deve dar mais enfoque nos aspectos informacionais, pois, segundo Wurman (1991, p. 62), há inúmeros setores "envolvidos em armazenamento e transmissão de informação", mas "não há praticamente nenhum dedicado a traduzi-la em moldes compreensíveis para o público em geral", pois a orientação e o treinamento dos ambientes "estão mais voltados para aspectos estilísticos e estéticos".

Considerando que vários autores apresentam diversos termos para representar uma AI como fases, planos, processos, atividades, princípios, elementos, guias, regras, diretrizes e recomendações, foi definido nesta pesquisa a conceituação específica de cada termo, para melhor compreensão dos itens envolvidos na metodologia proposta. Para isso, foi identificado em Dix *et al*. (2004) algumas dessas diferenças, pois os autores comentam sobre elementos-chave na interação do processo de design, o que pode ser utilizado no contexto da AI. Contudo entre esses elementos, eles citam:

- ■ Critérios – são considerados itens para checagem, avaliação ou mensuração como tempo para completar tarefas, números de comandos utilizados, número de repetições ou erros etc., geralmente utilizados para coleta de dados quantitativos em estudos empíricos. Contudo, existem muitos critérios que podem ser analisados de forma qualitativa, envolve os princípios e as diretrizes.

■ Princípios – são considerados requisitos necessários em ambientes para garantir melhor qualidade do mesmo, envolvendo usabilidade, acessibilidade, flexibilidade, confiabilidade, segurança etc. Esses princípios são termos mais abrangentes que geralmente abordam diretrizes mais específicas.

■ Diretrizes – são consideradas recomendações ou atividades a serem realizadas ou checadas como oferecer menus de seleção, disponibilizar funções-chave etc.

■ Fases – são consideradas etapas a serem percorridas durante o processo de desenvolvimento de um ambiente ou de um produto. Por exemplo, Dix *et al.* (2004) apresentam as seguintes fases: coleta, análise, projeto, implementação e implantação.

■ Guias – são considerados um conjunto de diretrizes, as quais podem conter recomendações, regras ou processos.

Baseado na engenharia de software (ES), um processo de software pode ser considerado uma metodologia para desenvolvimento de software, podendo ser definido como "um conjunto de atividades que leva à produção de um produto de software" (SOMMERVILLE, 2007, p. 42). Os processos correspondem às várias etapas do desenvolvimento, abrangendo um conjunto de atividades que leva à produção de um sistema. Tais processos podem ser considerados uma série de passos previsíveis, etapas ou roteiro a ser seguido.

Para qualquer metodologia existente de desenvolvimento de software, pode-se utilizar um modelo de processo, que, segundo Sommerville (2007, p. 43), "é uma representação abstrata de um processo de software. Cada modelo de processo representa um processo sob determinada perspectiva e, dessa forma, fornece somente informações parciais sobre esse processo". Esses modelos também são conhecidos como modelos preescritivos de processos, que, segundo Pressman (2006), é a forma de conduzir o ciclo de vida do sistema de informação. Vale ressaltar que nesta pesquisa não são abordados detalhadamente tais modelos, pois o intuito é apenas informar o arquiteto da informação sobre os tipos existentes na área de ES, os quais podem ser utilizados no desenvolvimento de ambientes digitais. Alguns modelos de processos são apresentados a seguir:

■ Modelo em cascata – é caracterizado pelo encadeamento de uma fase com outra.

- ■ Modelos incrementais – é caracterizado por fornecer ao usuário final um conjunto de funcionalidades principais do sistema, refinando e expandindo o conjunto inicial de funcionalidades em versões subsequentes dos sistemas de forma incremental. Esses modelos podem ser:

  - ☐ Modelo incremental – combina elementos do modelo em cascata aplicado de forma iterativa/incremental;

  - ☐ Modelo Rapid Application Development (RAD) enfatiza um ciclo de desenvolvimento curto, sendo uma adaptação de alta velocidade do modelo em cascata, pois utiliza uma abordagem de construção baseada no reúso de componentes preexistentes.

- ■ Desenvolvimento evolucionário – é caracterizado pelo desenvolvimento de uma implementação inicial, expondo o resultado dos comentários dos usuários e refinando esses resultados por meio de várias versões até que seja desenvolvido um sistema adequado. Esses modelos podem ser:

  - ☐ Prototipagem em papel – baseia-se na elaboração de um protótipo em papel por meio de recomendações dos usuários, visando apenas uma coleta de requisitos mais aprimorada, não considerando o protótipo produto final.

  - ☐ Espiral – em vez de representar o processo como uma sequência de atividades com algum retorno entre uma atividade e outra, o processo é representado como uma espiral, em que cada loop na espiral representa uma fase do processo de software.

- ■ Engenharia de software baseada em componentes – é caracterizada pela criação de um sistema mediante a utilização de componentes já desenvolvidos, incorporando muitas das características do modelo espiral e da abordagem iterativa. Esse modelo pode abordar o modelo de métodos formais e o modelo orientado a aspectos;

- ■ Processo unificado (PU) – é um processo iterativo e incremental guiado por casos de uso, centrado na arquitetura. É uma tentativa de apoiar-se em melhores recursos e características dos modelos convencionais dos processos de software. Tendo como base esse processo, Kruchten (2000, p. 17, tradução nossa) apresenta o Rational Unified Process (RUP), que "oferece uma abordagem disciplinada para atribuir tarefas e responsabilidades dentro de uma organização de desenvolvimento".

Além desses modelos de processos, Pressman (2006) e Koscianski e Santos Soares (2007) comentam sobre metodologias ágeis, as quais são adequadas para situações em que a mudança de requisitos é frequente. Esse tipo de metodologia deve aceitar mudanças em vez de tentar prever o futuro. Segundo Koscianski e Santos Soares (2007), as metodologias ágeis enfatizam: indivíduos e interações em vez de processos e ferramentas; software executável em vez de documentação; colaboração do cliente no lugar de negociação de contratos; e respostas ágeis a mudanças em vez de seguir planos. Segundo Pressman (2006, p. 58), "o desenvolvimento ágil poderia ser mais bem denominado 'pequena engenharia de software' [...]", pois as atividades são reduzidas a um conjunto mínimo de tarefas. Dentre as várias metodologias, as mais conhecidas são:

- Extreme programming (XP) – é ideal para projetos em que os clientes (*stakeholders*) não sabem exatamente o que desejam e podem mudar muito de opinião durante o desenvolvimento. Koscianski e Santos Soares (2007, p. 195) afirmam que entre as principais diferenças da XP em relação às demais metodologias estão: "feedback constante; abordagem incremental; e a comunicação entre as pessoas é encorajada".

- Scrum – "propõe uma forma de trabalho flexível que se adapte a ambientes muito dinâmicos", como afirmam Koscianski e Santos Soares (2007, p. 200).

De acordo com alguns projetos encontrados na Internet, pode-se perceber que muitos arquitetos da informação estão optando pela utilização das metodologias ágeis, porém, apesar da agilidade e dos benefícios dessas metodologias, existem problemas como comunicação interna nas equipes, falta de documentação e aplicação em projetos grandes e críticos. Assim, pode-se perceber que dentro de um processo de desenvolvimento de software, o arquiteto da informação pode-se utilizar também de atividades específicas para auxiliar no tratamento de objetos de conteúdo e de usuários.

Sommerville (2007) considera desenvolvimento incremental e espiral tipo de iteração de processo, relatando que (2007, p. 47) "a especificação, o projeto e a implementação de software são divididos em uma série de incrementos desenvolvidos um de cada vez" e que "o desenvolvimento de um sistema evolui em espiral para fora a partir de um esboço inicial até o sistema final". Os modelos de processo de software da ES podem ser utilizados para elaboração de um ambiente digital, dependendo do desenvolvedor e do tipo de ambiente a ser desenvolvido.

3.2 FASES DE DESENVOLVIMENTO

Sommerville (2007) relata que as fases principais do ciclo de vida de um sistema correspondem a: requisitos, projeto, desenvolvimento, verificação e validação e gerenciamento, enquanto Pressman (2006) defende que as fases são planejamento, análise, projeto, construção e implantação. Geralmente, existem atividades que são realizadas em diferentes etapas do processo, porém com ênfase diferente como é o caso do RUP – por exemplo, a atividade de requisitos pode estar presente nas etapas de início, elaboração, construção e transição, porém com ênfase bem menor nas fases finais.

De acordo com as metodologias abordadas na área de AI, as fases (do ciclo de vida do sistema) envolvidas e seus vários nomes consistem em: (1) levantamento de requisitos,também denominada por outros autores de coleta de dados, pesquisa, comunicação, concepção, descoberta ou identificação de objetivos e público-alvo; (2) planejamento, também denominada por outros autores de concepção ou estudo de viabilidade; (3) análise dos dados, também denominada por outros autores de estratégia ou concepção); (4) projeto de sistema, também denominada por outros autores de modelagem, design ou especificação; (5) implementação, também denominada por outros autores de desenvolvimento ou construção; (6) integração e teste, também denominada por outros autores de avaliação e validação; e (7) manutenção, também denominada por outros autores de administração ou retroalimentação.

Todas essas fases são abordadas na literatura de AI; contudo existe um debate entre os autores da área sobre a abrangência dessas fases de desenvolvimento e muitos autores, como Reis (2007), comentam que uma metodologia de AI possui maior enfoque nas fases de análise e projeto. Concordamos aqui com essa afirmação, pois, apesar de encontrar na literatura autores que afirmam que metodologias de AI também envolvem as fases de implementação e implantação, pode-se afirmar que esses processos são direcionados ao profissional programador e ao gestor, responsável pelo treinamento para o uso do sistema, já que uma das funções do arquiteto da informação é gerenciar uma equipe multidisciplinar e acompanhar esses processos.

Assim, as fases de coleta, planejamento, implementação e manutenção possuem menor enfoque na metodologia proposta. Vale ressaltar que a fase de implementação não foi abordada na metodologia proposta, pois considera-se que o arquiteto da informação a aborda em um nível de baixo detalhamento tecnológico, envolvendo apenas protótipos e/ou a parte visível ao usuário (interface). Além disso, essa fase abrange a execução do que foi realizado nas etapas anteriores, não havendo necessidade da elaboração de uma etapa detalhada na metodologia proposta. As fases de testes e manutenção devem permanecer no processo, porém com nomes distintos. Isso se dá porque as áreas possuem terminologias diferentes; por exemplo, na área de ciência da informação, comenta-se muito sobre os processos de avaliação e retroalimentação, em que as informações devem ser verificadas, avaliadas, confirmadas, testadas e corrigidas.

Considerando que processos de desenvolvimento de aplicações Web se diferem em relação ao grau de detalhamento e especificações técnicas de programação em relação ao desenvolvimento de software convencionais, Pressman (2006) comenta sobre a engenharia da Web (WebE) e apresenta as fases de: formulação e planejamento, modelagem de análise, modelagem de projeto e testes, não abordando a fase de implementação. O autor (2006, p. 378) relata que a WebE "não é um clone perfeito da engenharia de software, mas toma emprestados muitos dos conceitos e princípios fundamentais da engenharia de software".

As fases e os princípios abordados pela WebE se assemelham com os abordados pela AI, pois concorda-se com Reis (2007) quando ele relata que apesar de as metodologias apresentarem diferenças, principalmente em nomenclaturas e graus de detalhamento das etapas, métodos e técnicas, é possível identificar muitas semelhanças entre elas. Assim, as fases identificadas na metodologia apresentada no próximo capítulo consistem em:

1 – Levantamento de requisitos e planejamento

2 – Análise e projeto

3 – Avaliação e retroalimentação

Essa metodologia de desenvolvimento pode ser considerada passos adicionais ao processo de desenvolvimento de software, pois sugere processos e atividades para o arquiteto da informação, possuindo enfoque no tratamento dos objetos de conteúdo do ambiente digital de acordo com as necessidades dos usuários. Caso seja da responsabilidade do engenheiro de software trabalhar com os objetos de conteúdo, ele pode aproveitar/reutilizar o tratamento realizado pelo profissional da informação, considerando isso complementação de suas atividades.

3.3 UMA METODOLOGIA DE DESENVOLVIMENTO DE AMBIENTES INFORMACIONAIS DIGITAIS

A AI se apropria de muitos princípios advindos de outras áreas do conhecimento, mas possui como enfoque principal a utilização das informações e do ambiente pelo usuário final. Assim, o principal objetivo da AI é o tratamento dos objetos de conteúdo e para reforçar essa afirmação, Pressman (2006, p. 415) comenta que, na fase de análise, deve-se definir os objetos de conteúdo, os quais envolvem tipo e forma de conteúdo, podendo ser "uma descrição textual de um produto, um artigo descrevendo um evento que é notícia, uma ação fotografada para um evento esportivo, uma representação animada de um logotipo de uma empresa, um vídeo curto de um discurso [...]". Entretanto, cada um desses objetos de conteúdo "precisa ser desenvolvido (frequentemente por desenvolvedores de conteúdo que não são engenheiros da Web)". Baseado em todo o contexto exposto, a metodologia de desenvolvimento apresentada neste livro considera:

- ■ Tratamento funcional do ambiente – envolve a especificação das funcionalidades e dos serviços do ambiente de acordo com as necessidades dos usuários.

- ■ Tratamento estrutural do ambiente – envolve a estruturação do ambiente, abordando as opções estruturais da arquitetura e os fluxos informacionais.

- ■ Tratamento do conteúdo – envolve a representação e descrição da informação por meio da análise semântica, sintática e pragmática, bem como por meio dos processos de classificação, catalogação e indexação, considerando o contexto do usuário e uso da informação pelo mesmo.

- ■ Tratamento navegacional do ambiente – envolve a navegação do conteúdo, considerando o comportamento e modo de interação do usuário e do ambiente.

- ■ Tratamento da aparência visual do objeto de conteúdo – envolve a apresentação da informação por meio da rotulagem e da formatação/editoração do conteúdo, considerando a usabilidade e acessibilidade.

As fases, etapas e subetapas da metodologia proposta neste livro podem ser visualizadas na Figura 1.

Além dessa figura, encontra-se no Apêndice A – Fases, Etapas e Práticas da Metodologia de Desenvolvimento de Ambientes Informacionais Digitais – a complementação da mesma, contendo também a descrição das práticas envolvidas em cada atividade.

Na Figura 1, podem-se perceber retângulos, com tonalidades mais fortes ou mais fracas dependendo da hierarquia das fases. Os retângulos com tonalidade mais forte representam as fases principais da metodologia de desenvolvimento proposta que consistem em: (1) levantamento de requisitos e planejamento; (2) análise e projeto; e (3) avaliação e retroalimentação. Nas fases 2 e 3, podem-se visualizar retângulos com tonalidades mais fracas representando as etapas envolvidas em cada fase. A fase 2 envolve as etapas: (2.1) tratamento funcional; (2.2) tratamento estrutural; (2.3) tratamento informacional; (2.4) tratamento navegacional; e (2.5) tratamento visual. A fase 3 envolve as etapas (3.1) avaliação

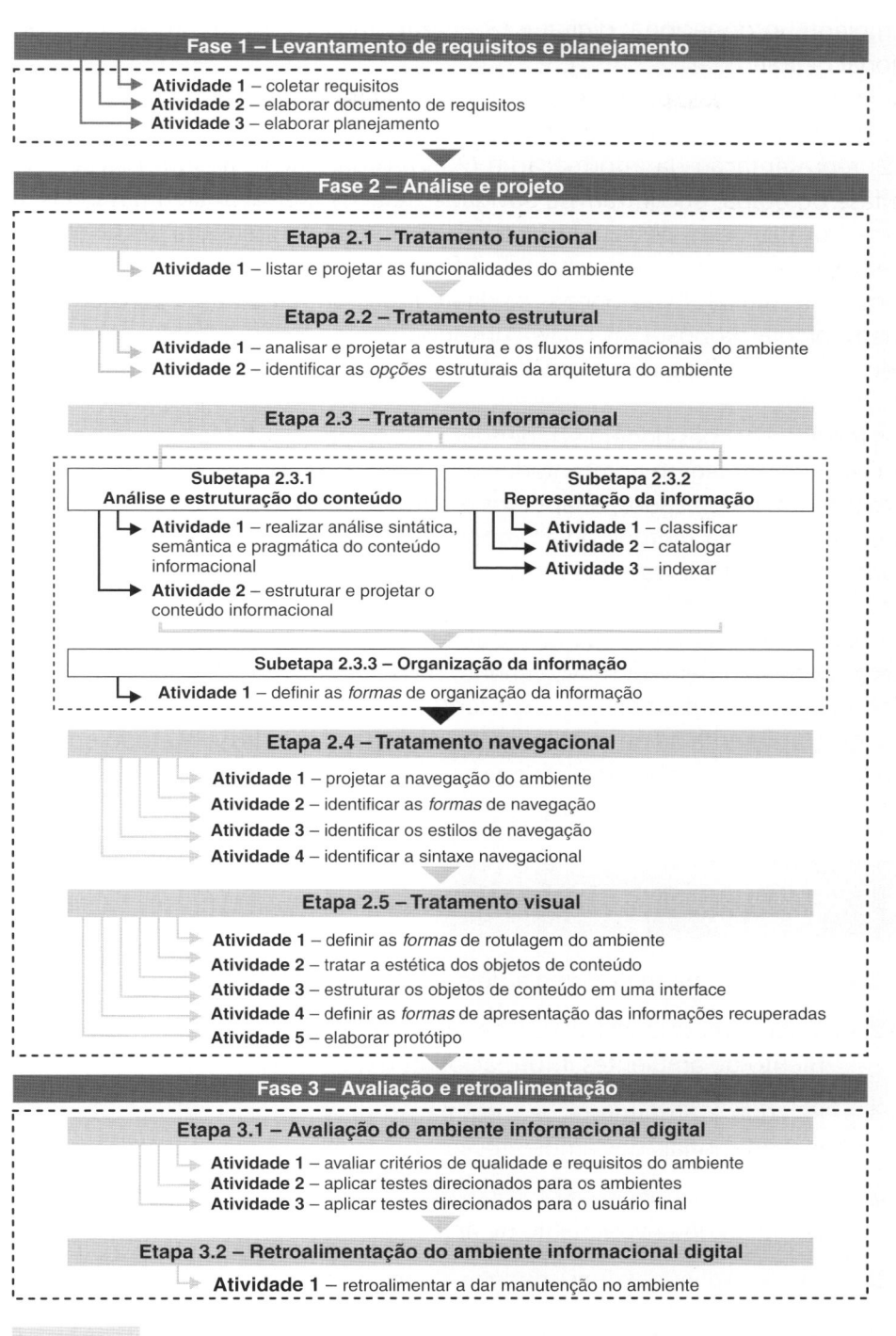

Fase 1 – Levantamento de requisitos e planejamento

- **Atividade 1** – coletar requisitos
- **Atividade 2** – elaborar documento de requisitos
- **Atividade 3** – elaborar planejamento

Fase 2 – Análise e projeto

Etapa 2.1 – Tratamento funcional

- **Atividade 1** – listar e projetar as funcionalidades do ambiente

Etapa 2.2 – Tratamento estrutural

- **Atividade 1** – analisar e projetar a estrutura e os fluxos informacionais do ambiente
- **Atividade 2** – identificar as *opções* estruturais da arquitetura do ambiente

Etapa 2.3 – Tratamento informacional

Subetapa 2.3.1
Análise e estruturação do conteúdo

- **Atividade 1** – realizar análise sintática, semântica e pragmática do conteúdo informacional
- **Atividade 2** – estruturar e projetar o conteúdo informacional

Subetapa 2.3.2
Representação da informação

- **Atividade 1** – classificar
- **Atividade 2** – catalogar
- **Atividade 3** – indexar

Subetapa 2.3.3 – Organização da informação

- **Atividade 1** – definir as *formas* de organização da informação

Etapa 2.4 – Tratamento navegacional

- **Atividade 1** – projetar a navegação do ambiente
- **Atividade 2** – identificar as *formas* de navegação
- **Atividade 3** – identificar os estilos de navegação
- **Atividade 4** – identificar a sintaxe navegacional

Etapa 2.5 – Tratamento visual

- **Atividade 1** – definir as *formas* de rotulagem do ambiente
- **Atividade 2** – tratar a estética dos objetos de conteúdo
- **Atividade 3** – estruturar os objetos de conteúdo em uma interface
- **Atividade 4** – definir as *formas* de apresentação das informações recuperadas
- **Atividade 5** – elaborar protótipo

Fase 3 – Avaliação e retroalimentação

Etapa 3.1 – Avaliação do ambiente informacional digital

- **Atividade 1** – avaliar critérios de qualidade e requisitos do ambiente
- **Atividade 2** – aplicar testes direcionados para os ambientes
- **Atividade 3** – aplicar testes direcionados para o usuário final

Etapa 3.2 – Retroalimentação do ambiente informacional digital

- **Atividade 1** – retroalimentar a dar manutenção no ambiente

Figura 1 Fases e etapas da metodologia de desenvolvimento de ambientes informacionais digitais

do ambiente informacional digital e (3.2) retroalimentação do ambiente informacional digital.

Além dessas etapas, pode-se perceber ainda que na etapa 2.3 existem retângulos que representam as subetapas (2.3.1) análise estruturação do conteúdo, (2.3.2) representação da informação e (2.3.3) organização da informação. Em cada fase ou etapa, encontram-se atividades relacionadas. Em algumas delas, a palavra "formas" está destacada, isso ocorre porque na literatura de AI encontram-se opções para que o arquiteto da informação possa escolher e desenvolver um ambiente digital. Essas opções se diferem das outras práticas apresentadas na metodologia proposta, as quais correspondem às técnicas como diagramas ou recursos específicos como catálogo ou índice, não destacando opções ao desenvolvedor.

Tais formas e opções podem ser identificadas como os sistemas de navegação, organização e rotulagem apresentados por Rosenfeld e Morville (1998), porém, tais itens foram modificados, adaptados e estruturados em atividades específicas para composição da metodologia proposta. É importante relatar que o objeto de conteúdo poder ser tratado em vários níveis. Por exemplo, pode-se tratar um arquivo, o conteúdo dele, a apresentação desse conteúdo em uma interface e o relacionamento desse conteúdo com outros objetos. Além disso, a metodologia proposta pode abordar o desenvolvimento de um ambiente ainda inexistente ou a reformulação de um ambiente já existente.

A seguir, apresenta-se de forma detalhada cada etapa dessa metodologia de desenvolvimento de ambientes informacionais digitais.

3.4 EXERCÍCIOS PROPOSTOS

1 – O que é uma metodologia de desenvolvimento?

2 – Qual a importância de utilizar uma metodologia de desenvolvimento de ambientes informacionais digitais?

3 – Por que a arquitetura da informação deve enfocar os aspectos informacionais dos ambientes informacionais digitais?

4 – O que é um modelo de processo de software e por que se pode utilizá-lo no desenvolvimento de ambientes informacionais digitais?

5 – Cite e explique alguns modelos de processos de software.

6 – Quais são as características das metodologias ágeis?

7 – Quais fases de desenvolvimento podem ser abordadas em uma Arquitetura da Informação?

8 – Quais fases de desenvolvimento compõem a metodologia de desenvolvimento de ambientes informacionais digitais proposta? Explique cada uma delas.

Metodologia de desenvolvimento de ambientes informacionais digitais com base nos princípios da arquitetura da informação

INTRODUÇÃO

Nesta parte do livro, é apresentada uma metodologia de desenvolvimento de ambientes informacionais digitais que possui como base os princípios da arquitetura da informação, sendo composta por: fases, etapas, subetapas, atividades e práticas.

Essa metodologia de desenvolvimento foi elaborada a partir de: análises de arquiteturas da informação existentes na área de ciência da informação e outras áreas afins como design gráfico; análises de fatores e recursos específicos de ambientes informacionais digitais; integração de atividades de personalização e customização; análises das metodologias de desenvolvimento advindas da ciência da computação, em específico da engenharia de software, que é uma disciplina consolidada e responsável pelo desenvolvimento de sistemas de computação. As metodologias analisadas são apresentadas por Sommerville (2007) e Pressman (2006), autores conhecidos na área de ES.

Delimita-se aqui que a metodologia de desenvolvimento apresentada consiste em fases, etapas e subetapas que envolvem atividades (também podem ser denominadas de processos) e práticas, as quais envolvem métodos de auxílio à coleta, análise, projeto, avaliação e retroalimentação dos objetos de conteúdo dos ambientes informacionais digitais. Considera-se, também, método como a utilização de algum tipo de instrumento ou técnica como a utilização de diagramas para representação e visualização de dados.

Capítulo 4

Levantamento de requisitos e planejamento

O primeiro passo para projetar ou desenvolver qualquer produto envolve entender tudo a respeito dele.

Vistos alguns conceitos e definições essenciais para o entendimento da metodologia de desenvolvimento de ambientes informacionais digitais baseada em princípios da arquitetura da informação proposta neste livro, apresentaremos agora cada fase de desenvolvimento de forma detalhada.

Na Figura 2, apresentada a seguir, é destacada a primeira fase dessa metodologia, que consiste no levantamento de requisitos e planejamento e envolve três atividades, sendo elas: coletar requisitos, elaborar documento de requisitos e elaborar planejamento.

O objetivo dessa fase é coletar requisitos sobre o público-alvo, os conteúdos e as especificações funcionais e de interfaces do ambiente que será construído ou reformulado e elaborar o planejamento, identificando as necessidades de negócio e o escopo do esforço do desenvolvimento para viabilizar o próprio desenvolvimento do ambiente informacional.

Segundo Sommerville (2007, p. 79), "os requisitos de um sistema são descrições dos serviços fornecidos pelo sistema e as suas restrições operacionais". Eles "refletem as necessidades dos clientes de um sistema que ajuda a resolver um problema [...]", enquanto para Pressman (2006, p. 116) "levam a um entendimento de qual será o impacto do software sobre o negócio, do que o cliente quer e de como os usuários finais vão interagir com o software".

Com relação ao planejamento, Pressman (2006, p. 389) relata que "trata das coisas que devem ser definidas para estabelecer um fluxo de trabalho e um cronograma, e para monitorar o trabalho à medida que o projeto prossegue".

Já Sommerville (2007, p. 95) denomina para essa fase "processos de engenharia de requisitos" abordando estudo de viabilidade, elicitação e análise, validação e gerenciamento de requisitos.

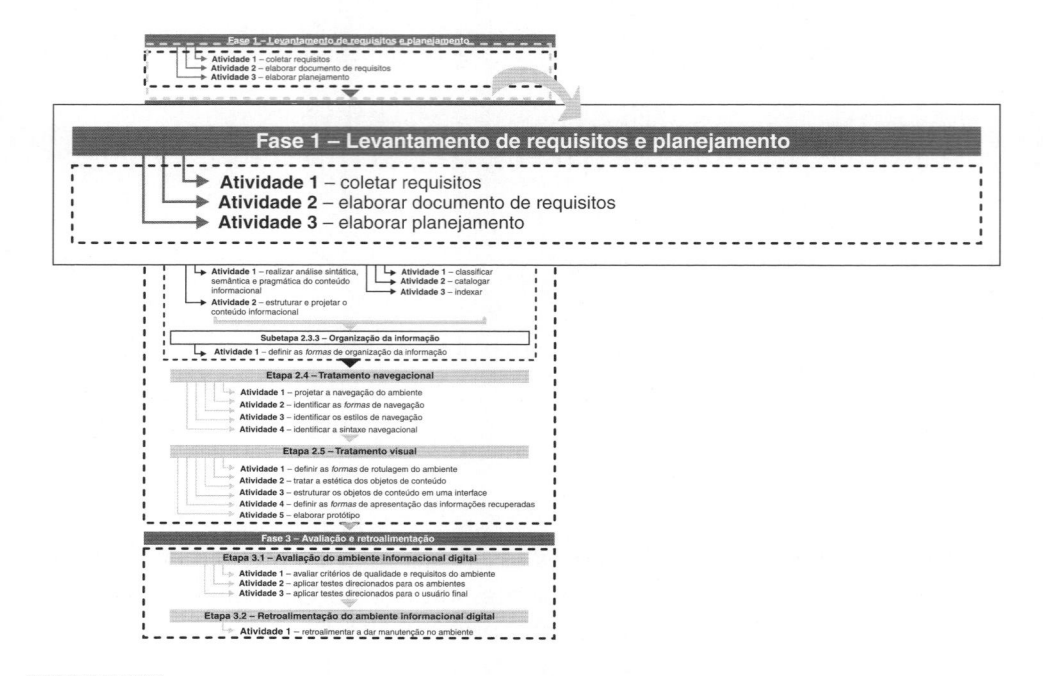

Figura 2 Destaque da Fase 1 – Levantamento de requisitos e planejamento

4.1 ATIVIDADE 1: COLETAR REQUISITOS

A primeira atividade dessa fase, que consiste em coletar requisitos, pode envolver os seguintes tipos de requisitos:

Quadro 15 Tipos e exemplos de requisitos

Tipos de requisitos	Exemplos	
	Requisitos funcionais	Requisitos não funcionais
Requisitos básicos de funções, estruturas e serviços	Recuperação de item documental por meio de uma ferramenta de busca	Eficiência

(continua)

Quadro 15 Tipos e exemplos de requisitos (Continuação)

Tipos de requisitos	Exemplos	
	Requisitos funcionais	Requisitos não funcionais
Requisitos de conteúdo	Notícias e pesquisa de trabalhos científicos	Confiabilidade
Requisitos de usuário	Transcrição de texto para vídeo	Acessibilidade
Requisitos de interface	Utilização e customização de componentes visuais	Usabilidade

No Quadro 15, são apresentados tipos e exemplos de requisitos que podem ser abordados nessa fase da metodologia. Tais requisitos foram baseados no levantamento descrito a seguir:

- **Requisitos funcionais** – com base em Sommerville (2007, p. 80), esses tipos de requisitos são as declarações de serviços que o sistema deve fornecer, como o sistema deve reagir a entradas específicas e como o sistema deve se comportar em determinadas situações.

- **Requisitos não funcionais** – são restrições sobre os serviços ou as funções oferecidas pelo sistema. Eles incluem restrições de timing, restrições sobre o processo de desenvolvimento e padrões. Aplicam-se frequentemente ao sistema como um todo. Em geral, não se aplicam às características ou aos serviços individuais do sistema. De acordo com Sommerville (2007, p. 82), esses requisitos podem ser de produto (envolvendo facilidade de uso, de eficiência – desempenho e espaço –, de confiabilidade e de portabilidade), organizacionais (envolvendo entrega, de implementação e de padrões) e externos (envolvendo interoperabilidade, éticos e legais – privacidade e segurança).

- **Requisitos de domínio** – são provenientes do domínio da aplicação do sistema e refletem as características e as restrições desse domínio. Podem ser requisitos funcionais ou não funcionais. Como esses requisitos são especializados, derivados da aplicação do sistema, e não das necessidades específicas do usuário, a metodologia não o enfoca de forma detalhada. Exemplo: todas as interfaces devem ser implementadas de acordo com um padrão da instituição ou os documentos que possuírem restrições de direitos autorais devem ser excluídos do sistema.

É importante ressaltar que essa metodologia de desenvolvimento deve abordar todos esses requisitos; entretanto os requisitos não funcionais estão relacionados com a infraestrutura tecnológica dos sistemas e podem ser mais detalhados e trabalhados pelos engenheiros de software, sendo eles considerados princípios importantes da qualidade de software. Além desses requisitos, Sommerville (2007) também comenta sobre os:

- **Requisitos de usuário** – devem descrever os requisitos funcionais e não funcionais, especificando o comportamento externo do sistema para os usuários que não possuem conhecimento técnico detalhado. A ES enfoca esse tipo de requisito diferentemente da AI, pois a AI considera esse tipo de requisito igual aos funcionais e não funcionais, porém com níveis de detalhamento diferente. A AI considera que esses requisitos se referem às informações sobre os usuários finais necessárias para o desenvolvimento do ambiente, como, por exemplo, suas necessidades informacionais, contexto e cultura, modo de interação e forma de utilização do ambiente. Para auxiliar na obtenção de informações sobre os usuários, pode-se consultar o Quadro 2 apresentado no Capítulo 2. Talvez esse requisito pudesse ser denominado requisito de perfil de usuário ou de categoria de usuário, pois se deve identificar o perfil de uma comunidade de usuários para elaborar funções e informações direcionadas. Exemplo: uma biblioteca digital que possui uma coleção impressa de documentos em braile precisa saber quais recursos existem para poder disponibilizar esses materiais de forma digital. Baseado nos requisitos de usuário, Batley (2007, p. 13 e 14) relata que é possível identificar quatro etapas preliminares que contribuem para o processo de desenvolvimento de um ambiente: análise das necessidades de informação (descobrir de quais informações os usuários precisam), análise de tarefas (descobrir o que os usuários fazem quando estão tentando satisfazer suas necessidades informacionais), análise de recursos (descobrir quais são os conhecimentos e as competências práticas do usuário) e modelagem de usuários (identificar diferentes categorias dos usuários com base em suas necessidades);

- **Requisitos de sistema** – são versões expandidas dos requisitos de usuário, devendo simplesmente descrever o comportamento externo do sistema e suas restrições operacionais. Contudo, na prática é impossível excluir todas as informações de projeto (relacionadas a como o sistema deve ser projeto e implementado). Assim, a metodologia de desenvolvimento proposta não aborda esse tipo de requisito de forma detalhada;

- **Requisitos ou especificação de interface** – são especificações das interfaces existentes do sistema. Contudo, a ES aborda a descrição da sintaxe da interface por meio de linguagem de programação, o que não é abordado pela AI. A AI coleta informações iniciais e básicas de características específicas da interface. Exemplo: não utilizar menus suspensos.

A partir de todo esse contexto, afirmamos que na AI podem-se considerar principalmente os requisitos funcionais, os quais devem referir: aos próprios serviços, funções e estruturas do ambiente, ao usuário, às interfaces e aos objetos de conteúdo, os quais não são abordados pela ES.

Considerando que a AI deve abordar os objetos de conteúdo, podemos destacar outro tipo de requisito, que consiste em:

■ **Requisitos de conteúdo** – são declarações dos conteúdos que devem ser disponibilizados. Esses requisitos devem abordar tanto a informação que deve ser disponibilizada no ambiente quanto as informações relacionadas aos trabalhos e documentos científicos. Vale ressaltar que esse tipo de requisito aborda os objetos de conteúdo, essenciais na arquitetura da informação. Alguns exemplos de objetos de conteúdo são: notícias, imagens, animação, vídeo, mapa, calendário, menus, links etc.

4.1.1 Práticas da atividade 1: coletar requisitos

Para a realização dessa atividade podemos utilizar métodos como:

■ **Formulação de perguntas** – abordando os tópicos do documento de requisitos por meio de:

☐ **Entrevista** – consiste na realização de questões para pessoas de forma individual e mais dinâmica. Um exemplo de entrevista para coleta de dados está apresentado no Quadro 16.

Quadro 16 Exemplo do método de coleta entrevista

Entrevista
1) Qual a finalidade/propósito da construção do ambiente?
2) Qual a missão e objetivo do ambiente?
3) Qual é o público-alvo do ambiente?
4) Qual atividade ou função é essencial ou a mais importante para o ambiente?
. . .

A entrevista é composta por perguntas abertas e deve ser aplicada com um planejamento prévio, determinando entrevistados, local, data e horário, bem como tempo previsto de término. Esse tipo de método, geralmente, pode levar mais tempo do que o próximo método apresentado.

☐ **Questionário** – pode apresentar perguntas abertas ou fechadas. As perguntas são classificadas como abertas quando as questões são propostas sem a determinação de categorias. Já as perguntas fechadas apresentam questões fixas e com respostas alternativas, assinaladas ou sublinhadas, existindo a possibilidade de um item "outros", para agrupar algumas diferenças quando houver categorias exclusivas. Os questionários apresentam algumas limitações, dentre elas: a média de respostas pode ser baixa; as perguntas devem ser muito bem elaboradas, pois não existe a possibilidade de esclarecimentos de dúvidas; às vezes a pessoa responde para agradar, não correspondendo à realidade. No entanto, esse instrumento possui diversas vantagens, como: pode ser aplicado em uma população geográfica dispersa; poupa tempo e custo; dá maior liberdade à pessoa que irá responder, pois não conta com a presença direta do entrevistador. No Quadro 17 é apresentado um exemplo desse método, o qual geralmente deve ser aplicado para uma quantidade maior de pessoas.

Quadro 17 Exemplo do método de coleta questionário

Questionário

1) Assinale entre as alternativas abaixo qual a finalidade/propósito da construção do ambiente.

   a. criar um novo ambiente digital
   b. testar um processo de desenvolvimento
   c. divulgar instituição e produção intelectual
   d. migrar de um ambiente físico para um digital

2) Assinale na sua opinião qual(is) atividade(s) ou função(ões) é(são) essencial(ais) ou mais importante(s) para o ambiente.

   a. customizar interface
   b. recuperar informação desejada ou específica
   c. personalizar conteúdo para cada usuário individualmente
   d. outro. Qual? _____

O questionário deve possuir questões fechadas com alternativas preestabelecidas e direcionadas. Contudo, pode ser aplicado para vários tipos de pessoas, diferentemente do próximo método apresentado, em que se devem especificar as perguntas e os usuários.

☐ **Levantamentos iterativos** – é similar a uma entrevista, em que respostas às questões específicas sobre o ambiente são solicitadas, porém as questões são baseadas em uma série de levantamentos resumidos voltados para representantes de usuários. Um exemplo desse método está apresentado no Quadro 18.

Quadro 18 Exemplo do método de coleta levantamentos iterativos

Coleta de dados

Nome: _____

Cargo: _____

Função/atividades: _____

1) Baseado em suas atividades, descreva um problema crítico do sistema já existente.

2) Entre as opções abaixo o que mais atrapalha você na realização de suas atividades:

    a. lentidão de tempo-resposta do sistema

    b. travamento do sistema

    c. perda de dados por invasão ou intercepção de intrusos

    d. descentralização das informações

■ **Descrição textual dos requisitos** – relata entradas, saídas, ações, abordagens funcionais e efeitos colaterais, se existirem, podendo utilizar linguagem natural e linguagem de descrição de projeto por meio de:

☐ **Visitas e observação de um sistema/ambiente já utilizado** – envolve a descrição de requisitos por meio de visitas de observações do ambiente. O Quadro 19 apresenta uma descrição textual que pode ser feita através de uma visita em determinado ambiente ou sistema já existente pertencente a determinada instituição.

Quadro 19 Exemplo de descrição textual de requisitos por visitas e observação

Descrição dos requisitos:

Requisitos de usuário – pode-se possibilitar cadastro de usuários, envolvendo dados sobre: login, senha, nome, formação, profissão, domínio de assuntos, assunto de interesse, objetivo do acesso, dados da navegação (ação, data e hora de acesso e tempo de frequência), velocidade/tempo de resposta, taxa de erro, privacidade das informações, segurança das informações, confiabilidade das informações etc.

(continua)

Quadro 19 Exemplo de descrição textual de requisitos por visitas e observação (Continuação)

Requisitos ou especificação de interface – possui rotulagem textual e iconográfica (mista), aparência "séria" com informações objetivas (textos curtos), serviços principais bem localizados e destacados, informações principais destacadas, padronização de menus e títulos, utilização de divisões/frames, opção de voltar, diferenciação de links visitados, não utilização de menus suspensos, barra de rolagem horizontal etc.

Requisitos de conteúdo – podem-se disponibilizar currículo em arquivo, súmula curricular em informação na interface, síntese de AI e debates em informação na interface, materiais didáticos (apresentação em ppt), artigos científicos (arquivos doc e pdf), dissertação, capítulos de livro (arquivos pdf), apresentação em eventos (arquivo ppt) e palestras (arquivos doc e ppt). Representar e descrever todos os documentos.

Requisitos básicos de funções, estruturas e serviços – serviço de busca simples próprio, catálogo, serviços de customização e acessibilidade como alterações no tamanho da fonte e na cor do fundo (contraste), teclas de atalho, comentário, notícias, RSS, navegação interna, global, local, hierarquia e em rede.

☐ **Pesquisas externas** – envolve pesquisas fora da empresa. Exemplo: pesquisar sobre o tipo de ambiente a ser desenvolvido na Internet. Um exemplo desse método é apresentado no Quadro 20.

Quadro 20 Exemplo de descrição textual de requisitos por pesquisas externas

Pesquisa

Na literatura, encontram-se tipos de ambientes semelhantes os quais possuem objetivos e funções em comum como: ferramenta de busca, oferecimento de diversas formas de apresentação da informação, impressão de documentos, sugestão do ambiente para outra pessoa, fórum de debate etc.

De acordo com a finalidade e o objetivo do ambiente a ser desenvolvido pode-se considerar que essas informações podem ser aplicadas ao mesmo.

☐ **Benchmark** – envolve a análise de outros ambientes concorrentes. O Quadro 21 mostra a coleta de informações feita a partir de um ambiente específico.

Quadro 21 Exemplo de descrição textual de requisitos por benchmark

Benchmark – descrição de outro ambiente similar

O ambiente analisado é de uma pesquisadora que possui interface simples com a página inicial contendo apenas as boas-vindas, o nome da autora e os links: sobre mim, atividades apresentadas, publicações, outros trabalhos e resumo. Na página sobre mim as opções a seguir são apresentadas: formação, idioma, coisas que eu amo, áreas de interesse. Na página publicações há uma divisão entre mestrado e doutorado. Na página outros trabalhos há uma divisão entre graduação, pós-graduação e outros cursos. As demais páginas possuem apenas as informações correspondentes ao link. A navegação é hierárquica, hipertextual, interna, global e local, a organização dos links é por assunto, possui rotulagem mista, diferenciam-se os links visitados e em todas as páginas possui a opção para voltar na página principal.

O ambiente selecionado para esse método deve ser identificado como exemplo a ser seguido. Geralmente, os ambientes selecionados são aqueles que possuem perfis semelhantes ao ambiente a ser desenvolvido. Isso pode ser feito também em ambientes que possuem funções diferentes, mas o mesmo público-alvo. Para esse tipo de coleta, pode-se utilizar o próximo método, chamado de levantamentos exploratórios, como apresentado no Quadro 22.

☐ **Levantamentos exploratórios** – é similar ao benchmark. Baseia-se em outros ambientes, mas não necessariamente em ambientes concorrentes, e sim naqueles que possuem usuários similares.

Quadro 22 Exemplo de descrição textual de requisitos por levantamentos exploratórios

Análise de vários ambientes com mesmo público-alvo

Foram analisados os ambientes A, B e C. Ambos os ambientes possuem como público-alvo as gestantes; contudo, cada um possui informações e funções específicas como:

Ambiente A – possui geração de calendário de gestação automático e sugere lojas de móveis e decoração específicas.

Ambiente B – possui receitas para cada mês da gestante bem como cursos de culinária específica.

Ambiente C – oferece manual de exercícios, bem como cursos de yoga e pilates. Considerando que o ambiente a ser desenvolvido possui o mesmo público-alvo, a mescla de ambas as características pode ser relevante.

▫ **Brainstorming** – identifica várias ideias de um grupo e chega a um ponto comum. Um exemplo é apresentado no Quadro 23.

Quadro 23 Exemplo de descrição textual de requisitos por brainstorming

Anotação de uma reunião

Descrição: debatem-se aqui soluções para aumentar a leitura de documentos no ambiente.

Pessoa A: sugere a implantação de cadastros e páginas individualizadas.

Pessoa B e C: concordam com a pessoa A.

Pessoa B: complementa sugerindo que a página pode possuir outras funções como organização de documentos.

Pessoa C: relembra que o ambiente já possibilita um cadastro de usuário com uma página ou individual, porém apenas contém a última informação acessada.

Pessoa D: sugere a adição da possibilidade de várias funções na página individual do usuário para que ele possa ter uma página altamente customizável.

Consenso: a adição de algumas funções específicas na página deve ser implantada.

Um método muito semelhante ao apresentado no Quadro 23 é o grupo focal. A diferença entre ambos está no objetivo de cada um, pois o grupo focal deve ser utilizado em um primeiro momento para um levantamento mais superficial com o intuito de entender o ambiente e as pessoas envolvidas, não resultando necessariamente na definição de soluções ou decisões. Um exemplo desse método é apresentado no Quadro 24.

▫ **Grupo focal** – pode ser tradicional ou eletrônico e consiste em uma reunião com um pequeno grupo de representantes de usuários finais (ou interessados) para identificar experiências, sentimentos, percepções e preferências. É muito semelhante ao brainstorming, porém se diferencia pelo grau de detalhamento, não resultando necessariamente em determinação de soluções, abordando apenas uma visão geral do ambiente para melhor compreensão do mesmo.

Quadro 24 Exemplo de descrição textual de requisitos por grupo focal

Grupo focal

Pessoa A, cargo 1: relata que o ambiente atual é de fácil manuseio, porém possui problemas com determinadas funções que não funcionam em determinada situação. A partir dessa constatação sugere a revisão de tais funções.

(continua)

Quadro 24 Exemplo de descrição textual de requisitos por grupo focal
(Continuação)

Pessoa B, cargo 2: relata que apesar da interface ser de fácil manuseio, prefere uma interface mais moderna com funções mais específicas.

Pessoa C, cargo 3: comenta que acha a interface simples demais, sendo útil para os funcionários, mas não atrativa para os compradores.

. . .

☐ **Coleta colaborativa** – segundo Pressman (2006, p. 125), consistem em:

> Uma equipe de interessados e desenvolvedores que trabalha em conjunto para identificar o problema, propor elementos da solução, negociar diferentes abordagens e especificar um conjunto preliminar de requisitos de solução.

Assim como o grupo focal, a coleta colaborativa é muito semelhante ao brainstorming, porém os interessados envolvidos devem fazer parte do desenvolvimento do ambiente, e não simplesmente da utilização do mesmo, considerando que já exista um ambiente, o qual será adaptado, reprojetado ou reconstruído. Sendo assim, o nível de detalhe dessa coleta é maior. Um exemplo desse método é apresentado no Quadro 25.

Quadro 25 Exemplo de descrição textual de requisitos por coleta colaborativa

Coleta colaborativa

Pessoa A da equipe de desenvolvimento: relata que para a implantação de funções de customização seria interessante utilizar o recurso CSS, que possibilita uma modificação em cascata, ou seja, em todo o ambiente.

Pessoa B da equipe de desenvolvimento: concorda com a pessoa A e comenta ainda sobre algumas possíveis opções de customização, como mudança de cores de fonte e fundo.

Pessoa C da equipe de desenvolvimento: sugere ainda serviços de personalização que sugerem documentos aos usuários de acordo com seu perfil e/ou com sua última busca no ambiente.

Além desses métodos, podem-se utilizar uma lista aberta para identificação de recursos do ambiente e uma lista de funcionalidades do ambiente. A diferença entre as listas consiste na participação efetiva do usuário. Exemplos de ambas as listas são apresentados nos Quadros 26 e 27, que consistem em free-listing e lista de funcionalidades, respectivamente.

☐ **Free-listing** – é uma listagem livre feita pelos usuários.

Quadro 26 Exemplo de descrição textual de requisitos por free-listing

Free-listing

- Clicar sobre o documento e aparecer o resumo do mesmo.
- Mudar a cor da letra.
- Mudar o tamanho das imagens.
- Selecionar documentos já lidos.
- Enviar documento para um amigo.
- Aparecer ícone do documento para ilustração juntamente com as informações básicas.

- Salvar documento em uma página individual.
- Organizar documento por ordem alfabética e cronológica.
- Oferecer mais de um formato para o mesmo documento.

☐ **Lista de funcionalidades** – consiste em fazer uma listagem das funções do ambiente pelos desenvolvedores.

Quadro 27 Exemplo de descrição textual de requisitos por lista de funcionalidades

Lista de funcionalidades (já definidas pelos desenvolvedores)

1 – Ferramenta de busca simples e avançada
2 – Várias formas de apresentação da informação
3 – Várias formas de recuperação da informação
4 – Serviços de personalização
5 – Serviços de customização
6 – Funções de aumentar e diminuir fonte

Considerando que no free-listing são os usuários que listam as funções que o ambiente poderia ter, os cuidados com as terminologias adequadas não são tratados, diferentemente da lista de funcionalidades definidas pelos desenvolvedores.

☐ **Cenários** – é uma descrição de uma conversa ou reunião contendo: a cena, os personagens e a conversa dos personagens. Um exemplo desse método é apresentado no Quadro 28.

Quadro 28 Exemplo de descrição textual de requisitos por cenários

A cena: Uma sala de reunião para coleta de dados.

Os personagens: João e Antônio, membros da equipe de AI.

A conversa:

Facilitador: Vamos desenvolver um cenário sobre o acesso às funções do ambiente.

João: Como?

Facilitador (sorrindo): Conte-nos como você imagina o acesso ao ambiente.

João: Hmm... a primeira coisa que eu precisaria seria um PC ....

Antônio (interrompendo): Um PC com requisitos mínimos.

...

A narração de reuniões e conversas contendo todas as informações ocorridas na situação em questão compõe os cenários. Além deles, pode-se utilizar especificação de casos de usos como um recurso para descrição de requisitos (ver exemplo no Quadro 29).

☐ **Descrição de casos de uso** – usuários são solicitados a criar casos de uso informais que descrevem interações específicas com o ambiente. Os casos de uso descrevem determinada atividade ou interação, podendo conter: descrição, lógica essencial, passos genéricos, fluxos normais e fluxos alternativos.

Quadro 29 Exemplo de descrição textual de requisitos por descrição de caso de uso

Casos de uso

1: Pesquisar termos.

Descrição: O usuário faz uma busca.

Lógica essencial: O sistema procura na base de dados e retorna o resultado.

Passos genéricos: O usuário digita palavras-chave na ferramenta de busca e clica em pesquisar.

Passos específicos:

1 – O usuário digita termos que não há no ambiente.
2 – O usuário digita termos que foram indexados.

(continua)

| **Quadro 29** | Exemplo de descrição textual de requisitos por descrição de caso de uso (Continuação) |

2: Pesquisar documentos
Descrição: O usuário acessa o catálogo e o sistema retorna uma lista de documentos.
Lógica essencial: O usuário recupera documentos por categorias.
Passos genéricos: O usuário acessa o catálogo.
Passos específicos:
    1 – O usuário escolhe a categoria desejada.
    2 – O usuário lê a descrição do documento.
    3 – O usuário acessa o documento.

Os casos de usos podem ser representados de várias formas, pois se pode numerá-los de formas diferentes, bem como descrever atores principais e secundários e fluxos alternativos. Além da descrição textual dos requisitos pode-se descrevê-los de forma gráfica.

- **Descrição gráfica dos requisitos** – apresenta os requisitos por meio de notações gráficas. Pode-se utilizar:

    ☐ **Árvore de dados ou de informações** – consiste em organizar os requisitos coletados em forma de uma árvore, com ramificações de dados de em vários níveis hierárquicos, representando, assim, uma hierarquia de objetos de conteúdos. Um exemplo desse método é apresentado na Figura 3.

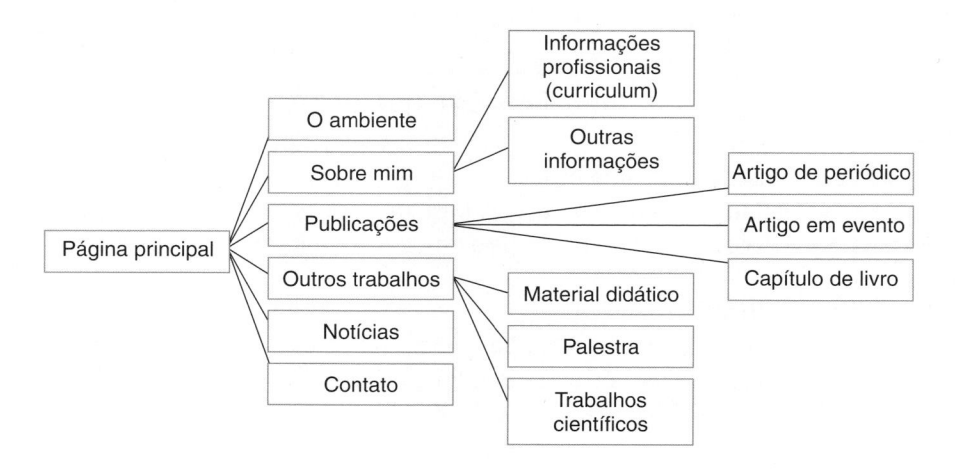

Figura 3 Exemplo de descrição gráfica de requisitos por árvore de dados

☐ **Mind map** – é um diagrama usado para representar palavras, ideias, tarefas ou outros itens relacionados e agrupados ao redor de uma ideia ou assunto central. Um exemplo dessa prática pode ser visto na Figura 4.

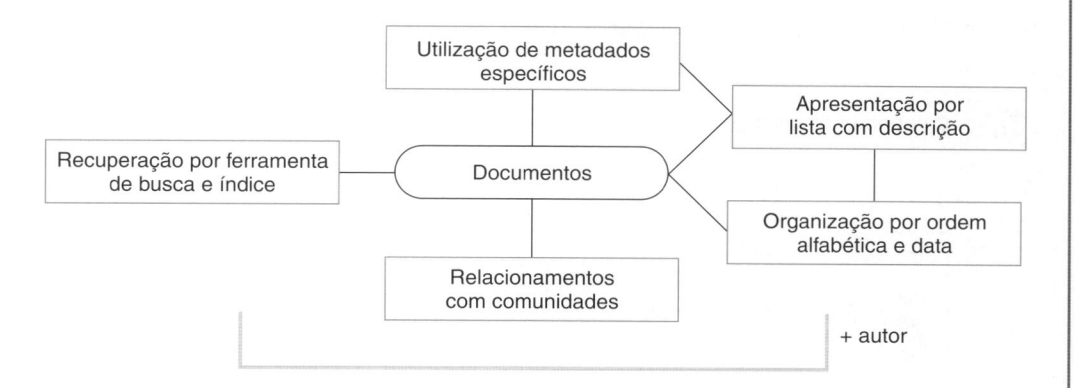

Figura 4 Exemplo de mind map

De acordo com a Figura 4, os dados podem ser visualizados de forma hierárquica, representando assim suas categorias, enquanto no mind map podem-se visualizar ideias e tarefas relacionadas ao redor de um assunto central.

■ **Mapeamento e estudo de usuários** – consiste em identificar o público-alvo, compreender e modelar seus perfis e suas ações. Esse método deve ser realizado para identificar especificamente os requisitos de usuários. Para isso, pode-se utilizar:

☐ **Definição de categorias de usuários para os requisitos de usuários** – por exemplo, qual o objetivo do usuário ao usar o ambiente, qual seu conhecimento em relação ao conteúdo, como ele conheceu o ambiente e quais características do ambiente que o usuário gosta.

☐ **Modelo mental dos usuários** – corresponde a um modelo que determinado usuário tem do sistema.

☐ **Mapeamento de padrões de comportamento de usuários** – refere-se ao mapeamento de modos de interação dos usuários com o sistema.

☐ **Mapeamento dos problemas encontrados** – refere-se aos problemas encontrados pelos usuários ao utilizar o sistema.

Além dos requisitos do sistema, o profissional da informação pode coletar e mapear os requisitos dos usuários. Para isso, podem-se definir categorias de usuários de acordo com o Quadro 2 apresentado no Capítulo 2, por exemplo, e/ou mapear processos cognitivos, problemas encontrados e/ou modos de interação, como mostra o exemplo da Figura 5.

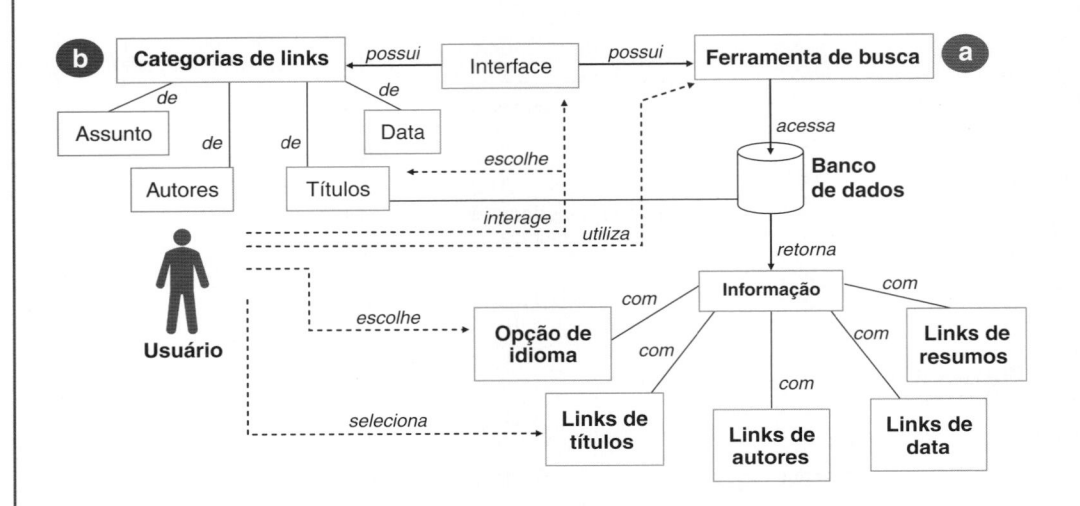

Figura 5 Exemplo de mapeamento de requisitos de usuários

A Figura 5 mostra a interação de um usuário em um ambiente com uma interface que oferece duas formas de acessar a informação: uma é pela utilização da ferramenta de busca (representado pela letra a) e a outra é pela utilização de links por categorias (representados pela letra b). Os relacionamentos tracejados são as ações do usuário, o qual utilizou dois caminhos diferentes para chegar ao mesmo resultado, pois ele acessou a ferramenta de busca, escolheu a opção de idioma desejada e acessou o documento descrito pelo título, e também acessou categorias de documentos por título. Com base nessa interação, podem-se identificar algumas informações relevantes das preferências do usuário, como idioma e preferência por recuperação de documento por título. Isso pode auxiliar de maneira significativa em serviços de customização ou personalização em tal ambiente ou até mesmo para definir um perfil ou atividades padrões para o ambiente. A forma como isso é modelado ou projetado depende do desenvolvedor; ele pode utilizar componentes gráficos que melhor satisfaçam seus objetivos.

4.2 ATIVIDADE 2: ELABORAR DOCUMENTO DE REQUISITOS

A próxima atividade consiste em elaborar um documento de requisitos que pode conter as seguintes informações: (1) objetivo do documento de requisitos; (2) objetivos do ambiente a ser desenvolvido; (3) meta do ambiente; (4) escopo do ambiente; (5) público-alvo; (6) descrição geral do ambiente; e (7) descrição dos requisitos coletados. Caso o arquiteto da informação utilize alguma prática de auxílio, tal informação também deve constar nesse documento de requisitos. As ordens de apresentação dessas informações e a inserção de outras informações relevantes ficam a cargo do profissional.

Fundamentado nas informações obtidas por todos os métodos já apresentados, apresenta-se a seguir um exemplo de um documento de levantamento de requisitos (Quadro 30).

Quadro 30 Documento de levantamento de requisitos

Documento de levantamento de requisitos
Técnicas utilizadas: coletaram-se os requisitos por meio de formulação de perguntas em entrevista e pela prática de benchmark, e descreveram-se os requisitos por meio de uma descrição textual em linguagem natural e descrição gráfica por meio de árvore de dados.
Objetivo do documento: descrever quais serviços, funções, conteúdos, público-alvo, especificações de interface serão fornecidos, e seus relacionamentos (estrutura e navegação).
Objetivos do ambiente: divulgação de conhecimento, interação com comunidade científica, produção e comunicação de conhecimentos e validar AI proposta nesta obra.
Meta do ambiente: propagar debates sobre arquitetura da informação digital e divulgar pesquisas.
Escopo do ambiente: envolve assuntos voltados para comunidade científica da ciência da informação.
Público-alvo do ambiente: sem restrição, porém podem-se identificar requisitos de usuários fundamentados nos dados apresentados no Quadro 4.
Descrição geral do ambiente: consiste em um arquivo pessoal, que visa a disponibilizar documentos científicos sobre arquitetura da informação digital, bem como divulgar notícias e informações sobre a autora. Assim, possui o intuito de concentrar e controlar a produção científica da autora, além de dar visibilidade a essa produção.

4.3 ATIVIDADE 3: ELABORAR PLANEJAMENTO

Na elaboração do planejamento, devem-se abordar os seguintes itens:

■ **Formulação** – consiste em descrever as informações básicas sobre o negócio da instituição. Essa formulação pode ser baseada nos princípios de planejamento advindos da área de administração, em que, dentro de um contexto, é necessário saber onde o cliente (instituição) se encontra, identificar todos os recursos que a instituição possui, identificar o objetivo, ou seja, aonde ela quer chegar (projeção do futuro), e como fazer para alcançar o objetivo, isto é, qual caminho deve ser percorrido e quais recursos utilizar. Nesse planejamento, devem-se identificar informações sobre: qual é a principal motivação ou necessidade de negócio para o desenvolvimento do ambiente; quais são os objetivos que o ambiente deve atender; e quem vai usar o ambiente (PRESSMAN, 2006, p. 390). Além disso, Reis (2007) comenta que se devem descrever variáveis sobre a empresa e os usuários, as quais envolvem:

☐ **Variáveis sobre a empresa** – variáveis que identificam seus objetivos e suas capacidades, envolvendo: proposta de valor ou objetivo do negócio, que retrata a função principal, o propósito, a razão da existência do ambiente, determina a direção que o projeto deverá seguir e os resultados esperados; público-alvo, que identifica o grupo de pessoas que utilizará o ambiente; e requisitos e diretrizes de implementação, que mapeiam o contexto da empresa em que o ambiente está inserido. Além dessas variáveis, devem-se abordar também os requisitos técnicos e operacionais, diretrizes de posicionamento e recompensa da empresa.

☐ **Variáveis sobre os usuários** – variáveis que identificam como eles se segmentam, quais são suas necessidades, seus comportamentos e sua linguagem, envolvendo objetivos, experiência, informações necessárias e linguagem do mesmo e indicando os rótulos que o usuário atribui às informações (REIS, 2007).

■ **Estudo de viabilidade** – deve ser verificado se o desenvolvimento do ambiente é viável ou não. Sommerville (2007, p. 97) relata que "a entrada para o estudo de viabilidade consiste em um conjunto de requisitos de negócios, um esboço da descrição do sistema e como o sistema pretende apoiar os processos de negócios". Assim, o autor expõe algumas questões que devem ser respondidas, as quais são: O sistema contribui para os objetivos gerais da empresa? O sistema pode ser implementado com tecnologia atual e dentro das restrições definidas de custo e prazo? E o sistema pode ser integrado a outros sistemas já implantados?

■ **Elicitação e análise de requisitos** – baseado na coleta de dados da fase anterior, o arquiteto da informação deve ter plena compreensão sobre o domínio do ambiente, ou seja, quais serviços e conteúdos devem ser disponibilizados e qual o público-alvo. Tais requisitos devem ser documentados como tabelas ou descrições. Pressman (2006, p. 394) comenta que "a informação é coletada, ela é categorizada por classe de usuários e tipo de transação, e depois avaliada quanto à relevância".

■ **Validação de requisitos** – refere-se a mostrar que os requisitos definem o sistema que o usuário deseja. Segundo Sommerville (2007, p. 105) "a validação de requisitos se sobrepõe à análise; está relacionada à descoberta de problemas com os requisitos".

■ **Gerenciamento de requisitos** – os requisitos estão mudando e evoluindo, e há a necessidade de controlar tais mudanças, mantendo o acompanhamento individual dos requisitos e suas ligações.

Um exemplo de planejamento está apresentado no Quadro 31.

Quadro 31 Exemplo de planejamento

Planejamento

Técnicas utilizadas: foram utilizadas as próprias diretrizes e perguntas da AI proposta (entrevista), juntamente com casos de uso com fluxos alternativos, que representam as exceções para validação dos requisitos.

Formulação: é um ambiente de arquivo pessoal científico, não possui nenhum ambiente atualmente, possui todos os objetos de conteúdo necessários, possui conhecimento para implementação (equipe) e vai desenvolver o ambiente baseado na AI proposta (metodologia).

Principal motivação para o desenvolvimento do ambiente: propagar informações científicas sobre AI e validar a AI proposta nesta pesquisa.

Objetivos que o ambiente deve atender: facilidade de utilização do ambiente e utilização segura e confiável das informações e do próprio ambiente.

Público-alvo: já foi definido na fase anterior, não restringindo nenhum tipo de usuário.

Variáveis sobre a empresa: não possui fins lucrativos.

Variáveis sobre os usuários: algumas variáveis foram definidas na fase anterior e outras podem ser definidas na fase de avaliação, identificando comportamentos e linguagem do usuário.

Estudo de viabilidade: o ambiente é viável, pois pode validar um produto de pesquisa e exemplificar processos de desenvolvimento.

(*continua*)

Quadro 31 Exemplo de planejamento (Continuação)

O sistema contribui para os objetivos gerais da empresa? Sim, ele pode ser implementado com tecnologia atual.

O sistema está dentro das restrições definidas de custo e prazo? Sim, pois não terá custo e o cumprimento do prazo é obrigatório para a conclusão da pesquisa.

Elicitação e análise de requisitos: o ambiente não se relaciona com outros ambientes, não reutiliza serviços e informações e não utiliza uma plataforma/software específica(o) de auxílio ao desenvolvimento de ambientes informacionais digitais, possui base de dados própria e não possui interoperabilidade com outra base de dados ou ambiente digital.

Validação de requisitos: talvez o usuário não queira se cadastrar no ambiente, pois o principal objetivo dele é recuperar determinados documentos e informações. Assim, essa função possa ser descartada ou apenas opcional.

Gerenciamento de requisitos: será de responsabilidade do desenvolvedor a manutenção do ambiente. Um exemplo de gerenciamento é a inserção de um novo documento publicado.

Elaboração de documentação: em consequência de ser um projeto relacionado a essa pesquisa, não há necessidade de abordar o documento de cronograma, custo e de determinação de equipe.

O Quadro 31 apresenta um exemplo de planejamento contendo os itens abordados nesta seção. Nessa atividade, devem-se elaborar também o esboço de projeto, o cronograma e o custo, bem como definir a equipe. Algumas práticas que podem ser utilizadas para auxiliar essa atividade estão apresentadas a seguir.

4.3.1 Práticas da atividade 3: elaborar planejamento

Alguns métodos de coleta de dados, como entrevistas e questionários, também podem ser aplicados nessa fase com questões direcionadas, conforme mostram os itens apresentados no Quadro 31. Outras práticas mais específicas podem ser:

■ **Análise de *stakeholder*** – pode ser utilizada para entender contextos organizacionais e de negócio, compreendendo todos os envolvidos no processo de desenvolvimento e dependendo de todas as partes interessadas. Cada interveniente ou grupo de intervenientes representa determinado tipo de interesse no processo. Um exemplo dessa prática é apresentado no Quadro 32.

Quadro 32 Exemplo de análise de *stakeholder*

Depto: Departamento de Recursos Humanos.
Funcionários: A, B e C.
Cargos respectivos: seleção e contratação de funcionários, cadastramento de funcionários e treinamento de funcionários.
Atividades principais: entrevista, cadastro de dados pessoais e de histórico.
Dados principais de cadastro: CPF, nome, endereço, telefone, e-mail etc.
Dados principais de contratação: referência, experiência profissional, carteria de trabalho etc.

...

■ **Etnografia** – é uma técnica de observação que pode ser aplicada para elicitação e análise de requisitos, usada para compreender os requisitos sociais e organizacionais. O profissional da informação observa o trabalho do dia a dia e anota as tarefas nas quais os participantes estão envolvidos.

Assim como na análise de *stakeholder*, o profissional da informação pode descrever as principais tarefas por meio do método de etnografia, em que se observa o trabalho cotidiano dos envolvidos no projeto. Vale ressaltar que, na análise de *stakeholder*, deve-se realizar uma reunião com um grupo específico de pessoas, enquanto na etnografia não é necessário o agendamento de uma reunião, já que as pessoas são observadas fazendo seu trabalho normalmente.

■ **Análise de risco** – geralmente utilizada para o estudo de viabilidade com o intuito de analisar fatores críticos do ambiente. Um exemplo dessa análise é apresentado no Quadro 33.

Quadro 33 Exemplo de análise de risco

Custo total do projeto: R$ 12.000,00
Custo de desenvolvimento: R$ 4.000,00
Custo de recursos permanentes: R$ 6.000,00
Custo de manutenção: R$ 2.000,00
Lucro previsto no período de curto prazo: R$ 2.000,00
Lucro previsto no período de longo prazo: R$ 20.000,00
Fatores críticos: tempo de desenvolvimento e migração de banco de dados.
Fatores de risco: perda de dados.

...

■ **Listagem de recursos** – pode ser utilizada para elicitação e análise e validação de requisitos, envolvendo a listagem de objetos de conteúdos, operações que são aplicadas aos objetos de conteúdo dentro de uma transação de usuário específica, funções que o ambiente fornece para os usuários e outros requisitos não funcionais que são observados durante as atividades de comunicação. Um exemplo dessa listagem é apresentado no Quadro 34.

Quadro 34 Exemplo de listagem de recursos

1 – Dois servidores com: monitor SGVA, tela LCD, DVD-RW, nobreak, placa de vídeo 128 MB, placa mãe, modem, processador Intel Pentium 4, HD 500 GB, memória 1GB.
2 – Cinco computadores ligados em rede.
3 – Três multifuncionais
4 – Um Windows Vista Premium Full e Office 2007 Home Student.

...

■ **Listagem de responsabilidade da organização interna e do desenvolvedor** – utilizada para o gerenciamento de requisitos. Um exemplo dessa listagem está apresentado no Quadro 35.

Quadro 35 Exemplo de listagem de responsabilidades

Participante	Cargo	Responsabilidades
A	Analista de sistema e Arquiteto da Informação	Coletar e projetar requisitos.
B	Webdesigner	Projetar interface.
C	Desenvolvedor	Implementar funções.
D	Bibliotecário	Tratar conteúdo e documentos.
E	Advogado	Tratar questões de aspectos legais e atendimento ao consumidor.

Além disso, pode-se:

■ **Identificar o grau de supervisão e interação do contratante com o fornecedor** – utilizada para o gerenciamento de requisitos.

■ **Avaliar a validade das cotações de preços e da confiabilidade das estimativas** – utilizada para o gerenciamento e para a elaboração de documentação, que também envolve custos e cronogramas. Um exemplo de cronograma pode ser visto no Quadro 36.

Quadro 36 Exemplo de cronograma

Nº	2007			2008			2009			2010		
	J/F/ M/A	M/J/ J/A	S/O/ N/D	J/F/ M/A	M/J/ J/A	S/O/ N/D	J/F/ M/A	M/J/ J/A	S/O/ N/D	J/F/ M/A	M/J/ J/A	S/O/ N/D
1	▓	▓	▓	▓								
2	▓	▓	▓									
3		▓	▓									
4		▓	▓									
5			▓	▓								
6			▓	▓								
7				▓	▓							
8					▓	▓						
9							▓	▓				
10									▓	▓		

Legenda
J/F/M/A – janeiro/fevereiro/março/abril | M/J/J/A – maio/junho/julho/agosto | S/O/N/D – setembro/outubro/novembro/dezembro

No Quadro 36, os números localizados à esquerda devem representar as atividades detalhadas de cada processo do desenvolvimento.

4.4 EXERCÍCIOS PROPOSTOS

1 – Imagine que você irá construir uma casa. Para isso, precisa ter pelo menos uma noção de como ela será, principalmente para estar de acordo com seu orçamento. Assim, você precisará saber mais ou menos quantos cômodos ou metros quadrados ela deverá ter. Da mesma forma que o levantamento e o planejamento devem ser feitos, elabore um documento de requisitos contendo a descrição dos requisitos de um ambiente informacional digital pessoal utilizando-se do free-listing e da árvore de dados. Para essa atividade, utilize a prática do benchmark, em que um ambiente digital similar é analisado.

2 – A partir do levantamento realizado na questão anterior, elabore:

    a. uma lista de funcionalidades

    b. casos de uso

    c. mapeamento de requisitos de usuário

3 – Considere que seu ambiente informacional digital coletará dados de usuários para possíveis serviços de personalização. Assim, identifique dados de usuários com base no Quadro 2, apresentado no Capítulo 2, na Seção 2.3.

4 – Elabore um documento de requisitos para seu ambiente informacional digital pessoal.

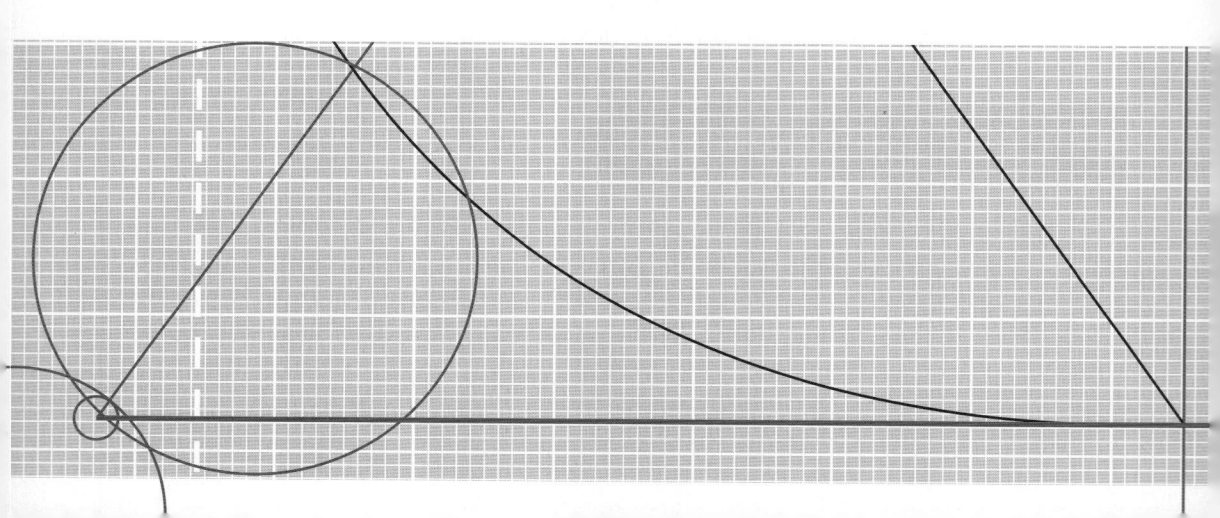

Capítulo 5

Análise e projeto

Coletadas as informações sobre o que será desenvolvido é hora de as analisarmos e projetá-las assim como a planta-baixa de uma casa.

O objetivo desta fase é analisar os requisitos coletados nas fases anteriores a fim de tratar os objetos de conteúdo, as funções e os serviços, a estruturação, a navegação e os componentes visuais do ambiente a ser desenvolvido ou reformulado, bem como projetar os aspectos informacionais, estruturais, navegacionais, funcionais e visuais analisados em um todo, levando em consideração a interação usuário-sistema.

A Figura 6 apresenta a Fase 2, que envolve a análise e o projeto das informações coletadas na Fase 1, apresentada anteriormente a essa.

A Fase 2 é a mais extensa da metodologia, a qual envolve tratamentos funcional, estrutural, informacional, navegacional e visual do ambiente informacional digital. Esses tratamentos são considerados etapas da fase. O tratamento informacional em específico possui subetapas, as quais consistem em análise e estruturação do conteúdo, representação da informação e organização da informação.

Cada etapa será apresentada nas próximas seções de forma detalhada.

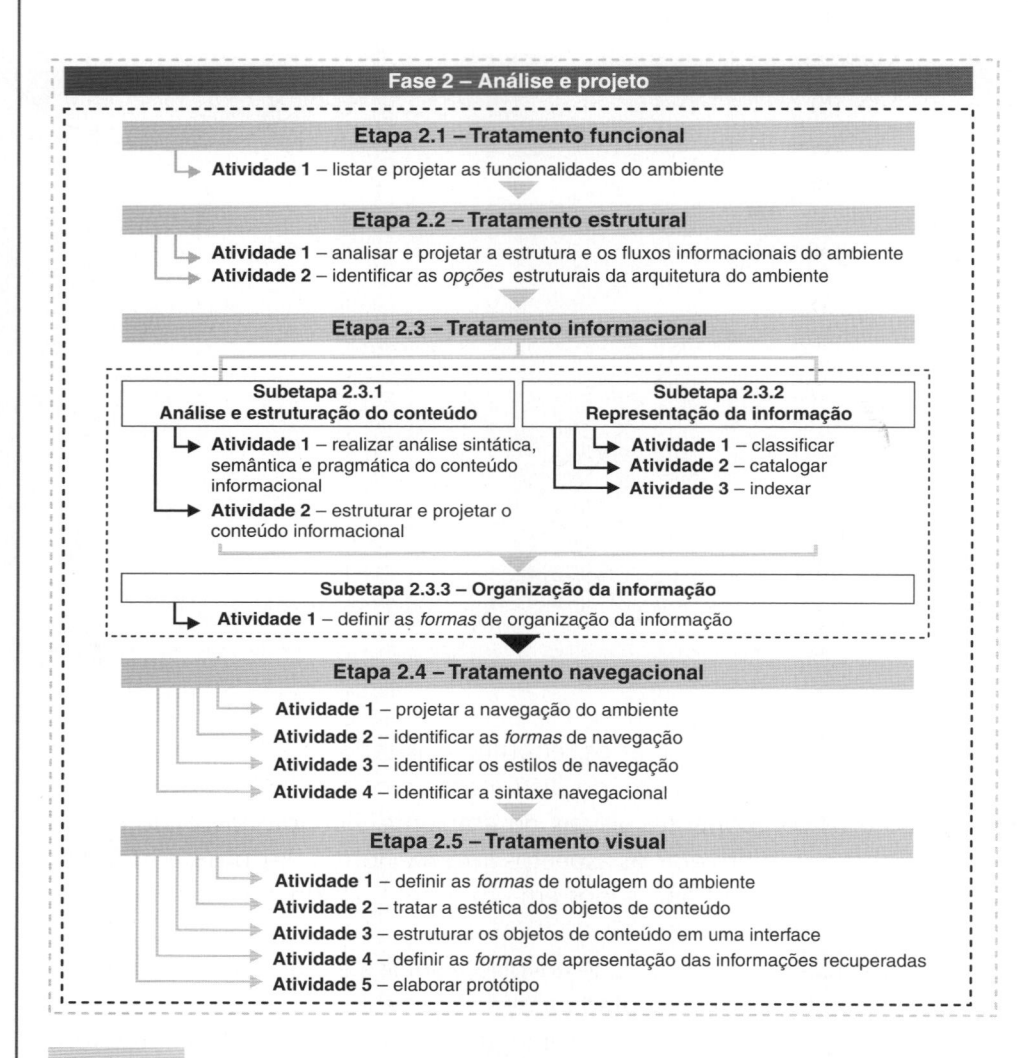

Figura 6 Destaque da Fase 2 – Análise e projeto

Pressman (2006, p. 409) relata que a modelagem de análise auxilia a desenvolver um modelo concreto de requisitos, além de "definir tópicos fundamentais do problema". Entretanto, o autor afirma que a análise enfoca quatro tópicos fundamentais: conteúdo, interação, função e configuração. A análise de conteúdo identifica as classes de conteúdo e suas colaborações; a análise de interação descreve elementos básicos da interação com o usuário, a navegação e os comportamentos do sistema que ocorrem como consequência; a análise de função define as funções do ambiente realizadas para o usuário e a sequência de processamento que ocorre como consequência; e a análise de configuração identifica os ambientes operacionais nos quais os ambientes residem.

Assim, na metodologia de desenvolvimento apresentada neste livro, esses tópicos fundamentais foram adaptados, possuindo as seguintes diferenças:

- A análise de conteúdo corresponde apenas ao tratamento de objetos de conteúdo (por exemplo, texto, imagem, vídeo etc.) e suas relações, não abordando assim os conteúdos/textos inseridos nos documentos digitais e as classes de conteúdo, as quais englobam atributos, métodos e relacionamentos (por exemplo, classe cliente, atributos nome e endereço e métodos salvar e alterar).

- A análise de interação corresponde à elaboração do projeto estrutural e navegacional do ambiente, considerando o comportamento do usuário em relação ao sistema, bem como os fluxos informacionais.

- A análise de função é equivalente à descrita por Pressman (2006), porém possui um enfoque grande na utilização das funções pelos usuários. As funções e funcionalidades analisadas referem-se às atividades e aos serviços disponibilizados (por exemplo, em um serviço de ferramenta de busca o usuário pode pesquisar, ordenar e agrupar resultados).

- A análise de configuração não corresponde à configuração em si do sistema, mas abrange o tratamento dos componentes visuais de forma a atender as necessidades dos usuários finais.

Em relação ao projeto, Pressman (2006, p. 185) relata que "o objetivo da engenharia de projeto é produzir um modelo ou representação que exiba firmeza, comodidade e prazer". Já para Sommerville (2007, p. 158), "a essência do projeto de software é tomar decisões sobre a organização lógica do software". Ambos os autores concordam que a fase de projeto possui um nível maior de detalhes em relação à fase de análise. Para justificar essa afirmação, Pressman (2006) afirma que:

> O projeto cria uma representação ou modelo do software, mas diferente do modelo de análise (que enfoca a descrição

dos dados, função e componentes requeridos), o modelo de projeto fornece detalhe sobre as estruturas de dados, arquitetura, interface e componentes do software necessárias para implementar o sistema.

Fundamentado nessa afirmação, seria possível considerar que a AI não abordaria a fase de projeto, já que ela não abrange detalhes de implementação. Entretanto, Pressman (2006) aborda também a fase de projeto especificamente para aplicações Web, e, nesse contexto, o autor (2006, p. 426) relata que a fase de projeto envolve "a aparência do conteúdo [...], o leiaute de estética de interface [...] e a estrutura técnica" do ambiente informacional digital e ainda relata que a fase de projeto aborda:

- Projeto de conteúdo – envolve os próprios objetos de conteúdo, que são tratados por usuários de forma diferente, pois esses possuem conjuntos de habilidades distintas. Assim, o principal objetivo nesse projeto é representar a informação de um objeto de conteúdo específico.

- Projeto de estética ou estético – também chamado de projeto gráfico, envolve tópicos de leiaute. É um esforço artístico, e sem ele o ambiente pode ser funcional, mas não atraente.

- Projeto de interface – envolve princípios e diretrizes, mecanismos de controle de interface e projeto de fluxo de trabalho de interface.

Se fosse considerado cada projeto individualmente, seria possível afirmar que a metodologia de desenvolvimento proposta aborda esses tópicos já na fase de análise, contudo concorda-se com Sommerville (2007) quando ele relata que o projeto deve organizar o ambiente e todos os seus recursos de forma lógica. Isto é, a fase de projeto envolve toda interface contendo os conteúdos, os serviços e os componentes visuais, considerando a estética, a navegação, a organização e a estruturação das informações e dos componentes. As fases de análise e projeto estão muito relacionadas e entrelaçadas; assim, foi considerada aqui a realização dessas fases de forma simultânea.

Nessa fase foram definidas cinco etapas, consistindo em tratamento: (1) funcional; (2) estrutural; (3) informacional; (4) navegacional e (5) visual. E elas são apresentadas a seguir.

5.1 ETAPA 2.1: TRATAMENTO FUNCIONAL

Podemos visualizar na Figura 7 a Etapa 2.1, que consiste no tratamento funcional do ambiente informacional digital, o qual envolve apenas uma atividade que seria listar e projetar as funcionalidades do ambiente.

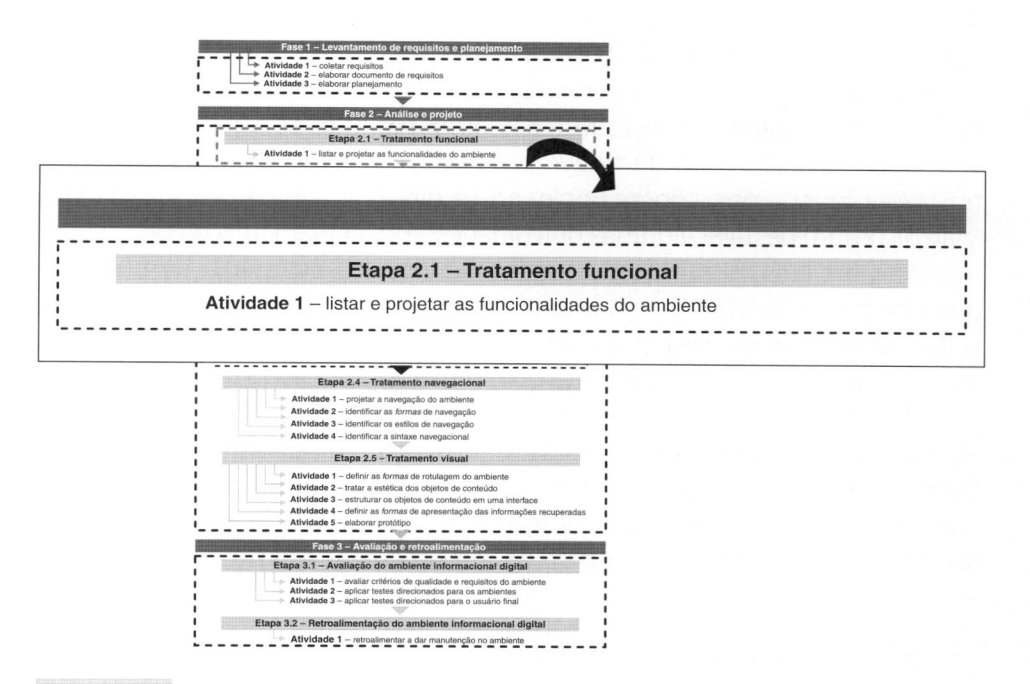

Figura 7 Destaque da Etapa 2.1 – Tratamento funcional

Pressman (2006, p. 419) relata que o modelo funcional deve atender dois elementos de processamento: "(1) funcionalidade observável pelo usuário que é entregue pelo ambiente aos usuários finais, e (2) as operações contidas nas classes de análise que implementam comportamentos associados a classe". A AI aborda apenas o primeiro elemento, ou seja, somente as funcionalidades observáveis pelo usuário. Como isso deve ser implementado fica a cargo do engenheiro de software.

5.1.1 Atividade 1: Listar e projetar as funcionalidades do ambiente

A primeira atividade dessa etapa consiste em listar e projetar as funcionalidades do ambiente, as quais dependem do tipo de ambiente a ser desenvolvido e de suas necessidades. Alguns exemplos de serviços e recomendações que podem ser utilizados em ambientes informacionais digitais são apresentados a seguir:

■ **Sistemas de busca** – Morville e Rosenfeld (2006) relatam que para realizar a busca em um ambiente informacional digital o usuário: (1) ou usa a ferramenta de busca, (2) ou sai navegando, (3) ou pede ajuda. A ferramenta de busca pode ser simples ou avançada. A interface da busca simples pode possuir apenas uma caixa de texto e um botão pesquisar, e a interface de busca avançada pode ter várias caixas de textos, combobox e botões, como mostra a Figura 8. A busca avançada também pode ser feita na caixa de busca simples utilizando-se estratégias de busca, que podem ser por: palavras-chave, truncamento de palavras, palavras similares, palavras derivadas, frases/perguntas, operadores booleanos e diretório. Ainda nesse contexto, Marcos (2004) destaca algumas dificuldades no planejamento da busca para materiais em três momentos: (1) antes de inserir a estratégia de busca (O que tenho que buscar? De quais informações necessito?); (2) durante a consulta (Quais termos utilizar para indicar o sistema de que necessito? Como os combino para expressar a consulta com a maior precisão possível?); (3) uma vez obtidos os resultados (Como distingo quais são os documentos mais relevantes?). O autor destaca ainda alguns problemas nas ferramentas de busca, como: não recupera nenhum documento, recupera documentos que não respondem às necessidades informacionais do usuário, recebe-se como resposta uma quantidade excessiva de registros.

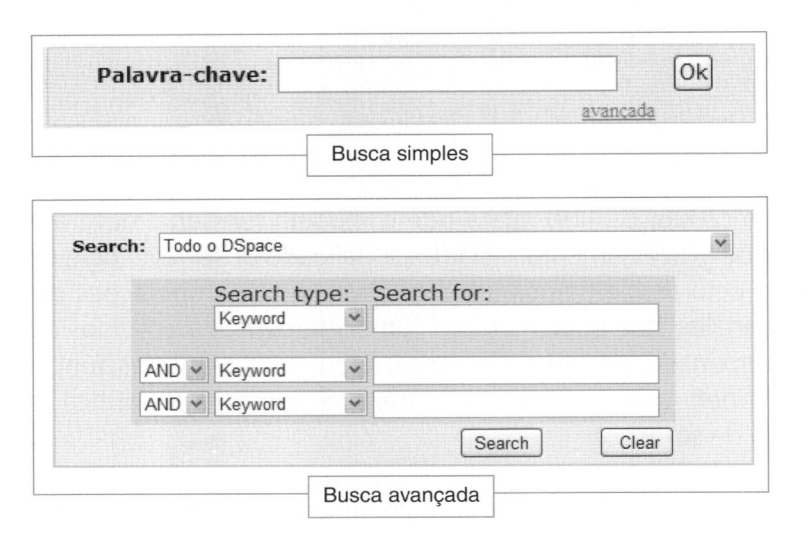

Figura 8 Exemplo de ferramenta de busca simples e avançada

■ **Acessibilidade** – alguns tipos de recursos que podem ser desenvolvidos são (Figura 9): teclas de atalho, opção de executar um áudio ou vídeo, alterar cor do fundo e da fonte, alterar tamanhos de fonte, inserção de texto de incentivo ao uso do índice, rotulagem explicativa de imagens, bem como utilização de recursos específicos referentes ao Sign Writing[1] e Rybená.[2]

---

1   Forma de escrita para língua de sinais.
2   Player Rybená é um software responsável pela tradução de texto para LIBRAS.

A⁺ aumentar fonte   A⁻ diminuir fonte   O alto contraste

Figura 9 Exemplos de recursos de acessibilidade

Para a realização dessa atividade, algumas práticas podem ser utilizadas como auxílio, as quais são apresentadas na próxima seção.

5.1.1.1 Práticas da Atividade 1: Listar e projetar as funcionalidades do ambiente

Algumas práticas que podem ser utilizadas nessa atividade são:

- **Casos de uso** – descrevem as principais interações e funcionalidades entre as categorias de usuários e o sistema. De acordo com Pressman (2006, p. 53), "descrevem uma sequência de ações que são realizadas por um ator (por exemplo, uma pessoa, uma máquina, outro sistema) à medida que o ator interage com o software". Um exemplo disso é apresentado na Figura 10.

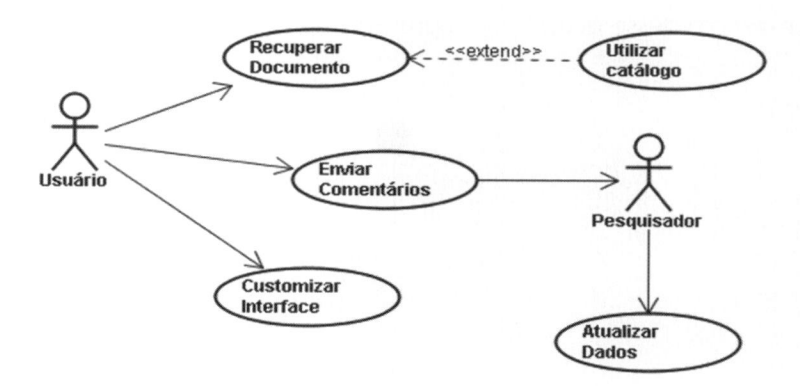

Figura 10 Exemplo de diagrama de casos de uso

Na Figura 10 podemos verificar que o usuário pode recuperar documentos (e em algum momento ele pode utilizar o catálogo para auxiliar essa atividade), enviar comentários e customizar interface. Além disso, o ator "pesquisador" deve receber os comentários, bem como atualizar os dados no ambiente.

- **Diagramas de sequência** – fornecem uma representação abreviada da maneira pela qual as ações de usuário colaboram com elementos estruturais do sistema. Esse diagrama pode representar ainda somente as interações dos atores com o sistema (como mostra o exemplo da Figura 11).

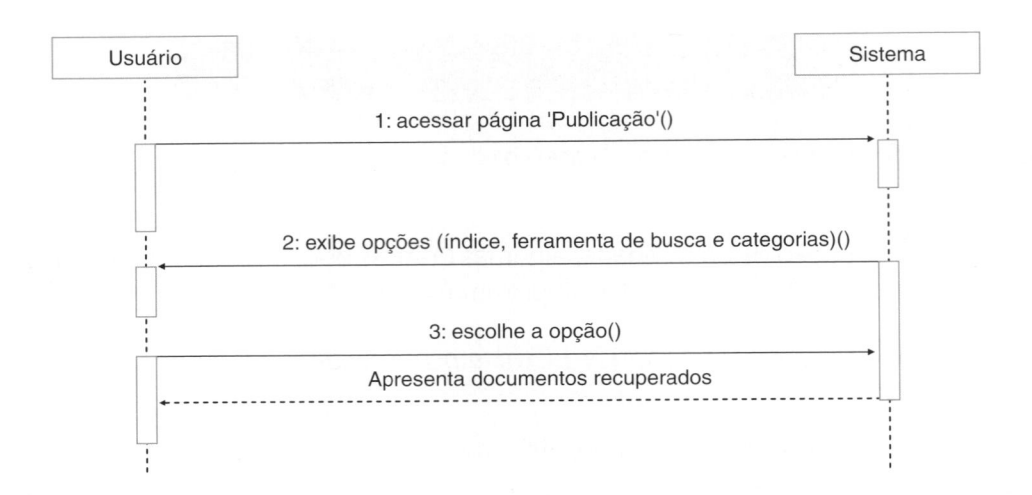

Figura 11 Exemplo de diagrama de sequência

■ **diagrama de atividade** – é uma notação similar à de um fluxograma, usada para representar o que acontece quando o sistema executa suas funções. Um exemplo desse diagrama é apresentado na Figura 12.

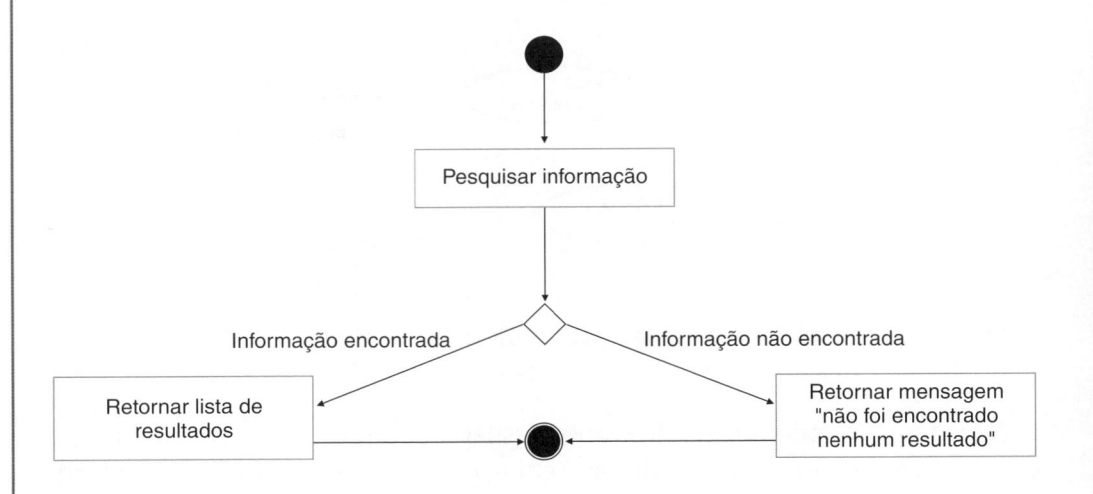

Figura 12 Exemplo de diagrama de atividade

Nesse exemplo, pode-se verificar que a atividade representada consiste em pesquisar informação. Geralmente isso é feito em uma ferramenta de busca, que, ao encontrar a informação pesquisada, retorna uma lista de resultados e, ao não encontrar tal informação, retorna uma mensagem informando que não foi encontrado nenhum resultado.

Além dessas práticas, vale expor uma questão apresentada por Pressman (2006, p. 421) que consiste em "como estabelecer as ligações adequadas entre objetos de conteúdo e as funções que fornecem as habilidades requeridas pelo usuário". Para responder a essa questão, o autor relata que se devem realizar: análise de interessados – identifica as várias categorias de usuários e estabelece uma hierarquia adequada de interessados; análise de elementos – identifica os objetos de conteúdo e elementos funcionais que são de interesses para os usuários finais; análise de relacionamentos – descreve os relacionamentos que existem entre os elementos do ambiente; análise da navegação – examina como os usuários podem ter acesso a elementos individuais ou grupos de elementos; e análise de avaliação – considera tópicos pragmáticos (por exemplo, custo/benefício) associados com a implementação dos relacionamentos definidos anteriormente.

5.2 ETAPA 2.2: TRATAMENTO ESTRUTURAL

Na Figura 13 é apresentado o destaque da Etapa 2.2, que consiste no tratamento estrutural do ambiente informacional digital, o qual envolve as duas atividades de: analisar e projetar as estruturas e os fluxos informacionais do ambiente e identificar as opções estruturais da arquitetura do ambiente.

Com base nos estudos de Oliveira (2005, p. 73-75) e Pressman (2006), essa fase aborda o projeto arquitetural do ambiente informacional digital, em que os fluxos informacionais do mesmo são analisados e tratados. Para Pressman (2006), a arquitetura do ambiente trata o modo como a aplicação é estruturada para gerir a interação com usuário, manipular as tarefas de processamento interno e apresentar conteúdo. Vale ressaltar que a estruturação do ambiente abrange uma visão geral do ambiente, em que suas páginas são apresentadas juntamente com suas conexões. Abrange também uma visão geral de seus subsistemas a fim de entender o contexto que o ambiente está inserido, bem como o comportamento do ambiente e seus fluxos informacionais. Essa etapa possui duas atividades, que são apresentadas a seguir.

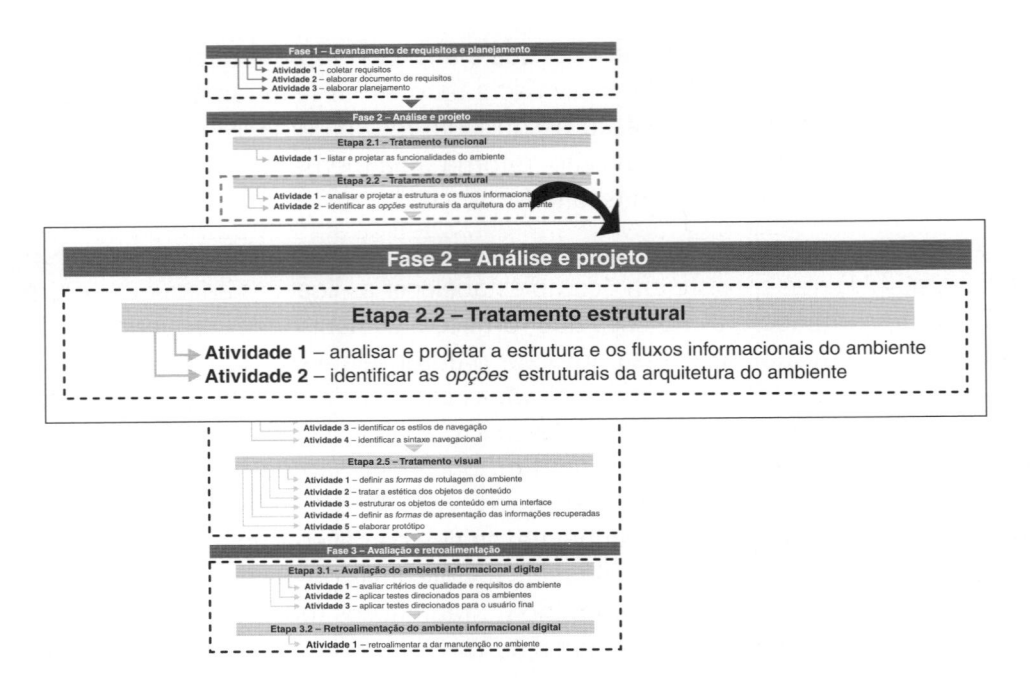

5.2.1 Atividade 1: Analisar e projetar as estruturas e os fluxos informacionais do ambiente

A atividade de analisar e projetar as estruturas e os fluxos informacionais do ambiente, segundo Sommerville (2007, p. 114), decide os limites do mesmo e classifica modelos de fluxos de dados como tipos de modelos de comportamento, que "são usados para descrever o comportamento geral do sistema". Essa atividade visa compreender como deverá ser o sistema ou ambiente, ou seja, quais sistemas e subsistemas serão abordados, quais serão as funcionalidades e os serviços do ambiente, quais serão as informações de entrada e de saída, entre outras informações, a fim de possuir uma visão geral do mesmo.

5.2.1.1 Práticas da Atividade 1: Analisar e projetar as estruturas e os fluxos informacionais do ambiente

Algumas práticas que podem auxiliar nessa atividade são:

- **Modelo de arquitetura ou de contexto** – ilustra a estrutura do sistema de informações, incluindo uma rede de sistemas. Sommerville (2007) comenta sobre os modelos de contexto que visam "distinguir o que é sistema e o que é ambiente do sistema". Por exemplo, será desenvolvido um sistema para biblioteca, que fornecerá versões eletrônicas de materiais com direitos autorais para os computadores de usuários. Para desenvolver esse ambiente, é necessário saber se outros sistemas de bibliotecas, como catálogos de bibliotecas, estão dentro dos limites do sistema, pois se estiverem será necessário permitir o acesso desses outros sistemas por meio de uma interface única. Assim, o usuário não terá a necessidade de acessar outros ambientes. Cada subsistema pode ser representado por um retângulo identificado e as associações entre eles podem ser representadas por uma linha. Um exemplo desse modelo é apresentado na Figura 14.

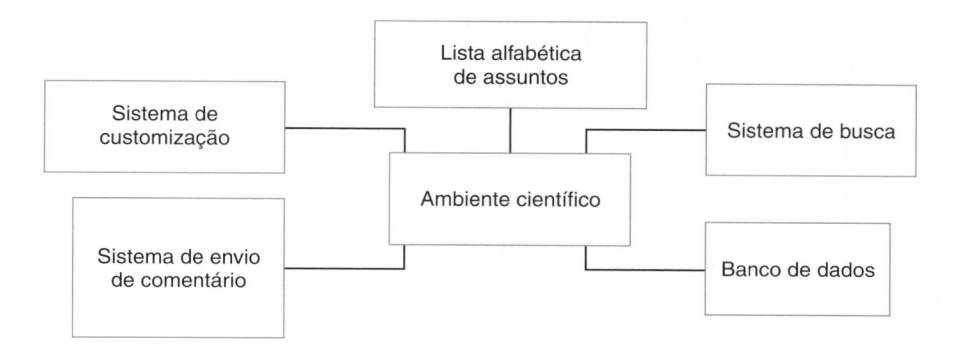

Figura 14 Exemplo de modelo de arquitetura

■ **Diagrama de contexto** – mostra os fluxos de dados (setas) de entrada e saída do sistema (circunferência) com o intuito de compreender o contexto do ambiente, identificando as informações que entram e saem do mesmo. Um exemplo desse diagrama é apresentado na Figura 15.

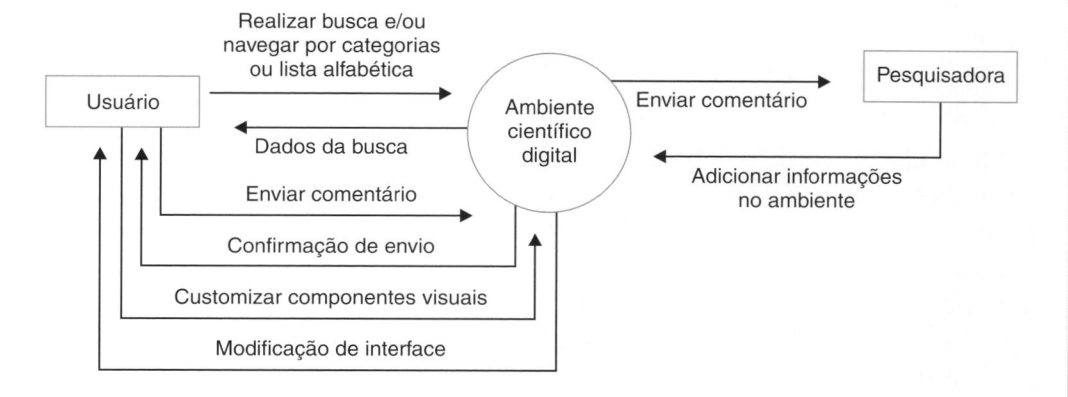

Figura 15 Exemplo de diagrama de contexto

■ **Modelo de fluxo de dados** – "mostra como os dados são processados por um sistema" de acordo com Sommerville (2007, p. 114). Esse modelo ou diagrama é complementar ao diagrama apresentado anteriormente, pois, além de abordar os fluxos de entrada e de saída, ainda aborda as atividades/processos e os possíveis depósitos do ambiente. A notação usada nesse modelo representa o processamento funcional (retângulos arredondados), repositórios de dados (retângulos) e movimentos de dados entre funções (setas). Um exemplo desse modelo é apresentado na Figura 16.

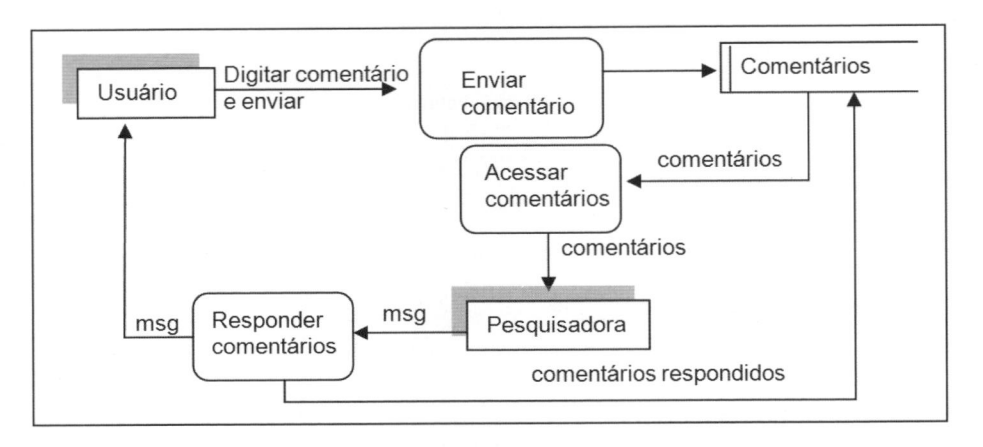

Figura 16 Exemplo de diagrama de fluxo de dados

■ **Diagrama de classe** – define as classes do sistema (conjunto de características comuns de objetos de determinados domínios), representando as estruturas e relações das mesmas. Com esse diagrama, podem-se visualizar quantas classes estão envolvidas, quais são elas, o papel de cada uma e suas relações. Esse diagrama representa a estrutura estática do ambiente e pode ser detalhado pelos tipos de relacionamentos, definindo para as classes nomes, atributos e métodos. Um exemplo desse diagrama é apresentado na Figura 17.

Sommerville (2007, p. 114) também cita os modelos de máquina de estado e modelos de dados e de objetos, que, por serem voltados para o desenvolvimento técnico do sistema, não são abordados na metodologia de desenvolvimento proposta. Os diagramas de casos de uso, de sequência e de colaboração também podem ser utilizados para modelar a sequência dos fluxos informacionais e as funcionalidades do mesmo; contudo esses diagramas foram citados como práticas que podem ser aplicadas na etapa anterior, que aborda especificamente o tratamento das funcionalidades do ambiente.

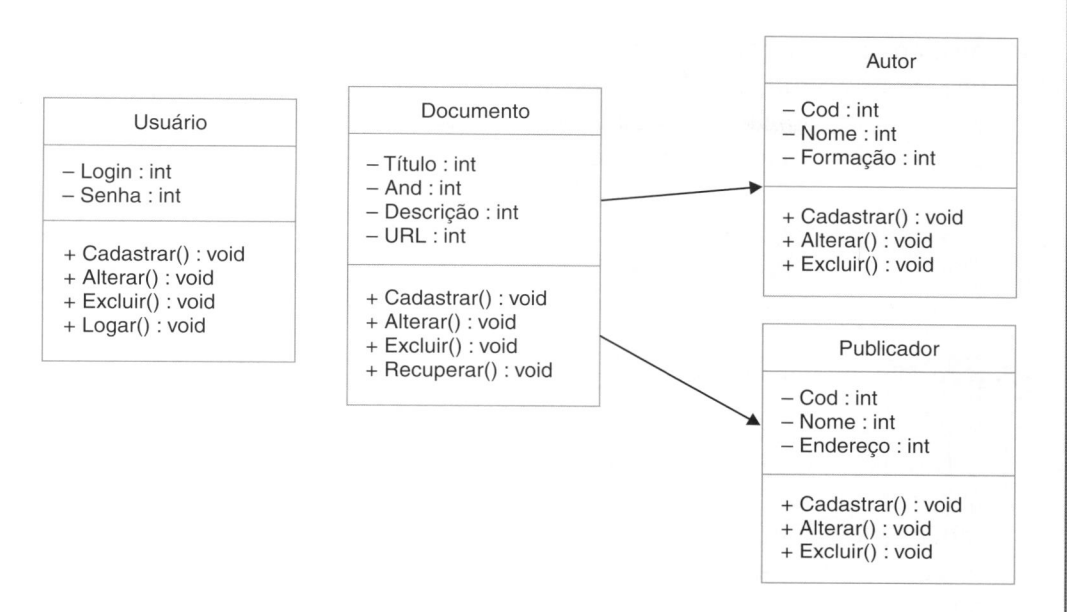

Figura 17 Exemplo de diagrama de classe

Vale ressaltar que a maioria dos diagramas pode ser projetada por meio de ferramentas específicas, como Erwin, Rational Rose, Poseidon, Pacestar UML e Astah (antigo Jude). Além desses diagramas, existem muitos outros, como de componentes, blocos, Gantt etc., cada um com sua especialidade e objetivo. A forma de projetar os fluxos informacionais do ambiente depende do desenvolvedor.

5.2.2 Atividade 2: Identificar as opções estruturais da arquitetura do ambiente

A atividade de identificar as opções estruturais da arquitetura do ambiente envolve a identificação da estrutura do ambiente em relação à arquitetura das páginas. Segundo Pressman (2006), essas estruturas podem ser de acordo com as práticas descritas na próxima seção.

5.2.2.1 *Práticas da Atividade 2: Identificar as opções estruturais da arquitetura do ambiente*

Algumas práticas que podem auxiliar nessa atividade são:

■ **Linear** – utilizada quando há uma sequência previsível de interações, conforme mostra a Figura 18. Essa estrutura pode ser linear com fluxo opcional ou com desvios. Um exemplo é a apresentação de um tutorial em várias partes. Essa estrutura deve ser utilizada quando for obrigatório que o usuário acesse uma página antes de outra; a navegação de uma página para outra deve possuir uma sequência predeterminada.

Figura 18 Arquitetura linear

Um exemplo dessa estrutura é apresentado na Figura 19, que mostra que, para acessar a opção/página Outros Trabalhos, deve-se percorrer um caminho linear, ou seja, primeiramente é necessário acessar o link desejado na página principal. Depois o usuário se encontra na página em que estão as opções – os tipos dos trabalhos, como material didático, palestras e minicursos, monografia, dissertação e tese, bem como imagens – e somente após isso ele consegue acessar a página que possui os links dos documentos na íntegra. Não há outra forma ou outro caminho para o usuário chegar até essas informações; assim, essa parte do ambiente possui uma estrutura linear.

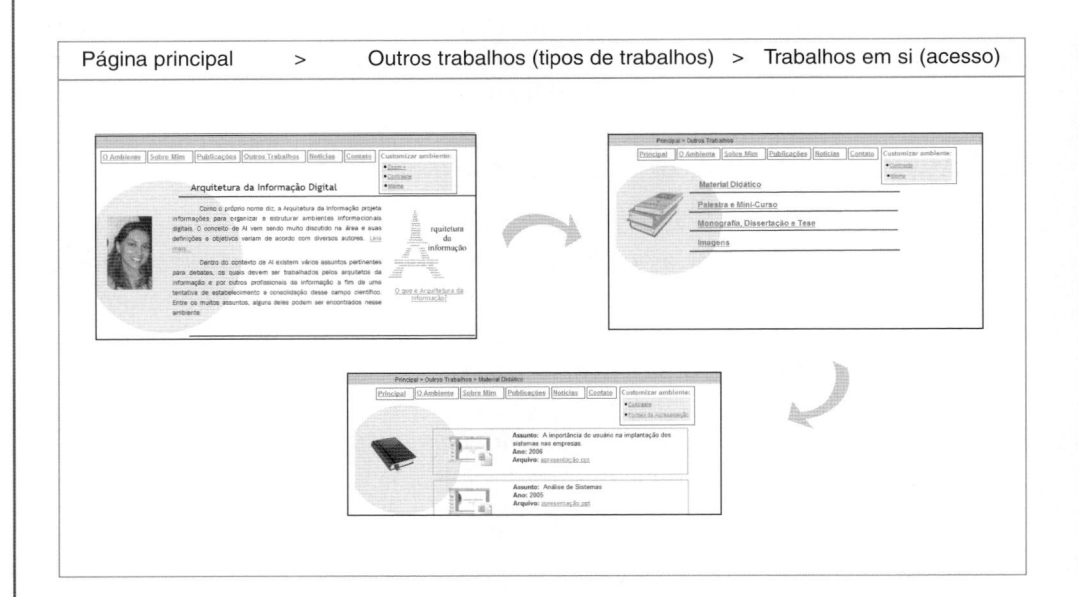

Figura 19 Exemplo de arquitetura linear

■ **Em malha** – utilizada quando o conteúdo pode ser organizado em categorias de duas ou mais dimensões, conforme mostra a Figura 20. Um exemplo seria um repositório digital em que as páginas que apresentam os documentos submetidos podem ser acessadas por coleção, autor, título e/ou data de publicação, oferecendo ao usuário opções de navegação. Semelhante a essa estrutura, Rosenfeld e Morville (1998) comentam sobre a estrutura base de dados relacional no contexto dos sistemas de organização da AI, a qual organiza as informações em registros, contendo as informações elementares para a descrição de um item informacional.

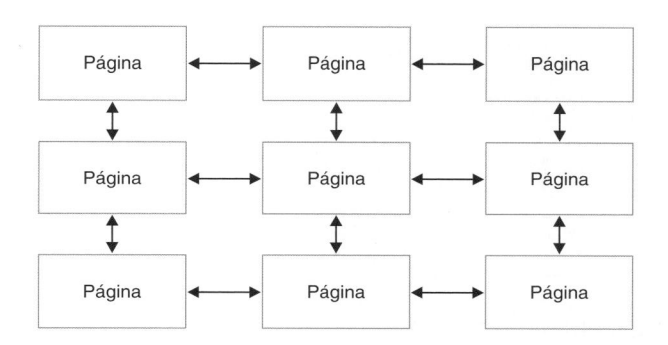

Figura 20 Arquitetura em malha

A Figura 21 representa um exemplo de arquitetura em malha, em que se pode acessar o mesmo documento ou a mesma página de acesso aos documentos por diversos caminhos, permitindo localizar um artigo por palavra-chave, ordem alfabética, categoria e ano.

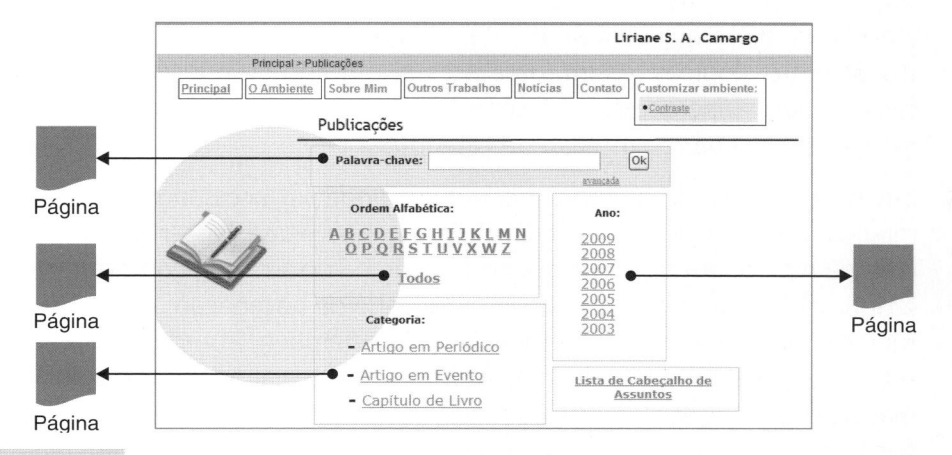

Figura 21 Exemplo de arquitetura em malha

■ **Hierárquica** – utilizada quando o conteúdo pode ser inserido em categorias, é a estrutura mais comum e utilizada, permitindo rápida navegação. O usuário pode navegar por toda a hierarquia, tanto vertical como horizontalmente, conforme mostra a Figura 22. Rosenfeld e Morville (1998) também abordam esse tipo de estrutura no contexto da organização e da navegação, correspondendo à distribuição dos conteúdos secundários ou subitens e especificando assim as categorias dos itens informacionais.

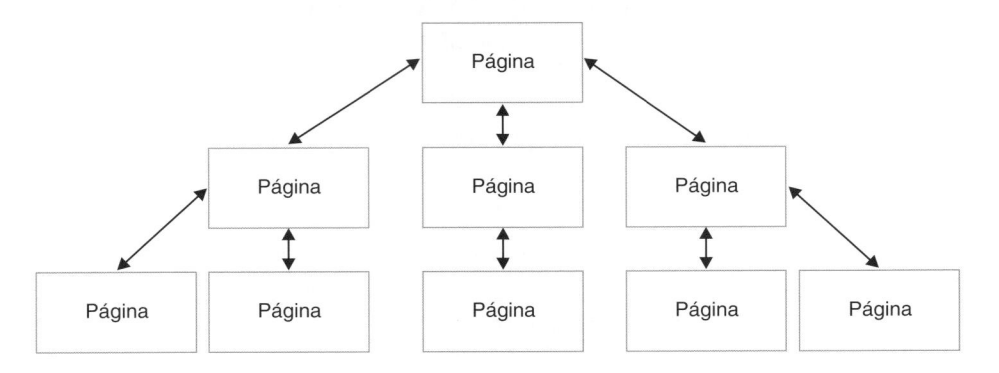

Figura 22 Arquitetura hierárquica

A estrutura em malha se difere da próxima estrutura apresentada na Figura 23, a estrutura hierárquica, porque não possui hierarquias definidas no acesso às informações.

Na Figura 23, podem-se perceber duas camadas: a primeira (representada pela letra a) mostra as páginas e seus possíveis acessos/caminhos, e a segunda (representada pela letra b) mostra a estrutura das páginas por um organograma. Com a utilização do organograma pode-se visualizar melhor a estrutura hierárquica do ambiente, em que tópicos ou páginas estão dentro de outros tópicos. Assim, para acessar um tipo de publicação em específico, é necessário acessar a página principal e depois a publicação, e nesse momento há uma ramificação de categorias.

■ **Em rede** – utilizada quando o conteúdo pode ser acessado por vários caminhos. Cada página é projetada de modo que possa passar comandos (via links de hipertexto) para qualquer outra página do sistema, conforme mostra a Figura 24. Essa abordagem cria flexibilidade de navegação, mas pode confundir o usuário. Rosenfeld e Morville (1998) também abordam esse tipo de estrutura, porém a denominam estrutura hipertextual no contexto dos sistemas de organização e de estrutura *ad hoc* no contexto dos sistemas de navegação na AI, que é uma forma não linear de estruturar conteúdo em rede, na qual itens ou partes de informação são interligados, por meio de links.

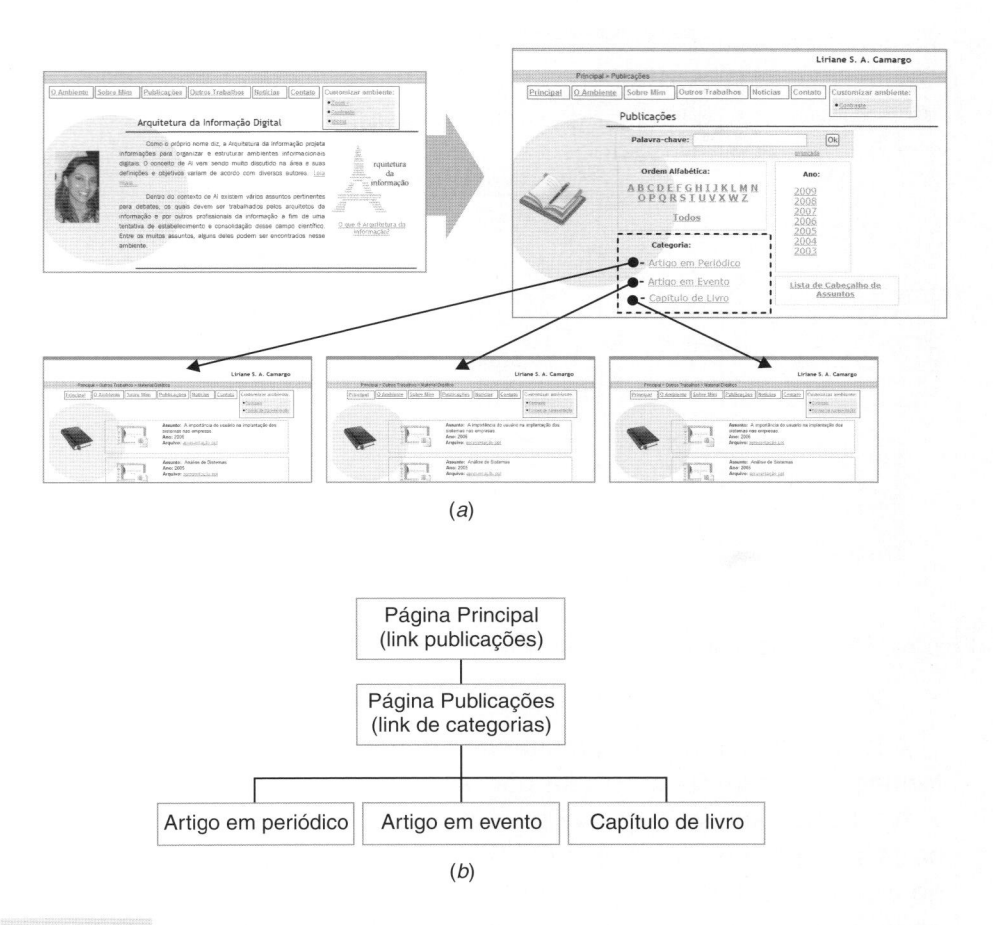

(a)

(b)

Figura 23 Exemplo de arquitetura hierárquica

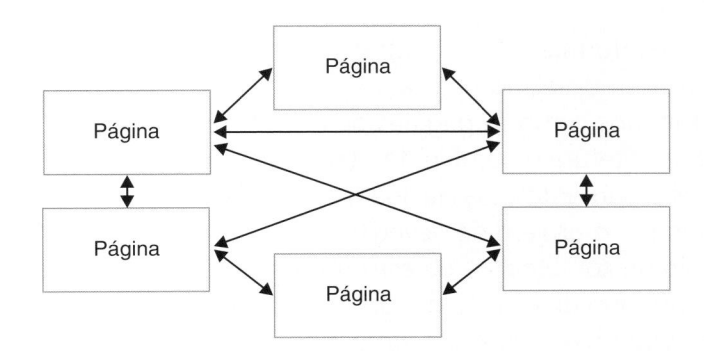

Figura 24 Arquitetura em rede

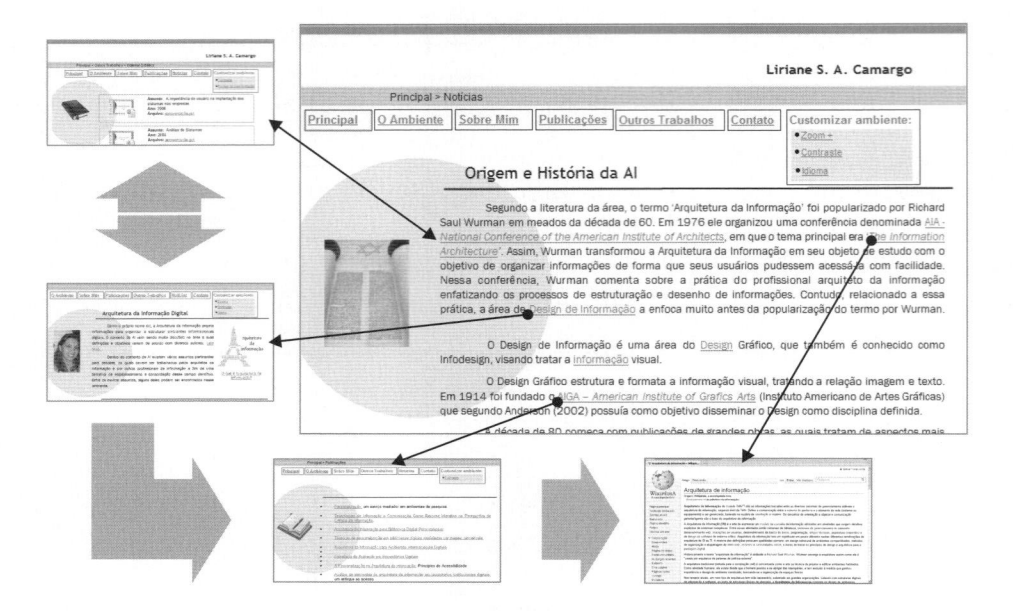

Figura 25 Exemplo de arquitetura em rede

A Figura 25 apresenta a arquitetura em rede, em que as páginas e as informações podem ser acessadas por vários caminhos.

A estrutura apresentada na Figura 25 utiliza links entre os textos das páginas, caracterizando-se assim a utilização de hipertextos, que levam o usuário a vários pontos ou páginas distintas. Além do hipertexto, a navegação pode ser feita por links e menus, existindo, desse modo, diversas ligações em várias páginas do ambiente. Nessa estrutura, deve-se tomar cuidado em relação à descrição do caminho/da navegação do usuário para que ele não se perca.

Um ambiente informacional digital pode combinar diferentes estruturas a fim de criar a estrutura desejada para a apresentação do conteúdo ou da composição dos conteúdos como as páginas de um site. Pressman (2006, p. 441) comenta que a arquitetura do ambiente "tem uma forte influência na navegação; as decisões feitas durante essa atividade de projeto vão influenciar o trabalho conduzido durante o projeto de navegação".

Um exemplo de combinação de estruturas ocorre quando uma parte do ambiente utiliza um tipo de estrutura e outra parte utiliza outro tipo. Por exemplo, um ambiente que possui uma arquitetura em rede pode disponibilizar, em um de seus links, um tutorial que possui uma estrutura linear.

5.3 ETAPA 2.3: TRATAMENTO INFORMACIONAL

Essa etapa envolve o tratamento das informações disponibilizadas no ambiente informacional digital, podendo se referir à:

▪ Informação (próprio conteúdo) do ambiente. Por exemplo, o tratamento de uma notícia disponibilizada na página do site por meio de análise semântica, sintática e pragmática. Outro exemplo é analisar a terminologia e o significado de um termo inserido em um menu ou botão (componentes visuais) para representar um acesso a determinado conteúdo.

▪ Informação sobre um objeto de conteúdo. Por exemplo, formas de representação de um objeto digital por meio de catalogação, indexação e classificação. Outro exemplo é a elaboração de metadados. Contudo, geralmente, para a representação de um objeto de conteúdo é necessário analisar o próprio conteúdo. É importante comentar que esse tipo de informação está muito relacionado com a estrutura organizacional e navegacional do site.

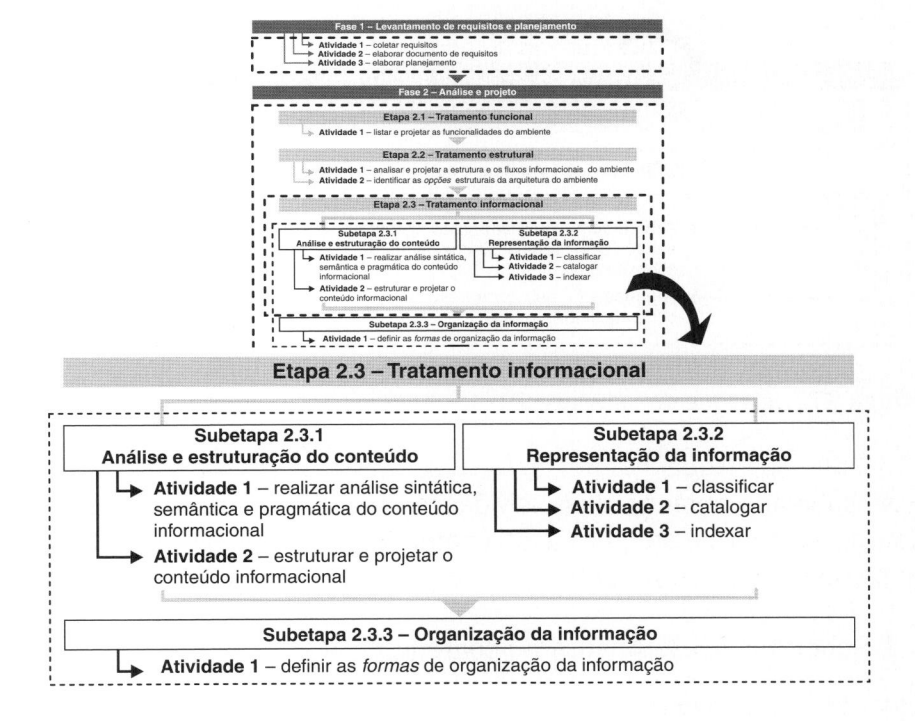

Figura 26 Destaque da Etapa 2.3 – Tratamento informacional

Assim, é importante explicar que, para analisar o conteúdo (que consiste na primeira etapa dessa fase), as informações principais das páginas devem ser elaboradas antes. Essa etapa abrange três subetapas, as quais consistem em: análise de conteúdo, representação da informação e organização da informação. Vale ressaltar que as duas primeiras atividades podem ser realizadas em paralelo por equipes distintas, as quais abordam objetos de conteúdos distintos como mostra a Figura 26.

Veremos a seguir cada subetapa em detalhe. A primeira subetapa dessa etapa consiste em análise e estruturação do conteúdo conforme mostra a Figura 27.

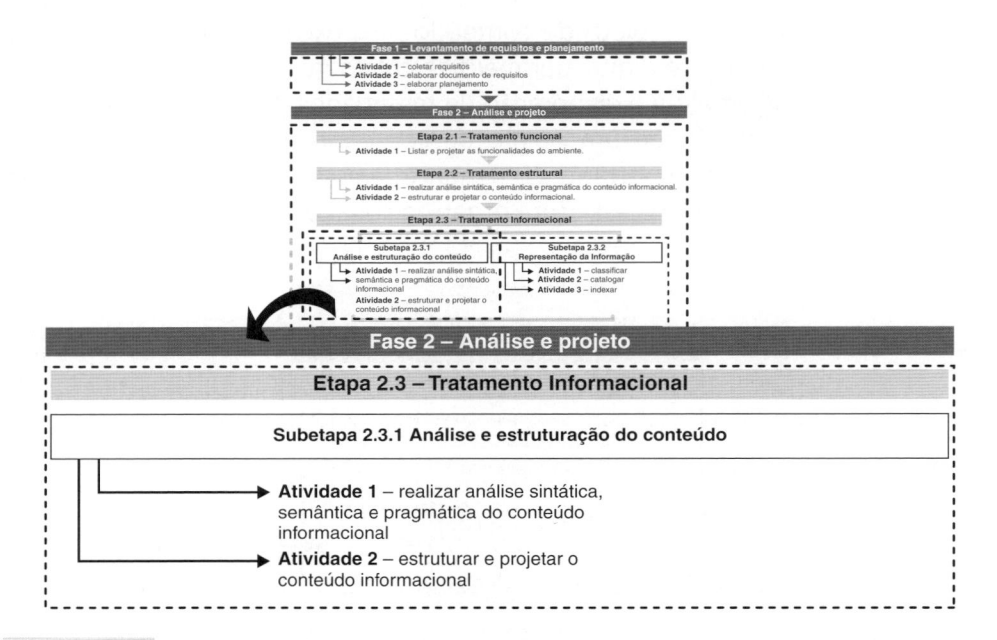

Figura 27 Destaque da Subetapa 2.3.1 – Análise e estruturação do conteúdo

Essa subetapa abrange duas atividades, que consistem em realizar análise sintática, semântica e pragmática do conteúdo informacional e estruturar e projetar o conteúdo informacional.

5.3.1 Subetapa 2.3.1: Análise de conteúdo

Essa subetapa envolve:

- A análise semântica – "implica na busca de sua conotação e denotação, primeiramente para estabelecer a relação dos termos por ela empregados alcançando o conjunto de objetos que representa, ou seja, delimitando sua extensão". "As palavras (termos ou expressões linguísticos) são considera-das em sua dimensão de referência à realidade; busca-se, assim, o sentido ou significado dos símbolos" (PERIN JUNIOR, 2000).

■ A análise sintática – "a investigação desloca-se para a relação formal como os demais integrantes do sistema onde encontra-se situado, imperando, nesse particular, as regras de sintaxe, representadas, sobretudo, pela gramá-tica" (PERIN JUNIOR, 2000).

■ A análise pragmática – possui como finalidade fazer "com que, após emitida uma mensagem, em determinada linguagem, seja recebida e, consequente-mente, entendida pelo destinatário" (PERIN JUNIOR, 2000).

5.3.1.1 Atividade 1: Realizar análise sintática, semântica e pragmática do conteúdo informacional do ambiente

A atividade de realizar análise sintática, semântica e pragmática do conteúdo informacional do ambiente envolve, por exemplo, a verificação da concordância e erros gramaticais, a multiplicação de termos e a análise do contexto, verifican-do coerência e significados, respectivamente.

Vale ressaltar que essas análises devem ser feitas apenas em textos localizados diretamente no ambiente, e não naqueles encontrados nos documentos digitais que serão disponibilizados pelo ambiente. Um exemplo desses textos é apresen-tado no Quadro 37.

Quadro 37 Exemplo de informação a ser analisada

Informações
Formação: 1 – Informação em destaque: Pesquisadora e doutora. 2 – Informações básicas: Graduação: Processamento de Dados — FATEC, Taquaritinga. Mestrado: Ciência da Informação — UNESP, Marília. Doutorado: Ciência da Informação — UNESP, Marília. Orientadora: Silvana Ap. Borsetti Gregório Vidotti. Tema: Arquitetura da Informação Digital.

(continua)

Quadro 37 Exemplo de informação a ser analisada (Continuação)
Informações

Informações sobre o assunto:

Como o próprio nome diz, a arquitetura da informação (AI) projeta informações para organizar e estruturar ambientes informacionais digitais. O conceito de AI vem sendo muito discutido na área e suas definições e seus objetivos variam de acordo com diversos autores. Richard Saul Wurman (1996, 2001) popularizou o termo arquitetura da informação em meados da década de 1960, definindo-a como uma estrutura ou mapa de informação, que permite que as pessoas/usuários encontrem seus caminhos para a construção de conhecimentos em ambientes informacionais. Leia mais... (link)

No Quadro 37, podemos visualizar informações sobre a formação da pesquisadora e sobre um assunto específico que o ambiente irá abordar. Geralmente, essas informações são coletadas na Fase 1, em que se abordam os requisitos de conteúdo. Sobre essas informações deve-se realizar uma análise de conteúdo, em que devem ser verificados alguns itens, como veracidade, erros gramaticais, coerência etc.

5.3.1.1.1 Práticas da Atividade 1: Realizar análise sintática, semântica e pragmática do conteúdo informacional do ambiente

Algumas práticas que podem ser utilizadas para auxiliar nessa atividade estão apresentadas a seguir.

■ **Metodologia de análise de conteúdo** apresentada por Bardin (1977) – envolve: (1) pré-análise, abordando coleta e formulação, (2) exploração do material, abordando escolha de unidade de registro, seleção de regras de contagem, escolha de categorias (classificação e agregação), e (3) tratamento dos resultados, abordando operações estatísticas, síntese e seleção dos resultados, interferências e interpretação. O autor (1977, p. 42) a define como

> [...] um conjunto de técnicas de análise das comunicações visando obter, por procedimentos, sistemáticos e objetivos de descrição do conteúdo das mensagens, indicadores (quantitativos ou não) que permitam a inferência de conhecimentos relativos às condições de produção/recepção (variáveis inferidas) destas mensagens.

Bardin (1997) cita algumas técnicas para análise de conteúdo, como análise categorial, de avaliação, da enunciação, da expressão, das relações e do discurso.

- **Método de raciocínio** – pode auxiliar na análise de conteúdo, envolvendo as formas de reflexão de indução e de dedução e abordando a recepção da informação, a análise ou divisão de assunto e enumeração e revisão da conclusão.

Ainda nessa fase, Batley (2007, p. 98) relata que Rosenfeld e Morville identificam quatro tipos de relacionamento que podem auxiliar na elaboração do conteúdo, consistindo em:

- **Sequência** (*Sequencing*) – pedaços de informações podem ser colocados juntos em uma sequência. Por exemplo, uma descrição de uma atividade seguida de informações sobre a forma de aplicá-la.

- **Colocalização** (*Colocation*) – adiciona valor quando pedaços de informações são colocados no mesmo documento. Por exemplo, a descrição de um emprego e informações sobre como se candidatar devem ser localizadas na mesma página.

- **Ligação/encadeamento** (*Linking*) – pedaços de informações podem ser linkados a outros pedaços. Por exemplo, detalhes de um emprego podem ser linkados às informações sobre a organização.

- **Significado compartilhado** (*Shared meaning*) – mesmo que pedaços de informações não estejam explicitamente linkados, eles podem compartilhar características semânticas que garantem sua colocalização de forma *ad hoc*. Por exemplo, uma ferramenta de busca pode achar detalhes de outro emprego com o mesmo título ou no mesmo departamento.

5.3.1.2 Atividade 2: Estruturar e projetar o conteúdo informacional do ambiente

A atividade de estruturar e projetar o conteúdo informacional do ambiente envolve colocar uma estrutura em torno do conteúdo, abrangendo como as informações e os objetos de conteúdo podem ser estruturados no ambiente.

5.3.1.2.1 Práticas da Atividade 2: Estruturar e Projetar o Conteúdo Informacional do Ambiente

Algumas práticas que podem ser utilizadas para auxiliar nessa atividade são apresentadas a seguir.

- **Auditoria do conteúdo** – é uma amostragem representativa de cada tipo de conteúdo que existe no ambiente para descobrir o que tem no ambiente e como organizar e estruturar as informações. Na auditoria, as informações levantadas podem não ter tanta profundidade como em um inventário de conteúdo e são mais voltadas para entender a estrutura do site, como título da página, URL, localização, outras páginas que estão abaixo dela etc. Um exemplo dessa prática pode ser visualizado na Figura 28.

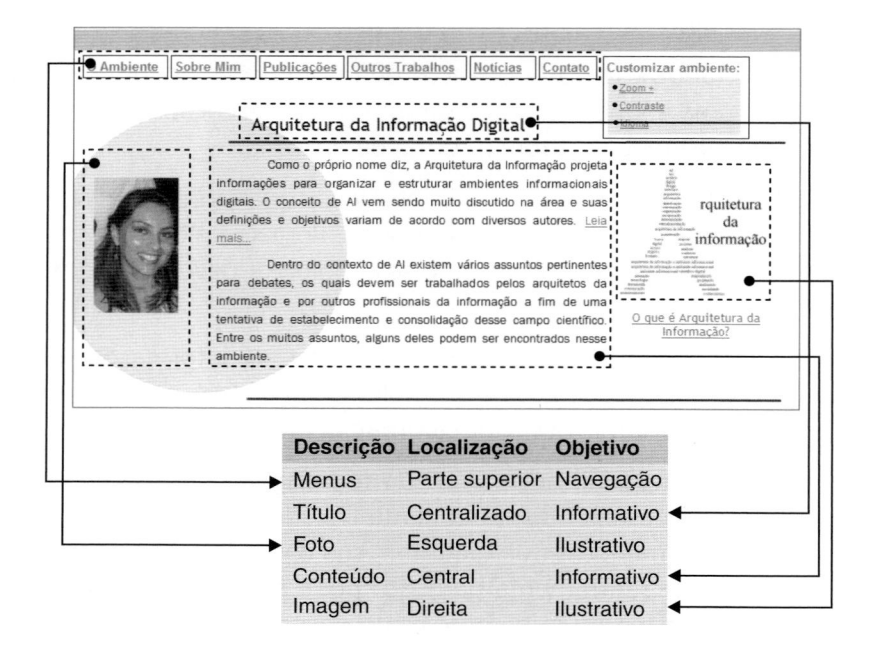

Descrição	Localização	Objetivo
Menus	Parte superior	Navegação
Título	Centralizado	Informativo
Foto	Esquerda	Ilustrativo
Conteúdo	Central	Informativo
Imagem	Direita	Ilustrativo

Figura 28 Exemplo de auditoria de conteúdo

No Quadro 37, pode-se perceber que as informações já possuem certa estrutura, pois há divisão de assuntos, contendo títulos destacados e tópicos numerados. Contudo, deve-se definir onde e como essas informações serão disponibilizadas. Além disso, geralmente as informações coletadas são simplesmente descritas de forma textual, não tendo a definição ainda de onde e como serão disponibilizadas.

O método de auditoria do conteúdo pode ser utilizado para auxiliar nessa atividade, em que geralmente é utilizado para levantar informações de um ambiente já existente. Com esse método, pode-se compreender melhor o que há no ambiente e como estruturá-lo. No exemplo da Figura 28, pode-se identificar o que são menus, títulos, foto, conteúdo e imagem, onde estão localizados e quais objetivos de tais objetos de conteúdo.

Vale ressaltar que o processo inverso também é válido nessa atividade. Por exemplo: o profissional possui as informações necessárias sobre os objetos de conteúdo que serão disponibilizados e então ele determina como esses objetos serão estruturados.

■ **Modelagem de conteúdo** – estrutura o conteúdo, que é quebrado no menor nível apropriado para fornecer um significado. Um exemplo pode ser visto na Figura 29, em que relações entre informações antigas e atuais são apresentadas em uma tabela. Por exemplo: um jornal que disponibiliza informações apenas no formato impresso começa a disponibilizar o mesmo conteúdo em formato digital.

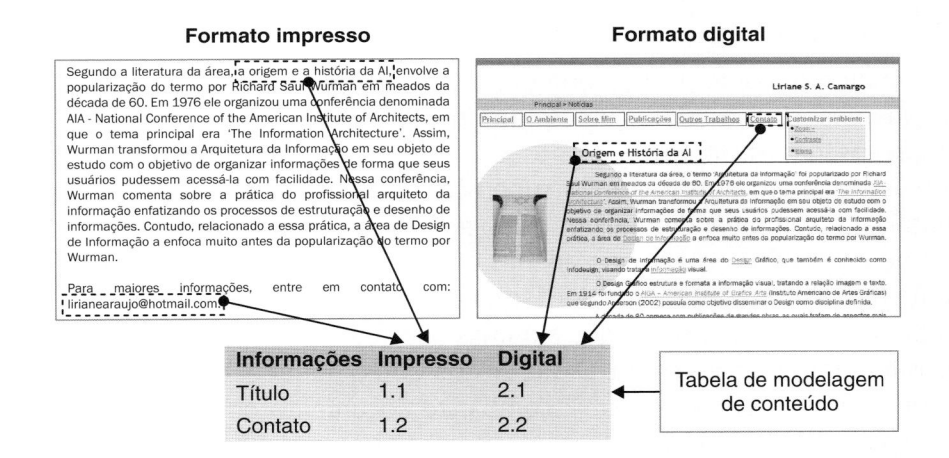

Figura 29 Exemplo de modelagem de conteúdo

Nesse exemplo, pode-se notar uma tabela que é apresentada logo abaixo das páginas do ambiente. Essas tabelas são elaboradas para garantir a localização das informações, por exemplo, a informação que estava localizada na parte superior direita da página antiga, agora está localizada na parte superior esquerda.

A Figura 30 apresenta outro exemplo de modelagem de conteúdo, em que se pode visualizar duas páginas diferentes que contêm as mesmas informações, só que estruturadas de formas distintas.

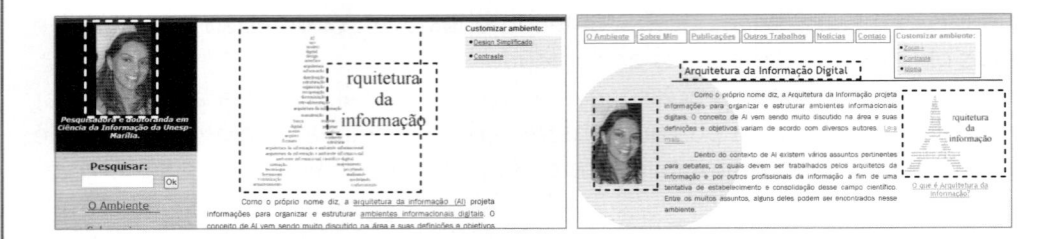

Figura 30 Exemplo de modelagem de conteúdo

Na Figura 30, pode-se verificar que os objetos de conteúdos estão estruturados em locais e tamanhos diferentes. Esses objetos devem ser listados contendo algumas informações como descrição, objetivo, relacionamento e localização na página. Isso auxilia no entendimento e na análise dos itens para (re)estruturação dos mesmos.

Os métodos auditoria de conteúdo e modelagem de conteúdo são muito semelhantes, já que ambos descrevem informações do ambiente para melhor compreensão e estruturação. Contudo, a diferença entre eles é que a auditoria deve ser feita em um nível mais superficial, em uma fase inicial, apenas para identificar e compreender melhor os objetos de conteúdo, enquanto a modelagem de conteúdo consiste não apenas na identificação de itens, mas principalmente na identificação da melhor forma de estruturação dos mesmos.

Batley (2007, p. 97) relata que algumas questões devem ser respondidas para analisar as informações como: O que é isto? Como pode ser descrito? O que distingue de outros documentos? E como este documento pode ser recuperado? Assim, considera-se, neste livro, que uma das principais etapas da metodologia de desenvolvimento proposta é a Representação da informação, que é apresentada na próxima seção.

5.3.2 Subetapa 2.3.2: Representação da informação

Segundo Novellino (1996, p. 98), "o processo de representação da informação envolve dois passos principais: (1) a análise de assunto de um documento e a colocação do resultado desta análise numa expressão linguística; 2) atribuição de conceitos ao documento analisado", enquanto para Castro (2008, p. 79) "a representação da informação pode ser caracterizada por um processo dúplice que é constituído pelo desenvolvimento de uma operação e que resulta em um produto, a partir das etapas de catalogação e classificação". Peschel (2002), citado pelo autor (2008, p. 75), relata ainda que "a representação não tem que conter e mostrar toda a possível informação sobre uma certa realidade, mas tem que prover a informação que é pertinente à realização de uma tarefa". Complementando essa afirmação, Castro (2008, p. 78) relata que:

> A principal função da representação é criar uma estrutura eficientemente rica com o objetivo de recuperação das informações. Entretanto, a transferência da informação por meio de sua representação é algo impreciso. Por exemplo, na descrição de conteúdo de uma determinada obra, são adotadas palavras-chave que resumem um assunto, no entanto, essas palavras são apenas representações parciais ou longínquas que contemplam a originalidade, a integridade e a perfeição do documento.

Neste livro, considera-se que a AI deve tratar formas de representação de informações registradas "a partir de um código textual e/ou imagético e sustentadas em um suporte de informação caracterizando um tipo documental passível de armazenamento, recuperação, uso e reuso", como comenta Castro (2008, p. 79).

Sendo assim, abordam-se neste livro atividades fundamentais para representação da informação, já abordados na análise ou tratamento documental, os quais consistem em: classificar, catalogar e indexar (conforme mostra a Figura 31).

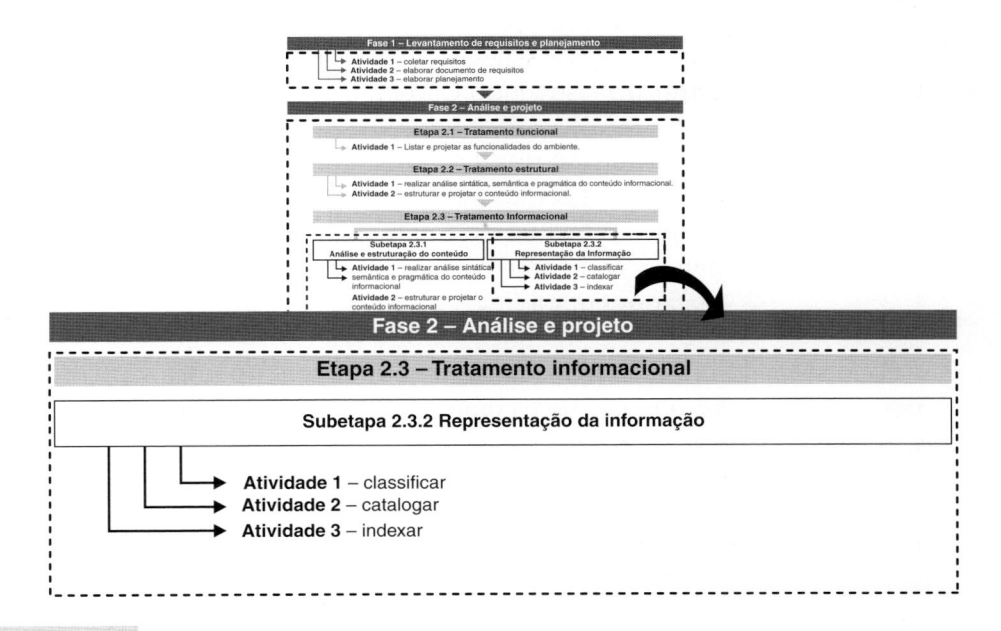

Figura 31 Destaque da subetapa 2.3.2 – Representação da informação

É importante explicar ainda que, para representar a informação, deve-se ter a aquisição da mesma. Assim, o arquiteto da informação pode utilizar uma lista de documentos ou objetos digitais para melhor controle e visualização dos mesmos.

5.3.2.1 Atividade 1: Classificar

Essa atividade consiste em classificar um assunto em determinada categoria. A classificação envolve a categorização, que consiste em separar objetos de acordo com características em comum. Para categorizar um objeto de conteúdo, deve-se dividir e separar os conteúdos para depois agrupá-los e os rotular em uma categoria. Isso pode ser feito de acordo com o processo cognitivo do profissional da informação em questão.

Nesse sentido, Batley (2007, p. 95,96) relata que se pode dividir espécie de documentos de acordo com: formato (por exemplo: áudio, texto); tipo documental (por exemplo: artigos, teses); fonte (por exemplo: departamento de recursos humanos, marketing); assunto (por exemplo: ciência da informação, Ciência da Computação); e arquitetura existente (por exemplo: banco de dados próprio ou links de documentos de outros ambientes).

5.3.2.1.1 Práticas da Atividade 1: Classificar

Algumas práticas que podem ser utilizadas para auxiliar nessa atividade são apresentadas a seguir.

■ **Inventário de conteúdo** – segundo Oliveira (2005, p. 81):

> Tem a função única de descrever como cada seção foi estruturada e como o conteúdo foi alocado em cada página. Simples e textual, traz o número de identificação de cada página, seu nome e especifica todo o conteúdo que a mesma apresentará.

Pode ser feito em uma planilha contendo nome da página, descrição da mesma e links relacionados, bem como outras informações complementares como data de atualização e responsável pela página. É importante comentar que essa prática é utilizada para auxiliar o profissional responsável pelo desenvolvimento do ambiente, diferentemente da próxima prática apresentada, que é direcionada para a instituição ou o cliente relacionado ao ambiente a ser desenvolvido ou reformulado e/ou para outros membros da equipe. Um exemplo de inventário de conteúdo é apresentado na Figura 32.

	A	B	C
1		Inventário de Conteúdo	
2	Nome da página	Descrição da página	Links relacionados
3	paginaPrincipal	Possui informações básicas do ambiente, apresentando	paginaAmbiente.htm
4		o título principal que é AI, um logo, uma foto pessoal,	paginaSobremim.htm
5		uma sucintadescrição pessoal, um resumo sobre	paginaPublicações.htm
6		o assunto e os links para outras páginas.	paginaOutrostrabalhos.htm
7			paginaNoticias.htm
8			paginaCadastro.htm
9			paginaContato.htm
10	paginaAmbiente	Possui informações sobre o ambiente como objetivo.	navegação global
11	paginaSobremim	Possui links para formação e outras informações pessoais.	paginaFormacao.htm
12			paginaOutrasinformacoes.htm
13	paginaPublicacoes	Possui links para:	paginaArtigos.htm
14			paginaCapitulodelivros.htm
15	paginaArtigos	Possui links para:	paginaArtigoPeriodico.htm
16			paginaArtigoEvento.htm
17	paginaOutros	Possui links para:	paginaMateriaisdidaticos.htm
18	trabalhos		paginaPalestras.htm
19			paginaTrabalhosdeconclusaodecurso
20			paginaOutros.htm
21	paginaNoticias	Possui informações sobre AI.	navegação global
22	paginaCadastro	Possui formulário de cadastro.	navegação global
23	paginaContato	Possui informações de contato e formulário de comentário.	navegação global
24			

Figura 32 Exemplo de inventário de conteúdo

Na Figura 32, podem-se visualizar o nome da página, a descrição da informação inserida na página e os links relacionados em uma planilha eletrônica, ressaltando que isso auxilia na visualização e no entendimento de informações contidas em cada página específica.

■ **Mapa do conteúdo** – é a representação visual do conteúdo do site para identificar os tipos de conteúdo que o ambiente possui. É uma ferramenta de comunicação com executivos e com outros membros da equipe para facilitar os insights ao ver graficamente o conteúdo. Normalmente, é usado para representar o que já tem no ambiente. Davenport (1998, p. 209) comenta que a AI deve utilizar-se de mapeamento da informação, que "descreve não apenas a localização do informe, mas também quem é o responsável por ele, para que foi utilizado, a quem se destina e se está acessível". Alguns autores da área, como Morville e Rosenfeld (2006), relatam que mapear conteúdo consiste em levantar no papel todo conteúdo que tem no site, ao mesmo tempo em que mapeia a navegação atual (lista de todos os assuntos abordados ao mesmo tempo em que tenta mantê-los dentro de grandes áreas). Um exemplo de mapa do conteúdo é apresentado na Figura 33.

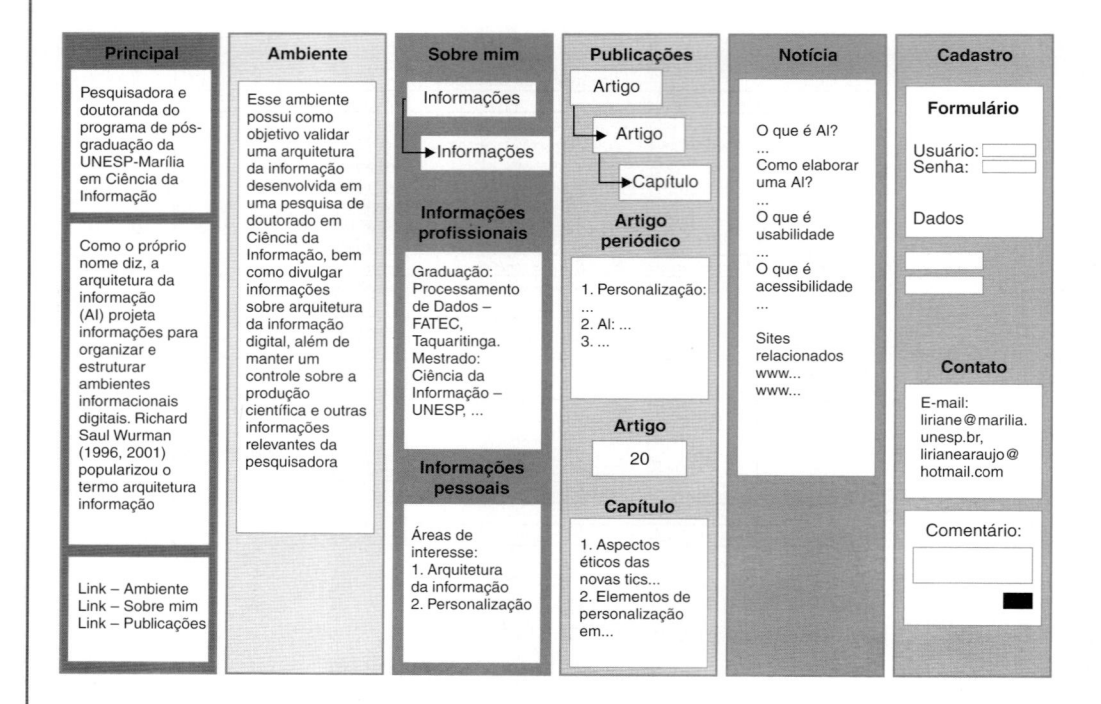

Figura 33 Exemplo de mapa de conteúdo

O mapa de conteúdo se difere do inventário de conteúdo em consequência de possuir objetivos diferentes, pois ele mostra de forma visual os conteúdos de cada página com o intuito de melhor visualização das mesmas para o contratante do projeto, e não para os desenvolvedores, como é o caso do inventário de conteúdo. Assim, na Figura 33, podem-se visualizar retângulos coloridos que representam páginas do ambiente e dentro de cada um estão inseridas as informações contidas naquela página específica do ambiente.

■ **Card sorting** – é um método de organização e agrupamento de informações por meio de cartões para entender as percepções de usuários em relação aos itens de conteúdo. Ele pode ser aberto ou fechado, dependendo da forma de aplicação. O card sorting aberto envolve o agrupamento de cartões de forma livre pelo usuário, e o card sorting fechado envolve agrupamentos de cartões em categorias já predefinidas. Segundo Dong *et al.* (2001, p. 23, tradução nossa), "card sorting é um método de coleta de dados que é útil para entender as percepções dos usuários e de relacionamentos entre itens". Os procedimentos típicos seguidos por esse método são: recrutar os participantes/públicos-alvo e testar cada um em uma seção individual; criar um arquivo *card list* (cartão de lista) que deve conter o nome do cartão e sua descrição; os cartões são apresentados em ordem aleatória; cada participante é questionado sobre a organização/arranjo dos cartões em grupos lógicos; e o participante organiza os grupos.

A Figura 34 apresenta um exemplo de card sorting que é direcionado para uma página específica de notícias que apresenta de forma visual a organização de informações por categorias.

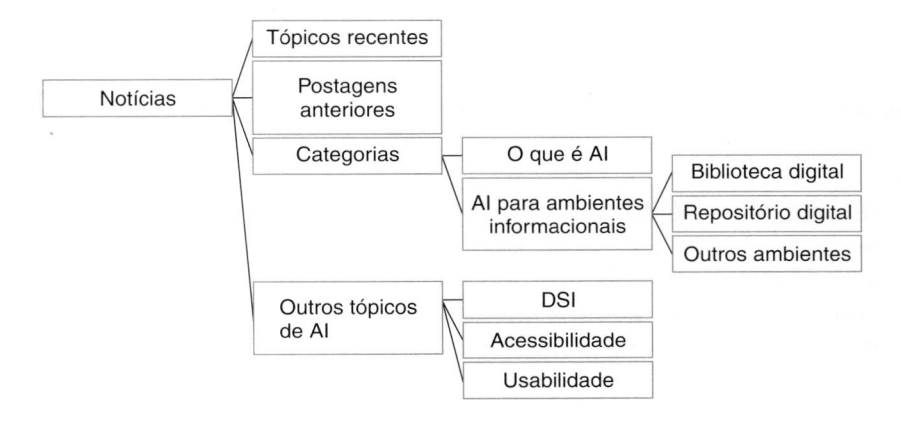

Figura 34 Exemplo de card sorting

■ **Mapas ou modelos conceituais** – segundo Moreira (1997, p. 1), "mapas conceituais são apenas diagramas indicando relações conceituais, ou entre palavras que usamos para representar conceitos". São representações gráficas que indicam relações entre conceitos ligados por palavras, abordando os conceitos mais abrangentes até os menos abrangentes. Nessa prática, podem-se utilizar os relacionamentos de hierarquia, agregação, associação, entre outros, a fim de obter uma visualização da organização conceitual que o usuário atribui a um dado conhecimento, auxiliando na ordenação, sequência e hierarquização dos conteúdos. Um exemplo de mapas ou modelos conceituais é apresentado na Figura 35.

Na Figura 35 podem-se identificar relacionamentos entre os objetos de conteúdo, como identificar que artigo e livro é um tipo de publicação e que capítulo de livro faz parte de livro etc. Vale ressaltar que alguns conteúdos podem ser identificados como estáticos, tais como informações básicas sobre a pesquisadora e trabalhos já publicados, e/ou dinâmicos, tais como as novas notícias ou publicações.

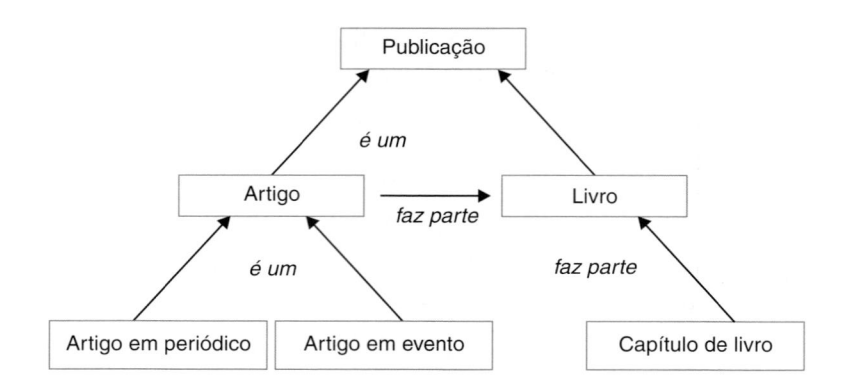

Figura 35 Exemplo de mapas ou modelos conceituais

▪ **Taxonomia** – "é usada para explorar os mais conhecidos princípios de sistemas de classificação de bibliotecas" segundo Batley (2007). Para Tristão *et al.* (2004, p. 161), classificação é o "conjunto de conceitos organizados sistematicamente de acordo com os critérios ou características escolhidos (ISO TR 14177, 1994)". Os autores (2004, p. 162) afirmam ainda que:

> Os sistemas de classificação e os tesauros são linguagens documentárias, ou seja, são sistemas artificiais de signos normalizados que permitem representação mais fácil e efetiva do conteúdo documental, com o objetivo de recuperar manual ou automaticamente a informação que o usuário solicita.

De acordo com Tristão *et al.* (2004), os tipos de classificação consistem em:

☐ **Classificações especializadas ou gerais** – têm por objetivo um assunto em particular, como, por exemplo, o sistema de classificação da United Classification for the Construction Industry (Uniclass), direcionado à indústria da construção, ou geral, se pretende cobrir o universo mais complexo da informação, como a área de ciência da informação, a Classificação Decimal Universal (CDU) (TRISTÃO *et al.*, 2004).

☐ **Classificações analíticas e documentais** – pretendem sistematizar fenômenos físicos e providenciam uma base para sua explicação e seu entendimento. Também se denominam por classificações científicas ou taxonomias, como a classificação do reino animal. Uma classificação designa-se como documental, quando sua utilização pressupõe a classificação de documentos ou outros tipos de informação, com o objetivo principal de facilitar a localização dessa informação, como, por exemplo, a Classificação Decimal Dewey (CDD), bastante utilizada em bibliotecas (TRISTÃO *et al.*, 2004).

☐ **Classificações enumerativas ou decimais** – prescrevem um universo de conhecimento subdividido em classes sucessivamente menores que incluem todas as possíveis classes compostas (relações sintáticas). Essas classes são organizadas de forma a apresentar suas relações hierárquicas. Apresenta-se em listagem exaustiva de termos, organizados em classes e subclasses. Esse tipo de classificação é limitativo, uma vez que coloca dificuldades à inserção de novos termos. A ordem predefinida para os termos em cada classe apenas permite a introdução de novos termos de forma sequencial (TRISTÃO *et al.*, 2004).

☐ **Classificações por facetas** – desenvolvida por Shiyali Ramamrita Ranganathan na década de 1930, atualmente tem sido largamente discutida na academia como solução para a organização do conhecimento em decorrência de suas potencialidades de acompanhar as mudanças e a evolução do conhecimento. Muitos termos e expressões têm surgido, mas retratam nada mais do que a classificação facetada que, segundo Ranganathan (1967), conceitua o conhecimento "como a totalidade das ideias conservadas pelo ser humano" por meio da observação das coisas, fatos e processos do mundo que o cerca (TRISTÃO *et al.*, 2004).

A taxonomia organiza informação e conhecimento de forma significativa, pois, uma vez que a taxonomia é construída, os usuários têm acesso à informação estruturada e armazenada. Segundo Batley (2007, p. 74), o tipo de taxonomia mais familiar para recuperar informação é exemplificado no arranjo de árvores de assuntos nos diretórios Web. A taxonomia também é conhecida como árvore de assunto, pois mostra o relacionamento entre assuntos em uma hierarquia que pode ser navegada. Batley (2007, p. 76, tradução nossa) relata que há quatro problemas com as taxonomias ou árvores de assuntos, que consistem em: "falta de vocabulário controlado, adição *ad hoc* de novas categorias de assuntos, limitações de hierarquias e limitações de indexação humana".

Nos ambientes Web, utiliza-se muito o esquema de classificação por diretórios Web; um exemplo é apresentado na Figura 36.

Figura 36 Exemplo de diretórios

Na elaboração dos diretórios Web, pode-se definir um número máximo de níveis inferiores, como limitar cinco cliques para que o usuário possa acessar a informação final.

- **Vocabulário controlado** – Batley (2007) relata que há dois agentes de vocabulário controlado: lista de cabeçalho de assunto e tesauro. Ambos possuem as mesmas funções, as quais consistem em controlar a terminologia usada nos índices e controlar a exibição dos relacionamentos entre conceitos nos índices.

  - ☐ **Listas de cabeçalho de assunto** – são listas alfabéticas de termos de assunto que são usados para a indexação, catalogação de assunto ou para descrição de assuntos. Para auxiliar tais listas, pode-se elaborar um glossário de listas de cabeçalho de assunto separado por ordem alfabética. Em relação a isso, Novellino (1996, p. 39) relata que:

    > A preocupação com a criação de um instrumento de representação da informação voltado para a recuperação e, consequentemente, para demonstrar ao usuário a estrutura da linguagem de representação deu origem aos tesauros, tesauros facetados e classauros.

    A autora diz ainda que "as listas de cabeçalhos de assunto foram construídas para instrumentalizar a indexação de assuntos de documentos, que seriam registradas em fichas catalográficas para compor o catálogo alfabético de assuntos". Ela também comenta sobre os vocabulários livres e controlados. Um exemplo de lista de cabeçalho de assuntos é apresentado na Figura 37.

A
Acessibilidade
Acesso
Ambientes Acadêmicos
Ambientes Acadêmicos Digitais
Ambientes Científicos
Ambientes Científicos Digitais
Ambientes Digitais
Ambientes Informacionais Digitais
Análise
Análise e Projeto
Arquitetura
Arquitetura da Informação
Armazenamento
Aspectos éticos
Avaliação

Figura 37 Exemplo de lista de cabeçalho de assunto

☐ **Tesauros** – segundo Tristão *et al.* (2004, p. 161), tesauro são "como um vocabulário de termos relacionados genérica e semanticamente sobre determinada área de conhecimento" (MOTTA, 1987). Eles são essencialmente um tipo de vocabulário controlado que inclui termos que não estão presentes na taxonomia. O tesauro é uma lista de termos importantes em um dado domínio do conhecimento. Batley (2007) relata que a construção de um tesauro envolve três coisas: o escopo da área do assunto, como seus usuários nomeiam os assuntos e o nível de detalhe requerido. Colepícolo *et al.* (2006, p. 2) relatam que um tesauro "representa hierarquias, relações de equivalência, pertinência e associações entre os termos, com objetivo de auxiliar o usuário potencial a encontrar a informação de que necessita com a menor margem de erro possível".

Considerando que um mesmo documento pode ter vários significados diferentes para distintas necessidades de informação, um vocabulário controlado pode auxiliar na recuperação de determinada informação que reduz o estado de incerteza do usuário. Para isso, é necessário representar os documentos, padronizando a descrição dos conteúdos. O vocabulário controlado envolve identificação de expressões utilizadas e conhecidas, refletindo a política institucional, a terminologia de áreas de conhecimento e a linguagem do público-alvo. A estrutura dele pode envolver: termos que representam conceitos ou vários campos de conhecimento; ordem hierárquica entre os termos e termos preferidos e não preferidos que são sinônimos, categorias gerais e ordenação alfabética.

■ **Ontologia** – além dos tesauros, a ontologia também define relacionamento entre termos, consistindo em um documento ou lista/arquivo. Segundo Castro (2008, p. 121), "o uso de ontologias permite o estabelecimento da semântica, ou o significado dos dados descritos e representados pelos metadados". Ainda de acordo com o autor, "a ontologia pode ser considerada como um instrumento para a descrição bibliográfica dos recursos informacionais, pois se cria uma rede de conceitos com propriedades apropriadas e restritas" (2008, p. 125). A construção de uma ontologia envolve hierarquias de conteúdo e suas relações (como associação, agregação etc.), restrições, regras dedutivas e instâncias de conceitos. Segundo Tristão *et al.* (2004, p. 162), a ontologia consiste na "especificação formal e explícita de uma conceitualização compartilhada (GRUBER, 1993)", em que: conceitualização se refere a um modelo de fenômeno abstrato no mundo por ter identificado os conceitos relevantes daquele fenômeno; explícito significa que o tipo dos conceitos usados e as restrições no seu uso são definidos explicitamente; formal se refere ao fato de que a ontologia deveria ser lida pela máquina; e compartilhado reflete que ontologia deveria capturar conhecimento consensual aceito pelas comunidades (TRISTÃO *et al.*, 2004).

5.3.2.2 Atividade 2: Catalogar

A atividade de catalogar visa dominar os princípios e critérios para a descrição dos dados bibliográficos associados a um documento com a finalidade de uma fácil identificação e recuperação. Castro e Costa Santos (2009, p. 76) afirmam que:

> A catalogação, enquanto disciplina responsável pela representação descritiva bibliográfica da área, pautada em regras e esquemas de descrição, fornece subsídios para a construção de formas de representação e de descrição padronizadas que possibilitam o armazenamento, a preservação, o uso e o reúso das informações de modo mais eficiente e eficaz.

5.3.2.2.1 Práticas da Atividade 2: Catalogar

Algumas práticas que podem ser utilizadas para auxiliar nessa atividade são apresentadas a seguir.

- **Catálogo** – segundo Castro (2008, p. 79), "é um dos instrumentos mais antigos na história da descrição e organização da informação registrada" e "muitas vezes define-se o catálogo como lista ordenada dos documentos existentes em um ou mais acervos". O autor (2008, p. 80 e 81) relata ainda que "a padronização na representação das informações contidas nos catálogos passa a ser preocupação e, nesse sentido, diversos códigos de catalogação são desenvolvidos e aperfeiçoados". Um exemplo de representação descritiva é apresentado no Quadro 38.

Quadro 38 Exemplo de representação descritiva

Autor:	Camargo, Liriane
Título:	Arquitetura da Informação
Publicador:	LTC
Data:	2011
Assuntos:	Metodologia de desenvolvimento, ambientes informacionais digitais, arquitetura da informação, tratamento de conteúdo e interface
Tipo de documento:	livro

■ **Metadados** – são formatos que possibilitam a descrição de documentos digitais, definindo-os como "dados sobre dados" a fim de descrever e localizar documentos eletrônicos na Web de forma adequada. Alves (2010, p. 47 e 48) relata que:

> Os metadados são atributos que representam uma entidade (objeto do mundo real) em um sistema de informação. Em outras palavras, são elementos descritivos ou atributos referenciais codificados que representam características próprias ou atribuídas às entidades; são ainda dados que descrevem outros dados em um sistema de informação, com o intuito de identificar de forma única uma entidade (recurso informacional) para posterior recuperação.

Castro (2008, p. 89 e 90) afirma que:

> O objetivo e a função dos metadados estão fundamentados nos princípios da catalogação, ou seja, garantir a padronização dos recursos informacionais (forma e conteúdo), pautados em normas e regras internacionais na tentativa de facilitar e potencializar a identificação, a busca, a localização, a recuperação, a preservação, o uso e o reuso dos recursos informacionais. "A diferença dessa forma de representação está na nova abordagem dada pelo ambiente tecnológico em que ela se insere" (ALVES, 2005, p. 117).

Batley (2007, p. 100, tradução nossa) relata que "o termo metadados tem sido discutido pelo menos desde 1960, mas somente com o desenvolvimento da Web a literatura sobre o assunto proliferou". A autora relata que os metadados têm cinco propósitos: descrição dos recursos, recuperação da informação, gerenciamento da informação, gestão de direitos, propriedade e autenticidade, e interoperabilidade e e-commerce. Barreto (1999, apud Lourenço, 2007, p. 74) apresenta três tipos básicos de metadados:

a. Os metadados para catalogação bibliográfica, cujos objetivos principais são identificar e descrever os materiais bibliográficos de centros de informação, sendo os mais importantes o formato Machine Readable Catalogue (MARC), o formato eletrônico Text Encoding Initiative (TEI) e o formato Encoding Archival Description (EAD).

b. Os metadados para descoberta de recursos na Web, que dão suporte aos motores de busca na indexação dos recursos informacionais existentes na Internet, dentre os quais estão o padrão Internet Anonymous Ftp Archive (AIFA), o padrão Summary Object Interchange Format (SOIF) e o padrão Dublin Core (DC) baseado no MARC.

c. Os metadados para infraestrutura global de informação, que colecionam recursos informacionais e suas localizações e formas de acesso a esses recursos, destacando-se nessa categoria de metadado o Government Information Locator Service (GILS) e os padrões para sistemas de informação ambiental como o Federal Geographic Data Committee (FDGC) e o Environmental Data Catalogue (UDK).

Lourenço (2007, p. 74) relata que, "comentando esta divisão tipológica para os metadados apresentada por Barreto (1999), a primeira observação é o fato de o padrão Dublin Core e o GILS serem oriundos do formato MARC".

> Neste sentido, o Dublin Core, além de ser um padrão de metadados para a descoberta de recursos na Web, tem uma aplicação significativa para a catalogação bibliográfica, pois também fornece metadados para a descrição dos recursos eletrônicos.

5.3.2.3 Atividade 3: Indexar

A atividade de indexar consiste em analisar o conteúdo e atribuir descritores, em que palavras ou conjuntos de palavras descritas em uma linguagem documental traduzem o conteúdo de um documento. De acordo com Pinto (2001), a indexação pode ser:

■ **Manual** – "chamada igualmente intelectual ou humana, como o próprio nome o diz, é realizada pelos humanos, sejam eles bibliotecários ou especialistas do(s) domínio(s) no qual(is) essa atividade está sendo realizada", de acordo com Pinto (2001, p. 229). Esse tipo de indexação baseia-se no julgamento, normalmente intuitivo, dos indexadores, em função do texto e do interesse para a sua comunidade de usuários.

■ **Automática** – "é uma indexação mecânica feita por meio de ferramentas de informática", segundo Pinto (2001, p. 227).

■ **Semiautomática** – segundo Pinto (2001, p. 227), "combina os dois tipos de indexação: humana e mecânica". Ela funciona da seguinte maneira: inicialmente, o sistema faz uma indexação automática dos documentos levando em conta as ocorrências das palavras mais frequentes no texto. Em um segundo momento, o indexador humano refina a lista dos descritores propostos pelo sistema fazendo os ajustes e/ou complementações necessárias.

Novellino (1996) comenta sobre o processo de indexação em três concepções:

1. Na concepção simplista – podem-se extrair automaticamente palavras ou expressões dos textos.

2. Na concepção voltada ao conteúdo (indexação de assuntos) – são identificados tópicos ou assuntos que não são explicitamente colocados na estrutura textual superficial de um documento, mas que são prontamente perceptíveis por um indexador. A análise de assunto focaliza o documento como uma fonte isolada de conhecimento, embora o indexador seguindo essa concepção possa considerar o contexto do documento: a coleção à qual ele pertence (intertextualidade).

3. Na concepção orientada à necessidade – os documentos são criados para a comunicação do conhecimento, e as entradas de assunto devem ser feitas para funcionar como instrumentos para mediar e traduzir esse conhecimento visível para quaisquer pessoas interessadas.

Pinto (2001, p. 228) afirma que:

> a maneira de indexar depende, naturalmente, do tipo de documento a indexar. Se tomarmos como exemplo uma monografia, como devemos indexá-la? Analisando o conteúdo predominante no documento, ou, de maneira mais fina, levando em conta, por exemplo, os capítulos, os parágrafos e as seções?

Nunes (2004, p. 54) relata que há um consenso na literatura em qualificar a indexação "como uma atividade especialmente complexa", pois não tem como falar de indexação sem falar na política de indexação. Rubi e Fujita (2003, p. 68 e 69) comentam que, "para Carneiro (1985, p. 231), os seguintes elementos devem ser considerados na elaboração de uma política de indexação": cobertura de assuntos; seleção e aquisição dos documentos-fonte; processo de indexação, abordando nível de exaustividade, de especificidade, escolha da linguagem e capacidade de revocação e precisão do sistema; estratégia de busca; tempo de resposta do sistema; forma de saída; e avaliação do sistema.

Pinto (2001, p. 230) cita exemplos de precisão, peso, fidelidade e linguagem do usuário, como: o documento intitulado "Fruticultura tropical no semiárido: manga e caju" deve ser indexado por Frutas cítricas? Manga? Caju? Qual desses termos possui peso maior? O indexador poderá usar termos aproximados? Como usar o termo Ciência para Científico. O indexador pode designar os termos de um índice em uma linguagem mais próxima da do usuário? Por exemplo: usar o termo Dor de cabeça para Cefaleia.

Nunes (2004, p. 57) relata que "a política de indexação disporá sobre o tratamento que será dado aos diferentes domínios disciplinares [...] – não há por que se indexar com a mesma profundidade os assuntos de todas as áreas". O autor (2004, p. 58) afirma que:

> Contudo, nem sempre é possível fazer a indexação utilizando apenas uma linguagem de indexação. Por exemplo, um tesauro de meio ambiente somente poderá ser utilizado para representar o conteúdo dos documentos sobre esse domínio disciplinar. Não se deve esquecer que os tesauros, por definição, são linguagens de indexação especializadas. Portanto, se o acervo da biblioteca abranger outros domínios disciplinares, será necessário recorrer a tantos tesauros quantos necessários forem para dar conta da totalidade dos assuntos. O mesmo não ocorre com as listas de cabeçalhos de assunto, que geralmente são gerais e vinculadas a algum sistema de classificação – e, por isso mesmo, mais populares entre bibliotecas públicas e escolares, por exemplo.

Rubi e Fujita (2003, p. 69) relatam que "a indexação pode ser observada em dois momentos distintos dentro do sistema: na entrada – no tratamento temático da informação; e na saída – na busca e recuperação da informação" e que a indexação comporta quatro operações distintas, as quais são: (1) conhecimento do conteúdo do documento; (2) escolha dos conceitos a serem representados, baseando-se na aplicação da regra da seletividade e exaustividade; (3) tradução dos conceitos selecionados da forma em que aparecem impressos no documento, para os descritores do tesauros aplicando a regra da especificidade; e (4) incorporação dos elementos sintáticos. Nesse contexto, Robredo (1991, p. 131) apresenta uma figura (ver Figura 38) que mostra o algoritmo simplificado do processo de indexação automática.

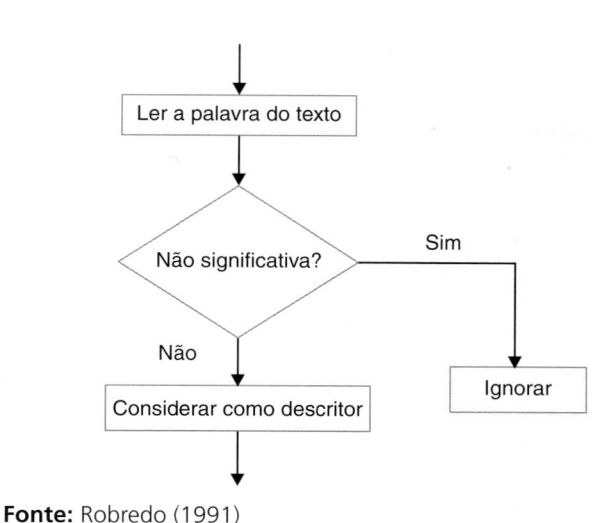

Fonte: Robredo (1991)

Figura 38 Processo de indexação automática

Pinto (2001, p. 233) comenta que:

> A atividade de indexação que visa a representação dos elementos do conteúdo de documentos deverá ser calcada em dois objetivos fundamentais: (1) objetivo teórico: estabelecer os mecanismos para a elaboração dos índices; (2) objetivo operacional: possibilitar a busca e a recuperação da informação.

5.3.2.3.1 Práticas da Atividade 3: Indexar

Algumas práticas que podem ser utilizadas para auxiliar nessa atividade são apresentadas a seguir.

- **Índice** – o índice, durante a busca, oferecerá pistas para que o usuário possa decidir, sem ver o documento primário, se ele irá considerá-lo ou não possível para responder à sua necessidade (PINTO, 2001).

- **Folksonomia** – segundo Catarino e Baptista (2007, p. 5) "folksonomia é a tradução do termo *folksonomy,* que é um neologismo criado em 2004 por Thomas Vander Wal, a partir da junção de *folk* (povo, pessoas) com *taxonomy*". As autoras (2007, p. 5) relatam que

> Folksonomia é o resultado da etiquetagem dos recursos da Web num ambiente social (compartilhado e aberto a outros) pelos próprios usuários da informação visando a sua recuperação. Destacam-se portanto três fatores essenciais: (1) é resultado de uma indexação livre do próprio usuário do recurso; (2) objetiva a recuperação *a posteriori* da informação e (3) é desenvolvida num ambiente aberto que possibilita o compartilhamento e, até, em alguns casos, a sua construção conjunta.

A folksonomia envolve a atribuição de etiquetas pelo próprio usuário, consistindo em um processo de indexação colaborativa. Catarino e Baptista (2007, p. 5) afirmam que:

> Etiquetagem significa atribuir etiquetas aos recursos da Web. Trata-se de uma indexação livre em linguagem natural, não são adotadas regras e/ou políticas de indexação e nem o controle de vocabulários, ou seja, não há efetivamente a tradução dos termos para uma linguagem artificial. Os conteúdos são indexados livremente pelos usuários do recurso, podendo representar assuntos ou quaisquer outros elementos de metadados tais como tipo ou formato.

5.3.3 Subetapa 2.3.3: Organização da informação

Esta subetapa envolve a definição das formas de organização das informações conforme mostra a Figura 39 abaixo, as quais consistem em organizar as informações contidas na interface do ambiente informacional digital de acordo com categoria de assuntos, tópicos, tarefa de usuários, público-alvo, metáforas, ordem alfabética, cronológica, geográfica, numérica e por sequência de passos.

5.3.3.1 Atividade 1: Definir as formas de organização da informação

Segundo Wurman (1991) e Rosenfeld e Morville (1998), as informações podem ser organizadas de várias formas, como mostram as práticas a seguir. Vale ressaltar que essas práticas correspondem às possíveis opções/formas de organizar a informação.

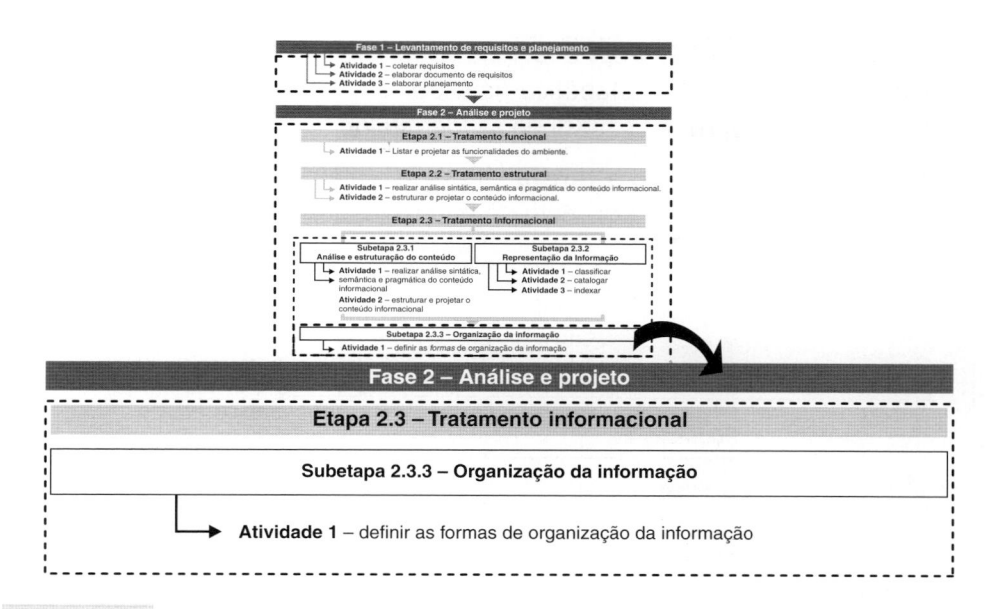

Figura 39 Destaque da Subetapa 2.3.3 – Organização da informação

5.3.3.1.1 Práticas da Atividade 1: Definir as formas de organização da informação

A organização da informação pode ser feita a partir da:

■ **Organização por categoria** – refere-se aos diferentes modelos, tipos ou até mesmo perguntas a serem respondidas. Nesse sentido, Rosenfeld e Morville (1998) comentam sobre alguns esquemas, como:

    ☐ **Esquema ambíguo por tópico** – é organizado por assunto, como mostra o exemplo da Figura 40.

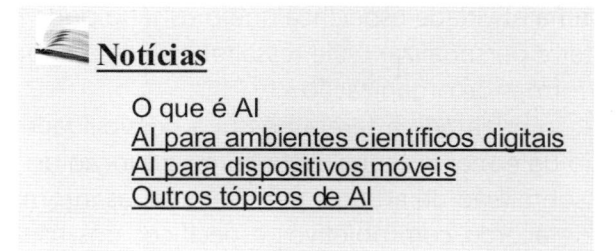

Figura 40 Exemplo de esquema ambíguo por tópico

A organização por tópicos é fácil de visualizar, já que temos assuntos não organizados por ordem alfabética nem por datas. Contudo, a organização orientada a tarefas é mais difícil de se identificar.

☐ **Esquema orientado a tarefa** – possuem aplicações nas quais os usuários podem interagir por meio de determinadas ações – ver Figura 41.

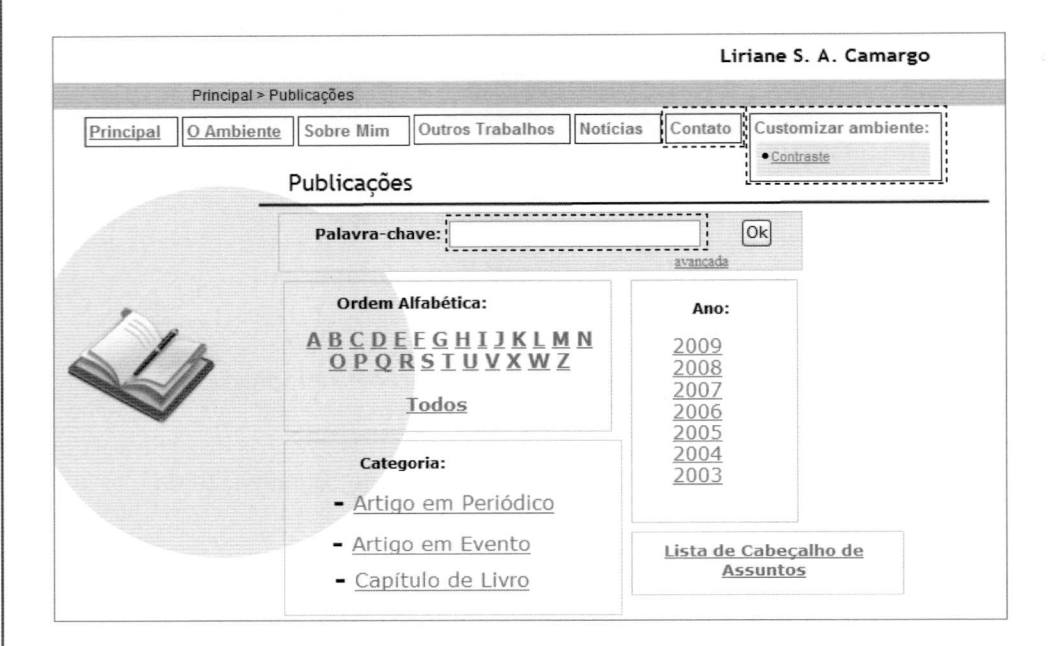

Figura 41 Exemplo de esquema ambíguo orientado a tarefa

No exemplo apresentado na Figura 41, pode-se identificar o link contato como sendo uma atividade específica que o usuário pode realizar e funções como consultar e personalizar. Vale ressaltar que essa figura também utiliza várias outras formas de organização.

A organização orientada a tarefa possui a possibilidade de realização de login por meio de e-mail e senha, bem como a função de pesquisa. Em um ambiente de submissão de artigos, por exemplo, as informações devem ser organizadas de acordo com objetivos específicos dos usuários, como visualização de datas importantes, de normas de apresentação de artigos e da própria função de submissão de arquivos.

☐ **Esquema específico a um público** – é organizado pelas características e pelos objetivos dos usuários. Os ambientes voltados para a acessibilidade possuem bem esse perfil, o qual direciona suas informações e funções para usuários com necessidades especiais, como a Biblioteca Virtual Miguel de Cervantes (http://bib.cervantesvirtual.com/seccion/signos/) e a Iniciativa da Universidade Federal de Santa Catarina (UFSC) Letra Libras (http://www.libras.ufsc.br/). Para o público surdo está sendo utilizado o signwriting, uma forma de escrita para a língua de sinais (ver exemplo na Figura 42).

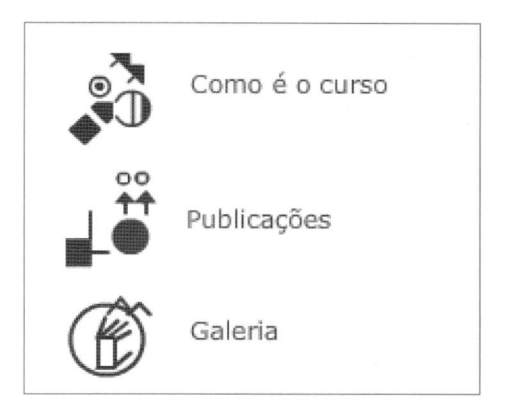

Figura 42 Exemplo de signwriting

☐ **Esquema dirigido a metáforas** – utiliza metáforas conhecidas pelo usuário para representar itens de informações. Ambientes infantis utilizam muito esse tipo de organização para atrair a atenção das crianças. As metáforas possuem uma linguagem apropriada juntamente com uma composição estética determinada (ver exemplos na Figura 43).

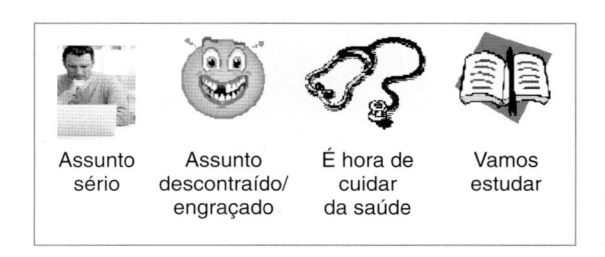

Figura 43 Exemplo de metáforas

■ **Organização por tempo** – funciona melhor como um princípio de organização para eventos que ocorrem em intervalos fixo, tais como convenções. Nesse sentido, Rosenfeld e Morville (1998) comentam sobre o sistema exato cronológico (organizado por ordem de datas – ver Figura 44).

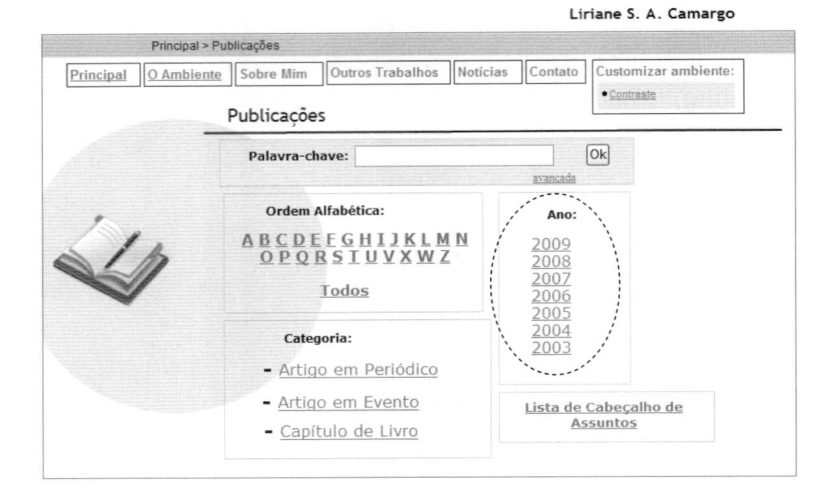

Figura 44 Exemplo de esquema exato cronológico

■ **Organização por localização** – envolve informações vindas de diferentes fontes ou locais. Nesse sentido, Rosenfeld e Morville (1998) comentam sobre o sistema exato geográfico (organizado por ordem de locais – ver Figura 45).

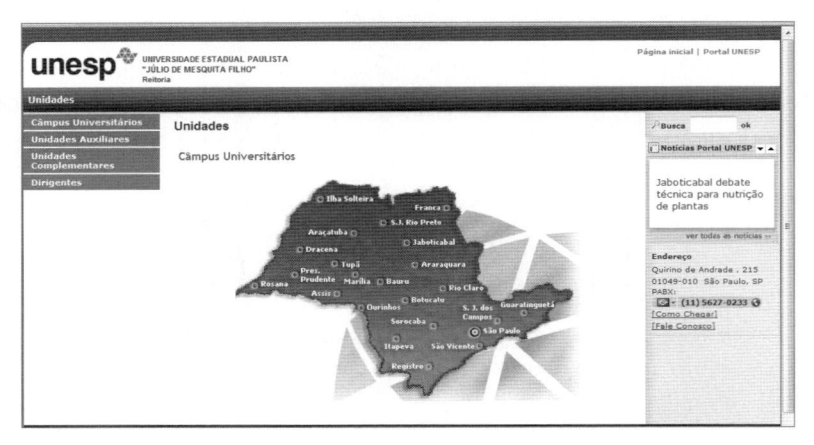

Fonte: http://www.unesp.br/unidades/

Figura 45 Exemplo de esquema exato geográfico

■ **Organização alfabética** – presta-se para grandes conjuntos de informação, como as palavras de um dicionário ou os nomes em uma lista telefônica. Nesse sentido, Rosenfeld e Morville (1998) comentam sobre o sistema exato alfabético (organizado por ordem alfabética – ver Figura 46).

Figura 46 Exemplo de esquema exato alfabético

■ **Organização por sequência** – organiza os itens por ordem de grandeza (por exemplo, do menor ao maior, do mais barato ao mais caro) ou de importância (ver Figura 47).

Figura 47 Exemplo de organização por sequência

O tipo de organização não é exclusivo; pelo contrário, podem-se combinar várias formas de organização em um ambiente informacional digital, como mostram algumas das figuras já apresentadas, em que documentos podem ser recuperados por categorias, ou seja, são organizados por tópicos e também podem ser recuperados por data (ano), ordem alfabética e palavras-chave.

Podemos utilizar em um único ambiente informacional digital várias formas de organização da informação, as quais devem ser realizadas de acordo com a necessidade do ambiente e do público-alvo.

5.4 ETAPA 2.4: TRATAMENTO NAVEGACIONAL

Pressman (2006) afirma que o projeto de navegação define os caminhos de navegação que permitem ao usuário acessar o conteúdo e serviços do ambiente. O projeto navegacional deve ser projetado considerando os usuários, de modo a abordar o contexto, a hierarquia e os perfis dos mesmos. Para auxiliar essa atividade, Pressman (2006, p. 444) relata que casos de uso (já apresentados anteriormente) podem ser desenvolvidos e relacionados para cada categoria de usuário. Assim "cada ator pode usar a WebApp[3] de forma um tanto diferente e assim ter diferentes necessidades de navegação".

As atividades dessa etapa são apresentadas na Figura 48.

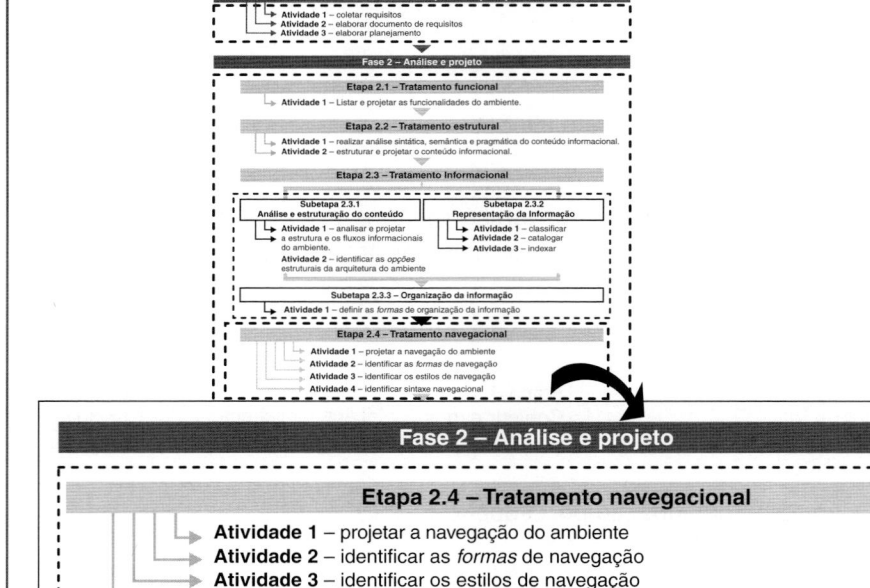

Figura 48 Destaque da Etapa 2.4 – Tratamento navegacional

---

3   Pressman (2006) considera WebApp como ambiente ou aplicação Web.

A Etapa 2.4 envolve quatro atividades, as quais correspondem a: projetar a navegação, identificar as formas de navegação, apontar os estilos de navegação e estabelecer a sintaxe organizacional do ambiente.

5.4.1 Atividade 1: Projetar a navegação do ambiente

Esta atividade consiste em apresentar o projeto de navegação do ambiente, envolvendo o caminho que o usuário realiza para chegar até a informação desejada.

5.4.1.1 Prática da Atividade 1: Projetar a navegação do ambiente

■ **Mapa do site** (ou *site path diagram*) – segundo Oliveira (2005), o mapa navegacional estrutura-se como uma página a mais do website, em que estão os nomes de todas as seções, a fim de auxiliar o usuário a encontrar a informação, serviço ou produto que procura. Para se fazer compreensíveis, esses mapas apresentam elementos visuais muito comuns aos do próprio website, principalmente na disposição das seções e na indicação de seus subníveis. Um exemplo dessa prática é apresentado na Figura 49.

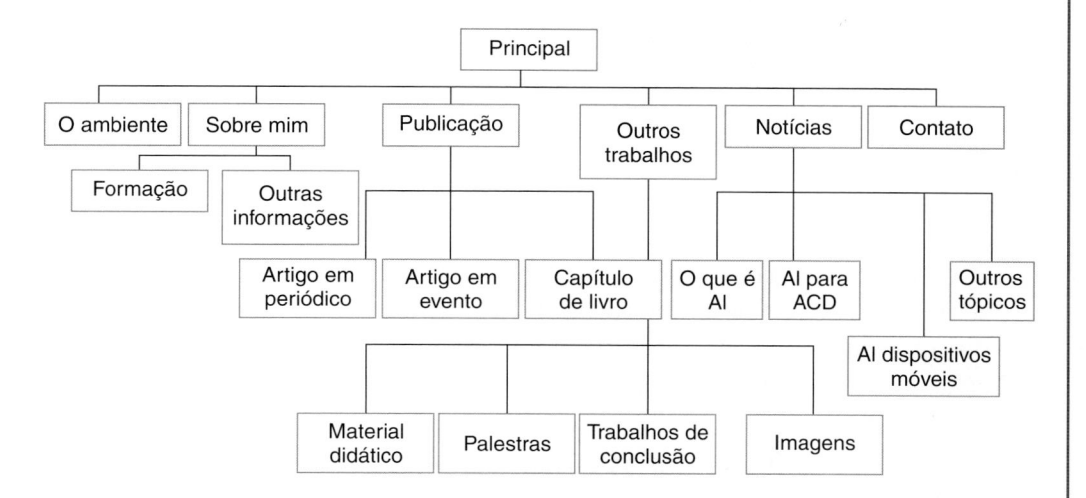

Figura 49 Exemplo de mapa do site

O mapa do site mostra todos os links e caminhos existentes dentro do ambiente para auxiliar o usuário, enquanto o BluePrint mostra, além dessas informações, relacionamentos com outros tipos de componentes, como um banco de dados ou um serviço ou princípio específico.

■ **BluePrint** – mostra relacionamentos entre páginas e outros componentes de conteúdo e podem ser usados para descrever sistemas de organização, navegação e rotulagem. É considerado um fluxograma de navegação e são referenciados como mapas do site à representação da navegação do site. Um exemplo de BluePrint está apresentado na Figura 50.

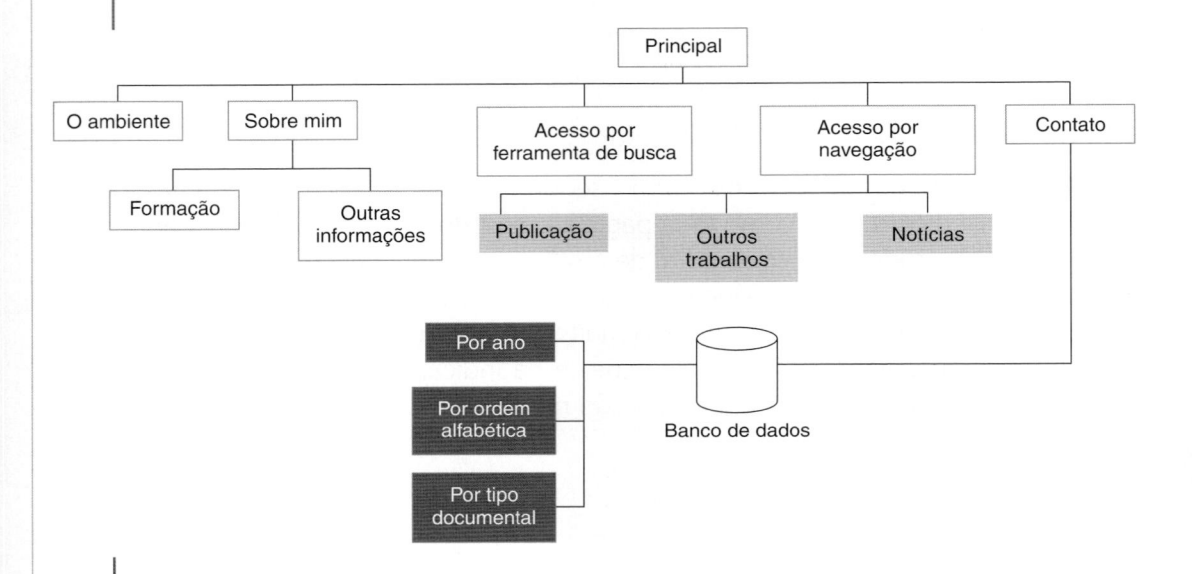

Figura 50 Exemplo de BluePrint

O BluePrint é considerado um fluxograma de navegação, podendo representar os sistemas de organização, busca, rotulagem e navegação. Pode-se perceber na Figura 50 que o diagrama, além de representar categorias de links, abrange componentes que representam páginas e banco de dados.

5.4.2 Atividade 2: Identificar as formas de navegação

Esta atividade consiste em identificar as formas de navegação, que podem ser: local, global e *ad hoc,* segundo Rosenfeld e Morville (1998). Além disso, Macedo (2005) afirma que a navegação pode ser contextual, suplementar e avançada e Donati, Carvalho e Prado (1997) comentam que a navegação pode ser interna e externa. Essa formas são apresentadas a seguir.

5.4.2.1 Práticas da Atividade 2: Identificar as Formas de Navegação

As formas de navegação podem ser:

■ **Navegação local** – consiste em informações/menus que permanecem presentes na tela somente enquanto determinado assunto está sendo abordado (ver Figura 51).

■ **Navegação global** – consiste na complementação do sistema hierárquico, possibilitando menus fixos, que são apresentados aos usuários independentes da página ou local que o mesmo se encontra dentro do ambiente (ver Figura 51).

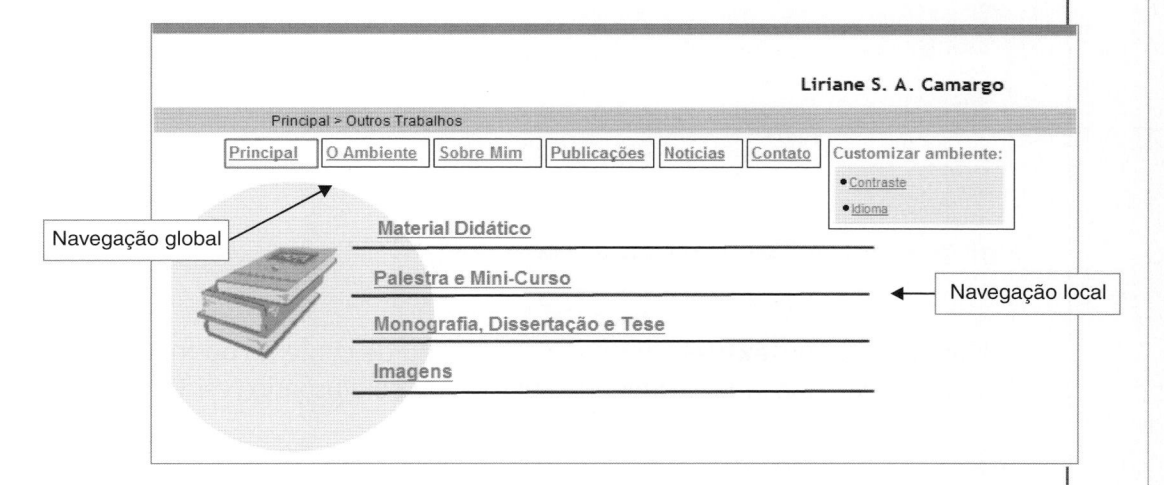

Figura 51 Exemplo de navegação local e global

A navegação global inclui os menus fixos (conforme é mostrado na parte superior da Figura 51) e, para acessar a navegação local, é necessário entrar em uma página ou links específicos (conforme é mostrado no centro da Figura 51). Para visualizar as opções Material Didático ou Imagens, o usuário deve acessar a opção Outros Trabalhos, a qual faz parte da navegação global, pois é visível ao usuário em qualquer página. Sendo assim, as opções localizadas nessa página específica compõem menus locais.

■ **Navegação *ad hoc*** – conhecida por disponibilizar links inseridos nas frases dos próprios textos, fornecendo informações adicionais e ligações entre várias páginas (ver Figura 52).

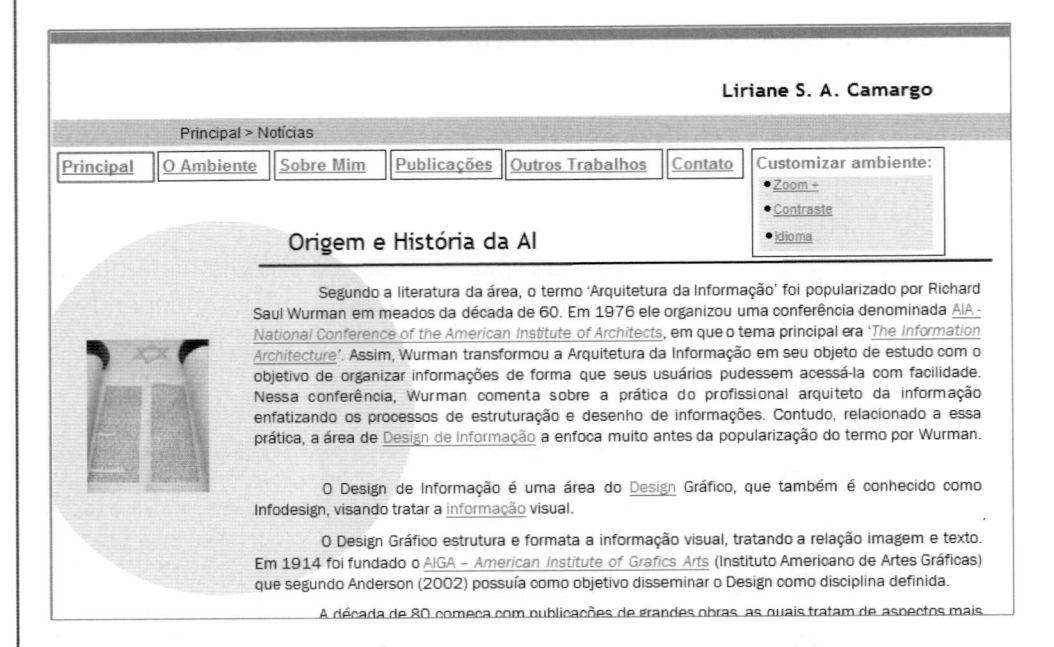

Figura 52 Exemplo de navegação *ad hoc*

■ **Navegação contextual** – apresenta um menu de contexto ou trilha de navegação para mostrar o caminho já percorrido pelo usuário (Ver Figura 53).

Principal > Outros Trabalhos > Material Didático

Figura 53 Exemplo de navegação contextual

Além desses tipos de navegação, podem-se ainda utilizar:

■ **Navegação suplementar** – permite ao usuário navegar por meio de vários recursos, disponibilizando mais de um recurso ou caminho de busca. Assim, os sistemas de navegação podem utilizar elementos integrados como barra de navegação, frames, menus e links, além de elementos suplementares como tabela de conteúdo, índices, guia, mapa do site e ferramenta de busca.

■ **Navegação avançada** – envolve sistemas de personalização, abordando a navegação social, que consiste na divisão do sistema social, e a navegação visual, que consiste no acesso a um item por meio de apenas um clique ou da navegação por tags.

■ **Navegação interna** – ocorre dentro do mesmo ambiente, onde uma estrutura mantém o usuário navegando através dos pontos interligados nas páginas.

■ **Navegação externa** – conduz o usuário para outro ambiente, com outro endereço e com possibilidade de retorno externo ao utilizar recursos de software (comando *back*) ou com links de retorno.

5.4.3 Atividade 3: Identificar os estilos de navegação do usuário

Esta atividade consiste na forma como o usuário pode interagir com o ambiente. Segundo Sommerville (2007, p. 241), os estilos primários de interação consistem nas práticas descritas a seguir.

5.4.3.1 Práticas da Atividade 3: Identificar os estilos de navegação do usuário

Algumas práticas que podem ser utilizadas para definir os estilos de navegação dos usuários são:

■ **Manipulação direta** – envolve um dispositivo apontador, como um mouse, que indica o objeto a ser manipulado, e a ação, que especifica o que deve ser feito com esse objeto.

■ **Seleção de menu** – o usuário seleciona um comando de uma lista de possibilidades.

■ **Preenchimento de formulários** – o usuário preenche os campos de um formulário.

■ **Linguagem de comando** – o usuário emite um comando especial e parâmetros associados para instruir um sistema sobre o que fazer.

■ **Linguagem natural** – o usuário emite um comando em linguagem natural.

Exemplos dessas práticas podem ser visualizados na Figura 54.

Podemos verificar na Figura 54 duas imagens. A primeira corresponde a uma página do ambiente que possui menus e uma ferramenta de busca em que o usuário precisa digitar termos a ser pesquisados, podendo permitir também comandos como operadores booleanos para elaborar estratégias de busca. Para a seleção dos menus e links, é necessário que o usuário tenha uma manipulação direta com o ambiente por meio de um mouse. A segunda imagem corresponde a uma página que possibilita ao usuário enviar um comentário por meio do preenchimento de campos como nome e e-mail, permitindo ainda que ele escreva um comentário com linguagem natural.

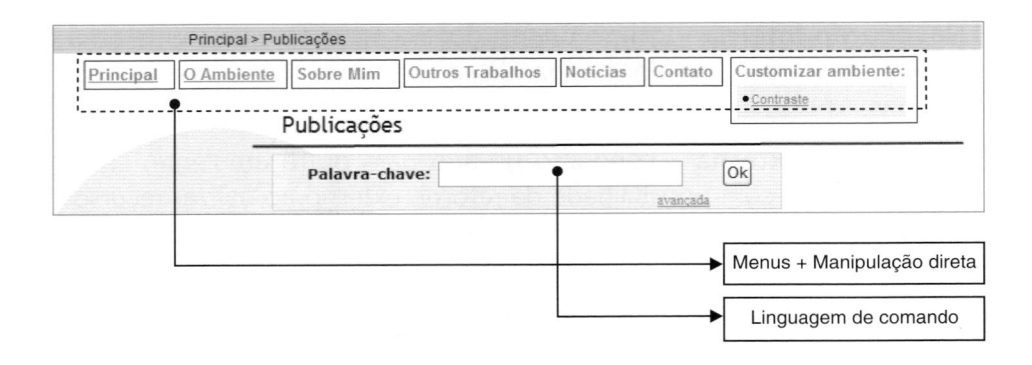

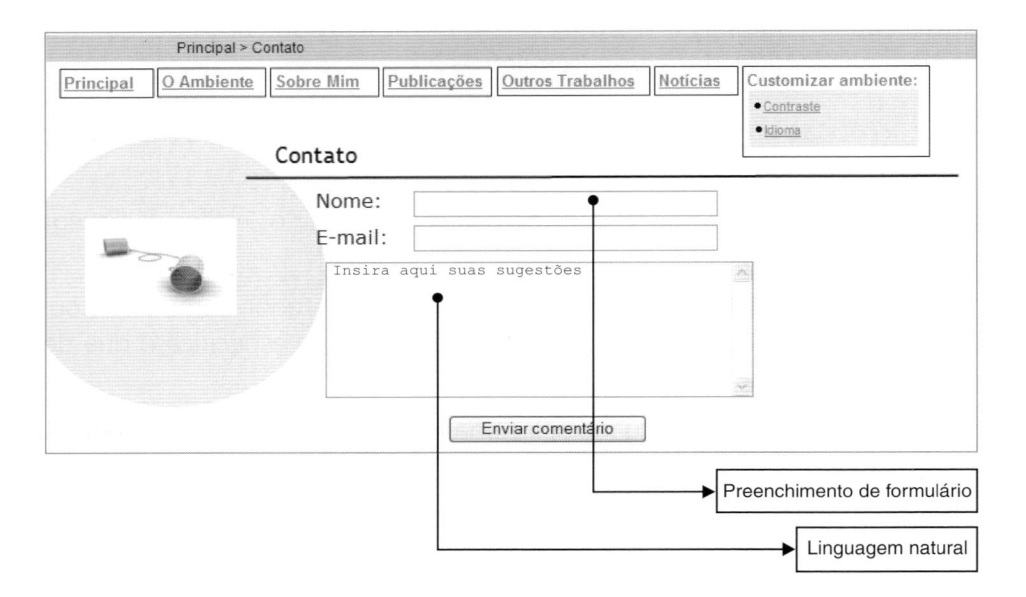

Figura 54 Exemplo de estilos de navegação

Definido o estilo de interação, com base na análise estrutural e navegacional, podemos identificar as opções de sintaxe navegacional, consistindo na quarta e última atividade.

5.4.4 Atividade 4: Identificar sintaxe navegacional

Esta atividade, segundo Pressman (2006, p. 445), envolve mecanismos de navegação que são definidos "à medida que o projeto prossegue". Alguns desses mecanismos são apresentados a seguir.

5.4.4.1 Práticas da Atividade 4: Identificar sintaxe navegacional

Para definir a sintaxe navegacional do ambiente podem-se utilizar:

- **Link individual de navegação** – vínculos baseados em texto, botões e chaves, e metáforas gráficas.

- **Barra de navegação horizontal** – relaciona as principais categorias de conteúdo ou funcionais em uma barra que contém os links adequados.

- **Coluna vertical de navegação** – disponibiliza as principais categorias de conteúdo ou funcionais ou exibe virtualmente todos os principais objetos de conteúdo do ambiente.

A Figura 55 apresenta alguns exemplos de sintaxe navegacional.

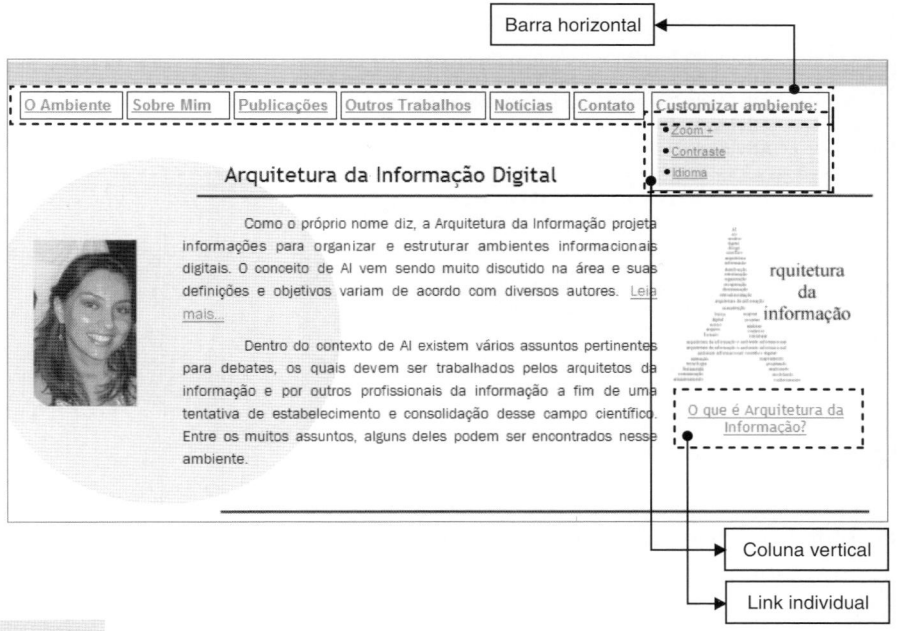

Figura 55 Exemplo de estilos de navegação

Na Figura 55, podemos notar menus disponibilizados de forma horizontal e, no último menu, podemos verificar a existência de submenus disponibilizados de forma vertical, bem como a existência de links individuais pela página. Geralmente, a sintaxe navegacional por meio de coluna vertical de navegação consiste em links ou menus disponibilizados em uma coluna inserida em uma localização estratégica da página.

5.5 ETAPA 2.5: TRATAMENTO VISUAL

Esta etapa está relacionada ao tratamento da aparência do ambiente, em que devem ser considerados os componentes visuais de interface, envolvendo princípios de design, ergonomia e HCI (interação homem-máquina).

A Figura 56 apresenta as atividades envolvidas nesta etapa.

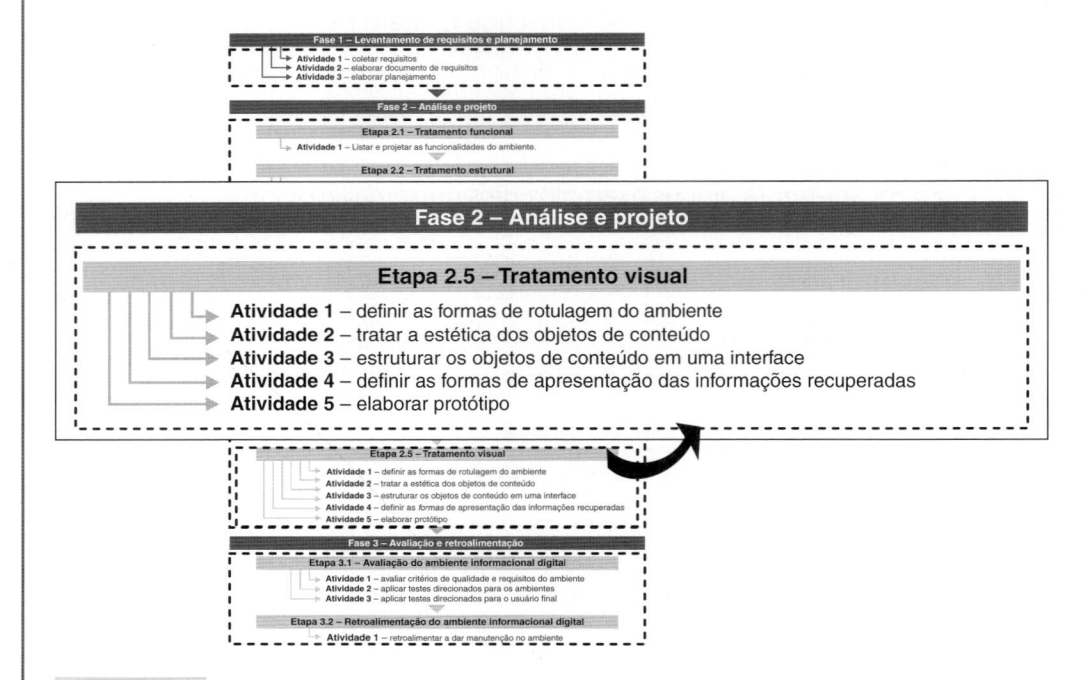

Figura 56 Destaque da etapa 2.5 – Tratamento visual

Esta etapa envolve cinco atividades, as quais correspondem a: definir as formas de rotulagem, tratar a estética dos objetos de conteúdo, estruturar os objetos de conteúdo em uma interface, definir as formas de apresentação das informações recuperadas e elaborar um protótipo do ambiente.

5.5.1 Atividade 1: Definir as formas de rotulagem do ambiente

Esta atividade define as formas de rotulagem do ambiente, em que os rótulos devem representar corretamente o conteúdo de informações para que o usuário navegue de maneira satisfatória pelo ambiente.

5.5.1.1 Práticas da Atividade 1: Definir as formas de rotulagem do ambiente

Morville e Rosenfeld (2006) comentam que o sistema de rotulagem pode ser textual, iconográfico e misto, conforme mostram as práticas a seguir:

■ **Textual** – envolvem rótulos em forma de textos.

■ **Iconográfico** – envolvem rótulos em forma de ícones/imagens.

■ **Misto** – envolve a rotulagem textual e iconográfica.

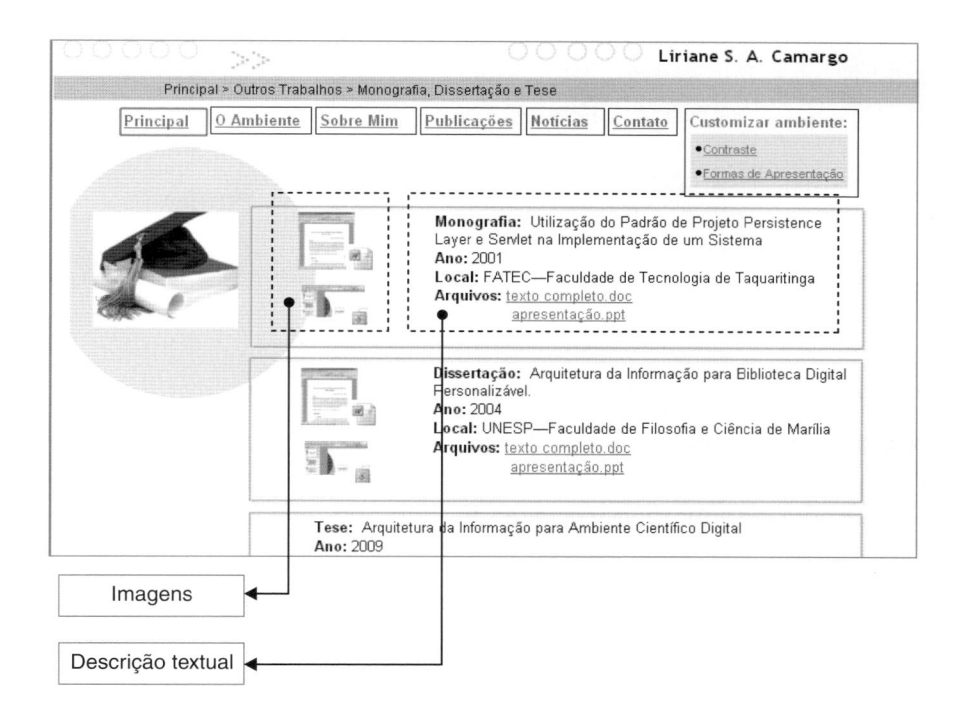

Figura 57 Exemplo de rotulagem mista e tratamento estético da forma de apresentação dos objetos digitais

A Figura 57 apresenta um exemplo de tratamento visual de conteúdo envolvendo uma rotulagem mista, em que foi definido que cada documento disponibilizado no ambiente será acompanhado de um ícone representativo, sendo esse a imagem visual em tamanho reduzido da primeira página do mesmo juntamente com o símbolo do formato do arquivo. Esses ícones devem ser visualizados no catálogo do ambiente.

Outro exemplo é apresentado na Figura 58, que envolve a disponibilização de uma imagem, em que é apresentada a própria imagem em um tamanho reduzido juntamente com uma breve descrição da mesma.

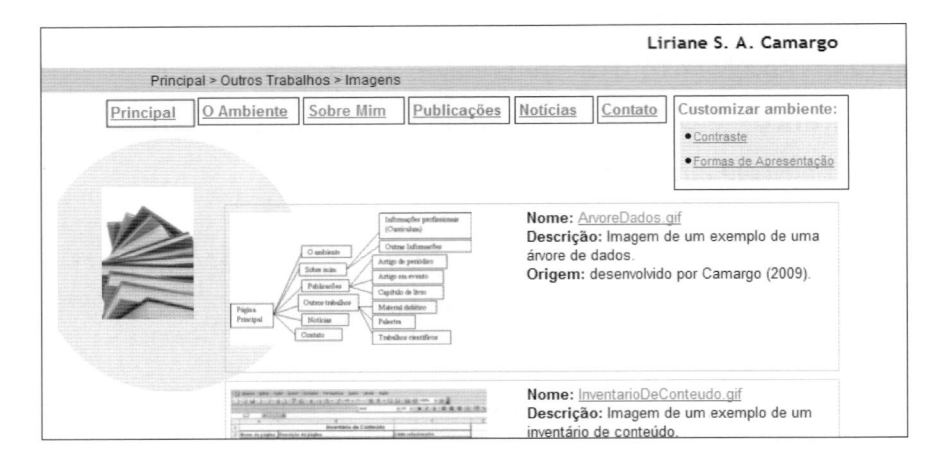

Figura 58 Exemplo de apresentação de um objeto imagético

Além desses tipos de rotulagem, pode-se utilizar também a:

■ **Exploração de metáforas** – consiste em fazer um mapeamento criativo de conceitos novos em conceitos familiares, como pode ser visto na Figura 59. Em relação a esse método, Oliveira (2005, p. 43) relata:

> Responsável pela quase totalidade de acessos à Web, os microcomputadores acabaram por contribuir com o desenvolvimento e a caracterização formal dos ambientes no ciberespaço. As metáforas de papéis, arquivos, pastas, cestas de lixo, entre outras, tentam transpor ao ambiente gráfico dos sistemas operacionais uma representação de elementos comuns ao mundo analógico, que já estavam profundamente enraizados no dia a dia dos trabalhadores pelo mundo todo.

Fonte: Barra de ferramenta do Word

Figura 59 Exemplos de utilização de metáforas

A Figura 59 mostra ícones que representam de forma intuitiva duas funcionalidades. Por exemplo, o disquete é uma metáfora para salvar um documento, assim como a impressora representa a impressão do documento em questão. A segunda e a terceira atividades desta fase encontram-se a seguir.

5.5.2 Atividade 2: Tratar a estética dos objetos de conteúdo

Nesta atividade devem ser identificados todos os objetos de conteúdos por meio de uma lista ou inventário de objetos de conteúdo e deve-se ainda projetar sua aparência.

5.5.2.1 Práticas da Atividade 2: Tratar a estética dos objetos de conteúdo

Para tratar a estética dos objetos de conteúdo podemos utilizar a seguinte técnica:

- **Branding** – é um trabalho de construção de uma marca junto ao mercado para ser reconhecida, de forma que o produto que seja rotulado por aquela marca transmita confiança ao consumidor. Com relação a isso, Batley (2007, p. 155) comenta sobre gráficos que incluem ilustrações, animações, vídeos e fontes para construção de um design clássico. A autora cita o exemplo do Google, que tem o propósito de disponibilizar a busca em uma localização de fácil acesso, não distraindo o usuário com animações e propagandas. Um exemplo é apresentado na Figura 60, em que um objeto de conteúdo é elaborado para representar uma marca.

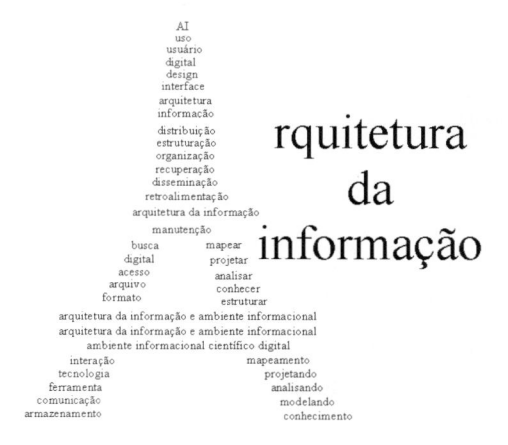

Figura 60 Exemplo de imagem elaborada por meio de branding

Posterior a isso, deve-se estruturar o conteúdo na interface conforme mostra a próxima atividade.

5.5.3 Atividade 3: Estruturar os objetos de conteúdo em uma interface

Esta atividade envolve estruturar os objetos de conteúdo em uma interface, posicionando os objetos de conteúdo de forma intuitiva e usável.

5.5.3.1 Práticas da Atividade 3: Estruturar os objetos de conteúdo em uma interface

Para estruturar o conteúdo na interface, podem-se utilizar:

■ **Wireframes** – representados como uma página individual ou template que deve aparecer a partir de uma perspectiva arquitetural. Um exemplo dessa prática é apresentado na Figura 61.

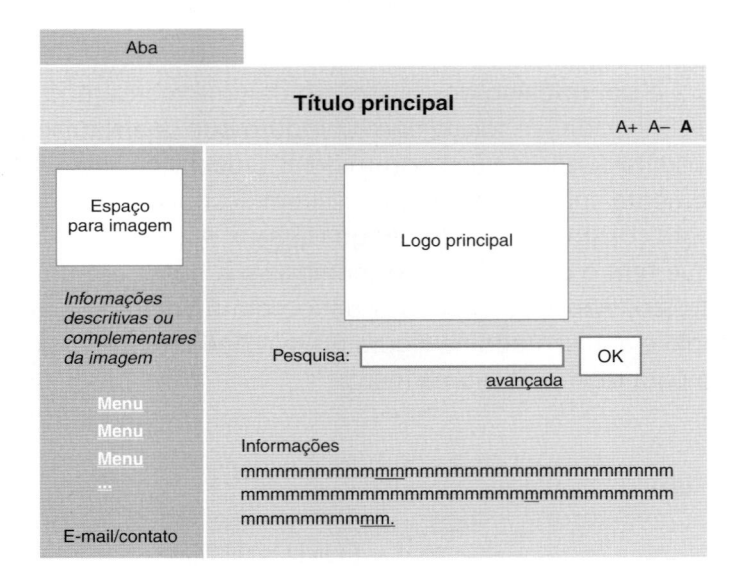

Figura 61 Exemplo de um wireframe

5.5.4 Atividade 4: Definir as formas de informações recuperadas

Nesta atividade devemos definir as formas de informações recuperadas, projetando como as informações serão apresentadas para o usuário final.

5.5.4.1 Práticas da Atividade 4: Definir as formas de informações recuperadas

Segundo Camargo (2004), as informações recuperadas podem ser apresentadas conforme indicam as práticas a seguir:

■ **Lista com descrição** – apresenta as informações em forma de lista contendo informações dos objetos digitais, conforme mostra a Figura 62. Podem-se
visualizar título, evento, local, autor(es) e um resumo sucinto.

Título: Arquitectura de la Información para ambientes informacionales digitales:
integración de servicios de personalización y customización
Evento: IBERSID **Local:** Espanha
Autoras: CAMARGO, L S A, VIDOTTI, S A B G.
Resumo:
La Arquitectura de la Información (AI) auxilia el desarrollo de ambientes
informacionales digitales buscando contribuir con la interacción usuario-sistema. Sin
embargo, abordajes dirigidos a los usuarios deben considerar la gran cantidad de
websites y de perfiles de usuarios existentes en la web. Así, servicios de
personalización y customización son importantes para recuperación y uso
informacional. Basado en ese contexto, este trabajo pretende presentar tales
servicios como módulos integrantes de una arquitectura de información para
ambientes informacionales digitales. La propuesta de integrar eses servicios en la AI
consiste en presentarlos en una estructura única (como un catálogo de tipos de
servicios), considerando que no fueron encontrados en la literatura exploraciones de
esos tipos de servicios existentes en la web de forma a auxiliar a los arquitectos de la
información en la selección e implantación de los mismos.

Título: Arquitetura da Informação Digital em Ambientes Científicos e Acadêmicos
Evento: EDIBCIC **Local:** Portugal
Autoras: CAMARGO, L S A, VIDOTTI, S A B G.
Resumo: A Arquitetura da Informação (AI) visa auxiliar o desenvolvimento de
ambientes digitais por meio do oferecimento de um conjunto de princípios, processos

Figura 62 Formas de apresentação da informação em lista com descrição

■ **Lista sem descrição** – Apresentam as informações recuperadas em forma
de lista contendo apenas o caminho que leva a informação ou ao objeto
digital conforme pode ser visualizado na Figura 63.

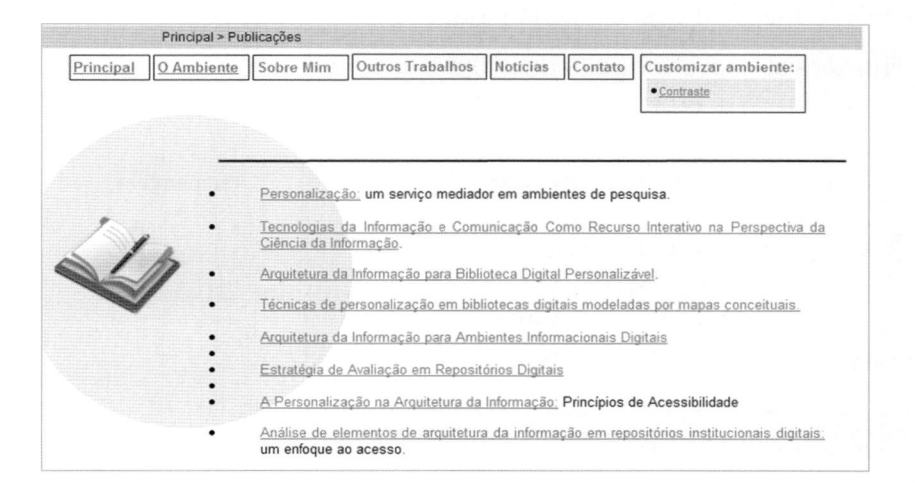

Figura 63 Formas de apresentação da informação em lista sem descrição

■ **Mapas ou redes** – apresenta as informações recuperadas em forma de mapa ou rede, com ícones ou/e links interligados, como mostra a Figura 64.

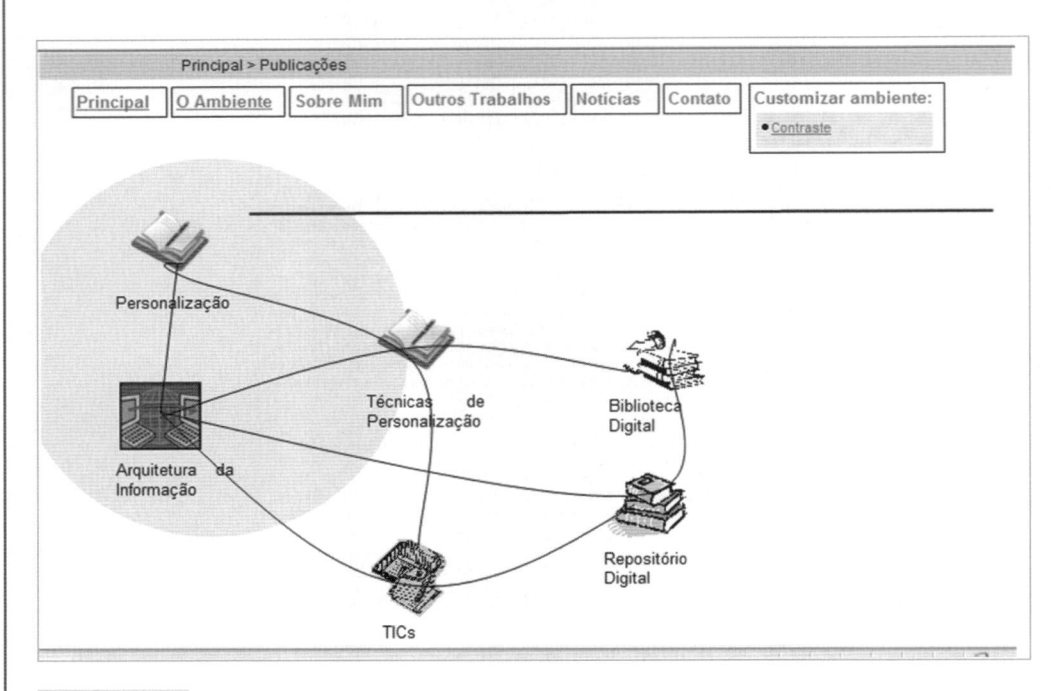

Figura 64 Formas de apresentação da informação em mapas ou redes

Sommerville (2007, p. 247) comenta também sobre uma forma de apresentação da informação a qual ele denomina:

■ **Numérica** – envolve resultados numéricos como mostra a Figura 65.

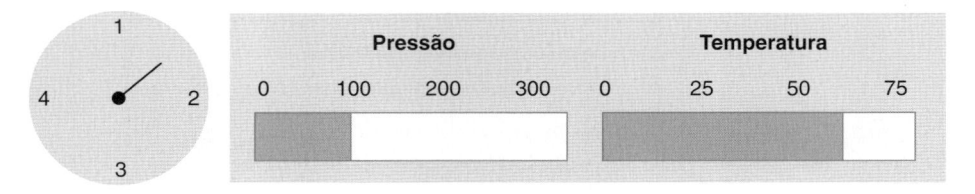

Fonte: Adaptado de Pressman (2006)

Figura 65 Forma de apresentação da informação numérica

As informações recuperadas ou apresentadas pelo ambiente digital podem ser organizadas de diversas formas como já foi apresentado. Em muitos ambientes informacionais digitais, a ordem dos resultados se dá pela prioridade e relevância do documento em relação ao termo pesquisado (em alguns casos isso é decidido pelo número de acesso ou citação do documento em questão) dependendo da política determinada pelo ambiente.

A Figura 66 apresenta exemplos de várias formas de apresentação da informação recuperada utilizadas em um mesmo ambiente, pois assim como é possível combinar várias formas de organização da informação, é possível também combinar várias formas de apresentação da informação em uma interface.

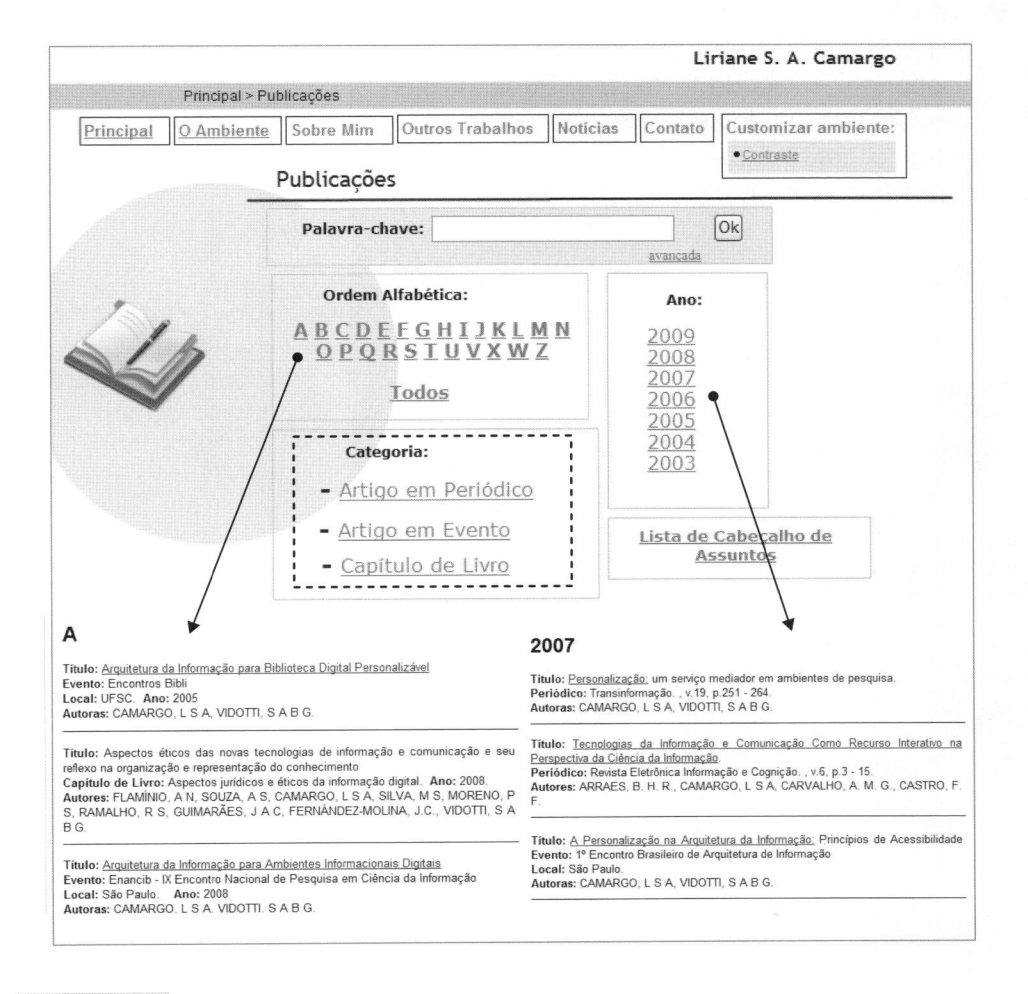

Figura 66 Exemplos de formas de apresentação da informação

Na Figura 66, podemos verificar que as informações são apresentadas por ordem alfabética, categorias e ordem cronológica (por ano).

5.5.5 Atividade 5: Elaborar protótipo

A última atividade desta subetapa consiste em elaborar protótipo, que envolve a união de tudo o que foi abordado nas fases anteriores em um protótipo.

5.5.5.1 Práticas da Atividade 5: Elaborar protótipo

Algumas práticas para apresentar protótipos são:

■ **Mock-up** – são esboços muito simplificados das páginas especificando elementos principais e considerando os elementos gráficos como combobox, optionbox, caixa de texto, frames, abas, menus, botão, barras de rolagem etc. As páginas do ambiente são capturadas compondo a documentação do projeto. Essa prática pode ser utilizada para mostrar a aparência/interface do ambiente como mostra a Figura 67.

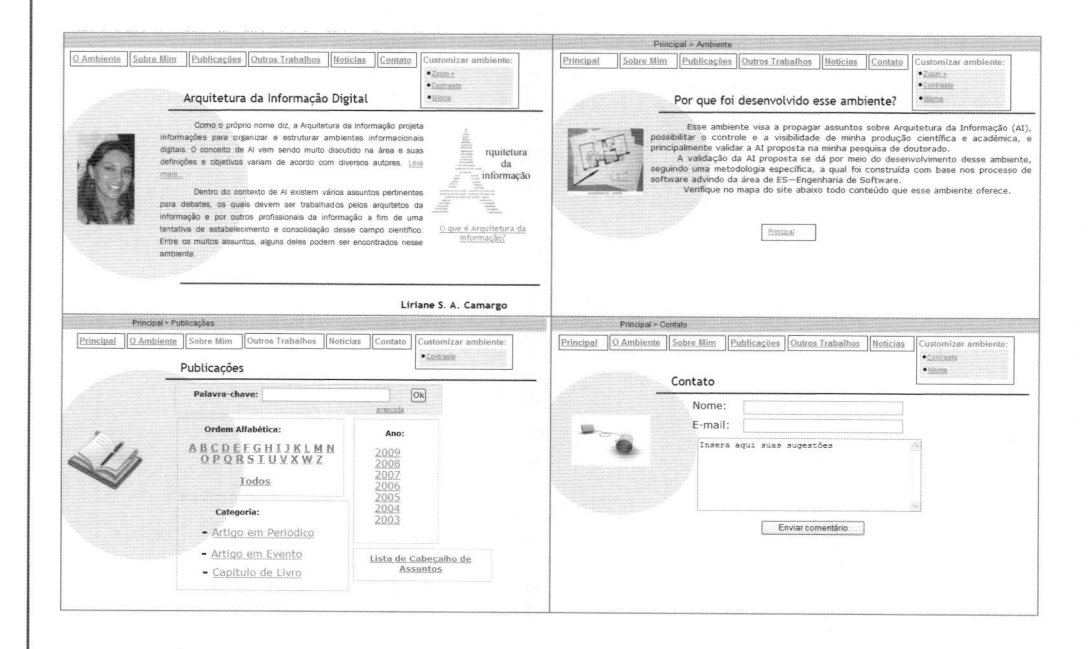

Figura 67 Exemplo de mock-ups

Para finalizar o projeto, podem-se ainda mapear alguns objetivos e/ou atividades que o usuário pode realizar no ambiente para verificar a utilização das interfaces.

■ **Mapeamento dos objetivos do usuário nas ações de interface** – segundo Pressman (2006, p. 437), esse mapeamento deve ser feito para projetar os fluxos de trabalho da interface, sendo necessário: revisar a informação contida na análise e refiná-la, mapear os objetivos dos usuários, definir um conjunto de tarefas, refinar o layout da interface, identificar os objetos visuais, desenvolver uma representação procedimental da interação do usuário com a interface e uma representação comportamental da interface, descrever o layout da interface em cada estado e refinar o projeto de interface. A Figura 68 ilustra essa prática.

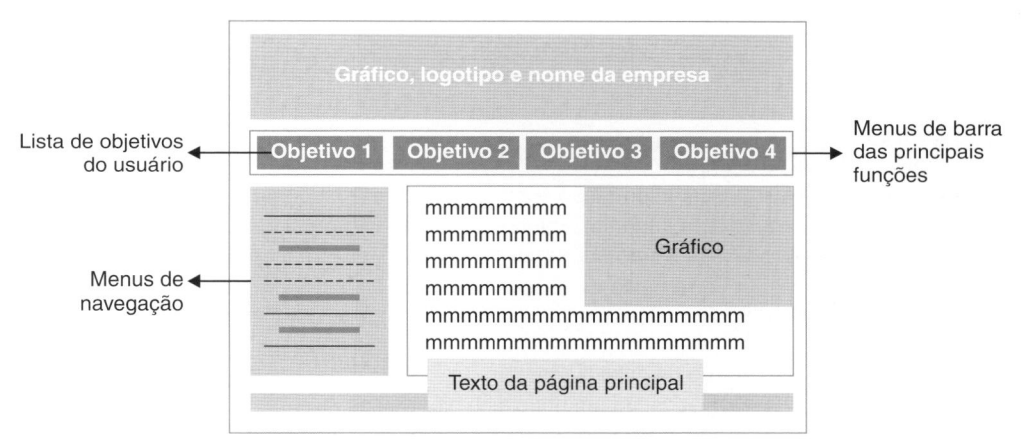

Fonte: Adaptado de Pressman (2006).

Figura 68 Exemplo de mapeamento dos objetivos do usuário nas ações de interface

A Figura 68 representa uma possível interação do usuário com o sistema a partir de definição de objetivos dos usuários. Assim, o arquiteto da informação pode fazer uma análise mais conclusiva, verificando as possíveis atividades que podem ser feitas no ambiente, considerando a estruturação do conteúdo, a navegação e a interface do ambiente.

Outro exemplo desse mapeamento é apresentado na Figura 69.

O mapeamento de objetivos nas ações de interfaces auxilia na confirmação da projeção das interfaces de acordo com os requisitos coletados.

Exemplo de mapeamento de objetivos dos usuários

5.6 EXERCÍCIOS PROPOSTOS

1 – Baseado no levantamento de requisitos realizado no capítulo anterior em que um documento foi gerado com as informações necessárias para entendimento do ambiente, elabore casos de uso em que interações do usuário com o sistema são projetadas.

2 – Entendido o sistema e as ações que os usuários devem realizar, elabore um diagrama de contexto mostrando todas as informações que devem entrar e sair do sistema.

3 – Determine quais estruturas de arquitetura do ambiente podem ser utilizadas no sistema descrito no levantamento de requisitos e as aponte em quais páginas isso deve ocorrer. Por exemplo: na página principal será utilizada a estrutura de arquitetura em rede, em que hipertextos levarão as outras páginas, bem como uma arquitetura hierárquica, em que categorias deverão ser acessadas para chegar ao conteúdo desejado.

4 – Elabore um texto com as informações que deverão ficar na página principal, considerando a análise sintática, semântica e pragmática desse conteúdo.

5 – Faça uma auditoria de conteúdo, identificando onde ficarão os componentes visuais e o conteúdo elaborado na questão acima.

6 – Identifique quais serão os documentos (arquivos) que você irá disponibilizar no ambiente e os classifique de acordo com algum critério de sua escolha utilizando-se da prática do card sorting.

7 – Elabore ainda uma representação descritiva para cada documento utilizando como base o Dublin Core (DC).

8 – Para cada documento faça uma indexação simples, selecionando as palavras-chave e a partir disso elabore uma lista de cabeçalho de assunto.

9 – Determine como as informações de cada página serão organizadas utilizando-se das várias formas de organização da informação apresentadas na subetapa 2.3.3.

10 – Elabore um mapa do site baseado em toda informação já coletada e analisada.

11 – Determine quais serão as formas de navegação de cada página de acordo com as práticas apresentadas na seção 5.4.1.1.

12 – Identifique os estilos de navegação do usuário de acordo com as práticas apresentadas na seção 5.4.3.1.

13 – Identifique a sintaxe navegacional do ambiente de acordo com as práticas apresentadas na seção 5.4.4.1.

14 – Defina as formas de rotulagem do ambiente de acordo com as práticas apresentadas na seção 5.5.1.1.

15 – Trate a estética de um objeto de conteúdo por meio da prática branding, considerando que esse será o logotipo de sua página.

16 – Faça um wireframe da página principal de seu ambiente.

17 – Identifique como a representação descritiva dos documentos deverá ser apresentada. Para isso, pode-se utilizar várias formas de apresentação da informação recuperada de acordo com as práticas apresentadas na seção 5.5.4.1.

18 – Baseado em tudo o que foi realizado, projete as interfaces, implementando-as em um software específico.

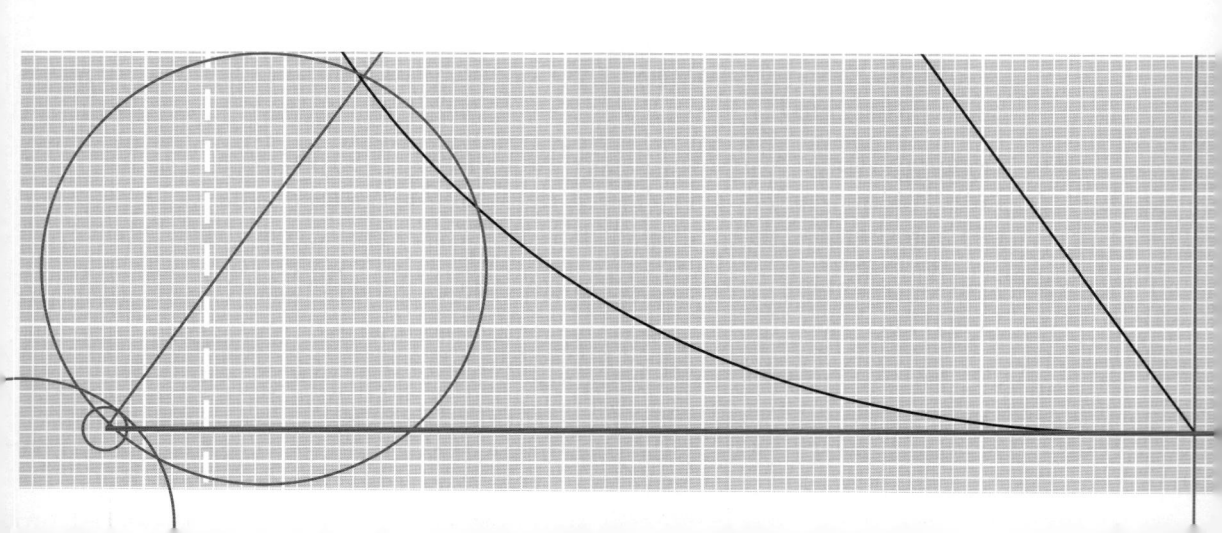

Capítulo 6

Avaliação e retroalimentação

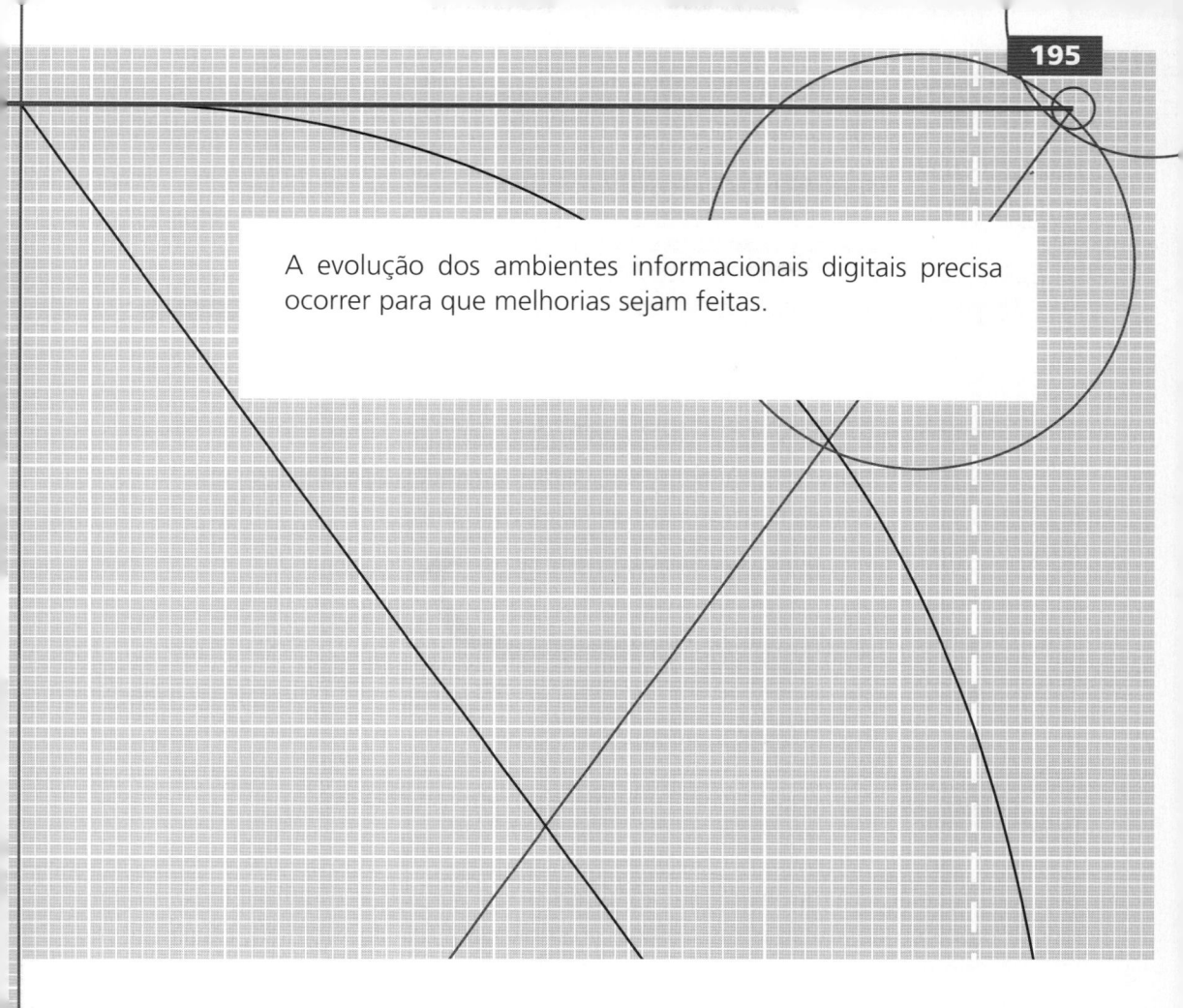

A evolução dos ambientes informacionais digitais precisa ocorrer para que melhorias sejam feitas.

A Figura 70 mostra o destaque da próxima e última fase da metodologia de desenvolvimento proposta, a qual consiste na avaliação e retroalimentação do ambiente informacional digital.

O objetivo dessa fase é avaliar, testar, retroalimentar e dar manutenção no ambiente informacional, bem como nos requisitos coletados, analisados e projetados nas fases anteriores.

Na ES essa etapa envolve testes, o que, segundo Sommerville (2007), "é a maneira mais comum de verificar se o ambiente atende as especificações e realiza o que o cliente deseja. Entretanto, os testes são apenas uma das várias técnicas de verificação e validação". O autor define:

- **Verificação:** Estamos construindo o produto corretamente?

- **Validação:** Estamos construindo o produto correto?

De acordo com essas definições, podemos afirmar que os testes podem se referir ao processo realizado para o desenvolvimento do produto final e ao próprio produto final.

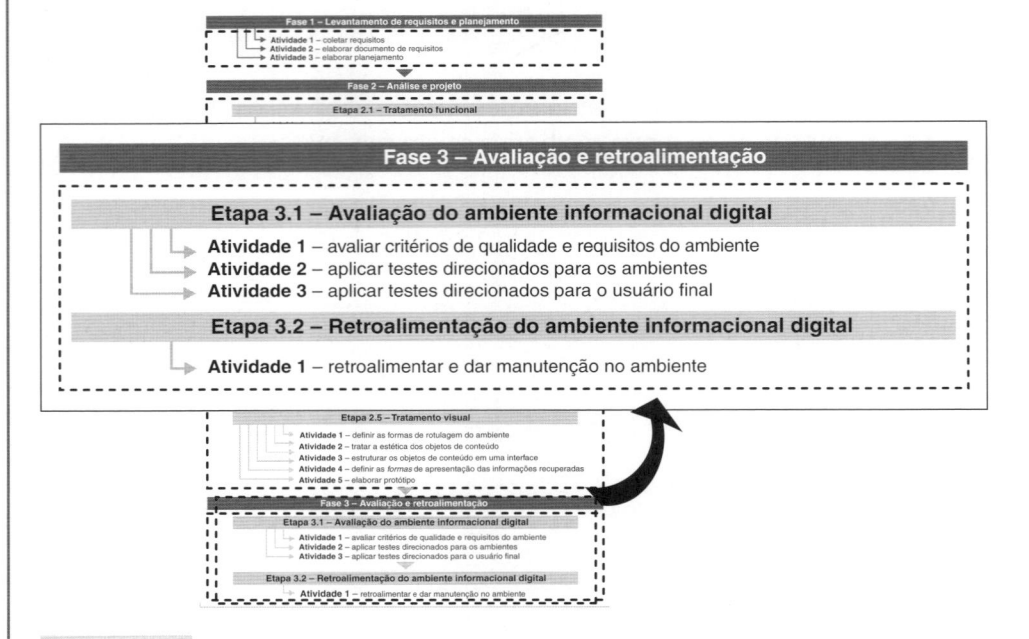

Figura 70 Destaque da Fase 3 – Avaliação e retroalimentação

Com relação à retroalimentação, pode-se comentar que essa atividade se refere ao processo de atualizar e modificar o ambiente a fim de evoluí-lo, ou seja, é necessário dar manutenção. Sommerville (2007, p. 326) define manutenção como "um processo geral de mudanças de um sistema depois que ele é entregue". Considerando que a avaliação do ambiente deve ser constante para garantir atualizações e evolução do ambiente, consequentemente a manutenção também deve seguir essa constância. As etapas dessa fase são apresentadas a seguir.

6.1 ETAPA 3.1: AVALIAÇÃO DO AMBIENTE INFORMACIONAL DIGITAL

Pressmann (2006, p. 455) relata que o "teste não deveria esperar até que o projeto esteja terminado. Comece a testar antes que você escreva uma linha de código. Teste constante e efetivamente, e você vai desenvolver um site Web muito mais duradouro". Testes podem ser realizados em módulos – por exemplo, pode-se testar um serviço de forma individual na fase de coleta e de análise.

O processo de desenvolvimento deve se embasar nos princípios de qualidade. A importância de trabalhar a questão da qualidade nos ambientes informacionais digitais se dá pela futura diminuição de atividades e custos de manutenção. Cagnin *et al.* (2004, p. 71) relatam que "a garantia da qualidade de software é a principal atividade com a qual uma equipe de desenvolvimento, manutenção e reengenharia deve se preocupar para entregar um produto confiável a seus usuários". Assim, as atividades desta etapa são apresentadas a seguir.

6.1.1 Atividade 1: Avaliar critérios de qualidade e requisitos do ambiente

Esta atividade consiste em verificar a qualidade do ambiente e se os requisitos do mesmo foram contemplados de forma satisfatória. Pressman (2006, p. 455) comenta que um teste de ambiente Web "é um conjunto de atividades relacionadas com um único objetivo: descobrir erros no conteúdo, na função, na usabilidade, na navegabilidade, no desempenho, na capacidade e na segurança". A avaliação pode ser:

■ **Interna** – destina-se a analisar a realidade do próprio ambiente e seu progresso no alcance de metas e objetivos planejados.

■ **Externa** – baseia-se na comparação com a atuação de outros ambientes ou serviços considerados similares.

Nessa fase, devem-se selecionar alguns critérios para avaliação.

Vale ressaltar que os critérios apresentados nos Quadros de 3 a 13 do Capítulo 2 podem ser utilizados para auxiliar nessa atividade.

6.1.1.1 *Práticas da Atividade 1: Avaliar critérios de qualidade e requisitos do ambiente*

Para avaliar critérios de qualidade e requisitos do ambiente, podem-se elaborar guias como:

■ **Guias de estilo** – podem auxiliar os projetistas a elaborar os ambientes, contendo recomendações e observações apresentadas na forma de itens e diretrizes para facilitar a busca da informação. Batley (2007) comenta sobre: cores, que auxiliam na formatação e podem ser utilizadas para acelerar e destacar tarefas, indicar *status* de mudança, permitir grau de controle de usuário, destacar necessidades informacionais etc.; e sumário, que visa introduzir princípios da interface e aumentar a usabilidade por meio de conjunto de conceitos interligados. Donati, Carvalho e Prado (1997) comentam sobre elementos formais de composição estética envolvendo: fundo, que é a superfície e/ou suporte sobre o qual todos os outros elementos estão aplicados; imagens, que são todos os objetos visuais que aparecem na composição da página (fotos, desenhos, ícones, símbolos gráficos); e tipologia, que, além de funcionar como instrumento de registro da mensagem verbal pretendida (o texto propriamente dito), possui um caráter visual de extrema importância para a composição gráfica da página.

Além disso, os guias podem conter diretrizes de usabilidade, que para Goto e Cotler (2005, p. 212) são a medida como o indivíduo de fato interage, busca a informação e navega no website. O "de fato" é para afirmar que não é sobre como você acha que o usuário navega, busca ou interage.

Alguns tipos de recursos que podem ser desenvolvidos são: inserção de textos curtos, utilização de fontes padronizadas, de letras escuras em fundo claro ou vice-versa, de logo e títulos destacados, de exemplos de funções, divisão de conteúdo, disponibilização de textos compreensíveis e significativos, de datas de atualização, de imagens com textos de forma harmoniosa, de poucas propagandas, padronização das páginas, prioridade de informações relevantes, de página configurada, possibilidade de retorno para a página principal, não disponibilização de barra de rolagem horizontal e de caracteres especiais, oferecimento de serviço de feedback (serviço de comentário, de alerta e fórum) e descrição de títulos sucintos e descritivos na janela. A Figura 71 mostra alguns desses itens.

Figura 71 Exemplos de recursos de usabilidade

■ **Guias de critérios de qualidade** – segundo Sampaio *et al.* (2004), alguns critérios de qualidade que podem ser seguidos são: empatia (corresponde à atenção e à personalização do atendimento fornecido aos usuários), garantia (corresponde à qualificação, acessibilidade, cortesia, domínio de fontes de informação, habilidade no uso de equipamentos e comunicação dos funcionários que prestam serviços aos usuários) e tangibilidade (corresponde à aparência física do ambiente envolvendo equipamentos e mecanismos, pessoal e comunicação visual). Em complemento a esses critérios, Selner (1999, p. 45) relata que:

> Os aspectos técnicos para avaliação da qualidade do produto de software são abordados em três Normas: ISO/IEC 9126 – Características de qualidade de software; ISO/IEC 14598 – Guias para avaliação de produtos de software; e ISO/IEC 12119 – Requisitos de qualidade e testes de pacotes de software.

Com base na norma ISO/IEC 12119 (1994), os requisitos de qualidade podem ser agrupados em características e subcaracterísticas da seguinte forma, de acordo com Selner (1999):

☐ **Funcionalidade:** trata-se das funções que satisfazem as necessidades dos usuários envolvendo: adequação – é apropriado ao uso, conforme especificado; acurácia – geração de resultados nos níveis conforme acordado; interoperabilidade – capacidade de interação com outros softwares, conforme especificado; conformidade – de acordo com normas e leis em vigor; e segurança de acesso – capacidade de evitar o acesso não autorizado.

☐ **Confiabilidade:** indica se o software mantém determinado nível de desempenho sob condições predeterminadas como: maturidade – frequência de falhas, causadas por defeitos no software; tolerância a falhas – capacidade de manter um determinado nível de desempenho em caso de falhas; e recuperabilidade – capacidade de restabelecimento aos níveis de desempenho especificados, em caso de falhas.

☐ **Usabilidade:** envolve atributos que indicam o esforço necessário ao uso do software como: inteligibilidade – esforço necessário para o usuário compreender o conceito lógico da aplicação; apreensibilidade – esforço necessário para o usuário aprender a usar o software; e operacionalidade – esforço necessário para o usuário operar o software.

☐ **Eficiência:** relacionamento entre o nível de desempenho do software e a quantidade de recursos utilizados envolvendo: comportamento em relação ao tempo – refere-se aos acordos sobre tempos de resposta e de processamento do software; e comportamento em relação aos recursos – refere-se aos acordos sobre a quantidade de recursos usados durante o uso do software.

☐ **Manutenibilidade:** atributos que evidenciam o esforço necessário à execução de modificações especificadas como: analisabilidade – identifica o esforço necessário à identificação de problemas; modificabilidade – identifica o esforço necessário à remoção de problemas ou adaptação a mudanças; estabilidade – evidências sobre os riscos de efeitos inesperados em caso de mudanças; e testabilidade – identifica o esforço necessário para a execução de testes em caso de modificações.

☐ **Portabilidade:** capacidade de operar em ambientes operacionais diferentes envolvendo: adaptabilidade – identifica a capacidade de adaptar-se a ambientes diferentes, conforme especificado; capacidade para ser instalado – identifica o esforço necessário à instalação do software; conformidade (quanto à portabilidade) – atributos do software que identificam o nível de padronização no que se refere à portabilidade; capacidade para substituir – identifica o esforço necessário para usar o software em substituição a outro já instalado.

Além desses indicadores, existem modelos, normas e diretrizes de avaliação de qualidade, como: Modelo de Excelência da EFQM, criado pela Fundação Europeia para a Gestão da Qualidade; Modelo SERVQUAL, modelo americano criado por Parasuraman, Berry e Zeithaml em 1988; Norma ISO 11620:1998, criada pela Organização Internacional de Normalização, que se baseia na noção de indicador de desempenho; Normas e Diretrizes da ACRL/ALA, que prevê que o ambiente deve assegurar e avaliar todo o conteúdo e acesso aos seus recursos; Diretrizes Internacionais para a medição de rendimento em bibliotecas universitárias da International Federation of Library Association (IFLA), que utiliza diversos indicadores para a medição de rendimentos dos serviços de uma biblioteca; e Norma ISO 11620 – Library Performance Indicators, que objetiva facilitar a evolução de bibliotecas de todos os tipos, apresentando um conjunto de indicadores de rendimento.

■ **Guias de requisitos de avaliação** – segundo Tomaél *et al.* (2000), alguns requisitos de avaliação em sistemas de informação podem envolver: informações cadastrais – identificar a instituição e a fonte, como nome, URL, e-mail, título e objetivos da fonte, entre outros; consistência das informações – detalhar as informações que a fonte fornece, para analisar a completeza, verificando se desenvolve ou apresenta dados mais específicos; adequação da fonte – verificar a linguagem quanto aos objetivos e o nível do tratamento do assunto; links – observar se esses recursos complementam as informações e se são constantemente revisados; mídias utilizadas – verificar a quantidade de mídias, qualidade do texto e da imagem (nitidez, tamanho da letra/imagem); restrições percebidas – observar aspectos que, de alguma forma, restringem o uso, como quantidade permitida de acessos simultâneos, custo de acesso, mensagens de erro; suporte ao usuário – verificar se a fonte traz informações que permitem o contato com seu produtor (e-mail), help etc.

■ **Inspeções de software** – segundo Sommerville (2007), consiste em um processo de validação e verificação estático, no qual um sistema é revisto para se encontrarem erros, omissões e anomalias. Podem-se identificar várias classes de defeitos, como de dados, de controle, de entrada e saída, de interface, de gerenciamento de armazenamento e de gerenciamento de exceções.

■ **Análise estática de informações ou avaliação heurística** – segundo Sommerville (2007), visa examinar o programa sem executá-lo. São frequentemente dirigidas por checklists de erros e heurísticas. Para alguns erros, é possível automatizar o processo de verificação de programas, o que resultou no desenvolvimento de analisadores estáticos automatizados. Essa análise envolve análises de fluxo de dados, de uso de dados, de interface, de fluxo de informações e de caminho. Segundo Reis (2007), a avaliação heurística é um método de avaliação de usabilidade para inspecionar características da interface.

6.1.2 Atividade 2: Aplicar testes direcionados para o ambiente

Esta atividade consiste na aplicação de vários tipos de testes, os quais são baseados em Sommerville (2007) e Pressman (2006) e são apresentados a seguir.

6.1.2.1 Práticas da Atividade 2: Aplicar testes direcionados para o ambiente

Alguns testes que podem ser realizados nesta etapa são:

■ **Teste de conteúdo** – visa descobrir erros sintáticos, semânticos e encontrar erros na organização ou estrutura do conteúdo (PRESSMAN, 2006).

- **Teste de interface** – segundo Pressman (2006), fornece uma avaliação final de usabilidade, envolvendo a seguinte estratégia:
  - ☐ Características de interfaces como estética e conteúdo, incluindo fontes de tipo, uso de cor, molduras, imagens, bordas, tabelas etc.
  - ☐ Mecanismos individuais como formulários, carrinhos de compra, links, HTML dinâmico, janelas pop-up, cookies etc.
  - ☐ Teste de semântica de interface como consistência de linguagem.
  - ☐ Teste de usabilidade como grau em que os usuários podem interagir, grau em que o ambiente dirige as ações dos usuários, interatividade, legibilidade, estética, exibição, personalização, acessibilidade etc.
  - ☐ Teste de compatibilidade como testar em diferentes computadores, dispositivos de exibição, sistemas operacionais, navegadores e velocidade de conexão com a rede.
- **Teste de nível de componente** – também chamado de teste de função, tenta descobrir erros em funções do ambiente (PRESSMAN, 2006).
- **Teste de navegação** – segundo Pressman (2006), visa garantir que os mecanismos que permitem ao usuário navegar no ambiente estejam todos em funcionamento e certificar-se de que cada unidade semântica de navegação possa ser alcançada pela categoria de usuário adequada. Esse teste envolve:
  - ☐ Sintaxe do teste de navegação em que devem ser testados os links, redirecionamentos, marcadores de páginas, molduras, mapas de site e motores de busca.
  - ☐ Semântica de navegação em que é definida uma unidade semântica, que é um conjunto de informação e estruturas de navegação relacionadas que colaboram na satisfação de um subconjunto de requisitos de usuários relacionados.
- **Teste de configuração** – visa testar um conjunto de prováveis configurações do lado cliente e servidor para garantir que a experiência do usuário seja a mesma em todos eles e para isolar erros que podem ser específicos de uma particular configuração. No lado servidor, podem-se testar compatibilidade do ambiente com o sistema operacional do servidor, arquivos e diretórios, integração com o banco de dados, scripts, erros e servidores substitutos. No lado cliente, podem-se testar hardware, sistemas operacionais, navegador, plug-ins e conectividade (PRESSMAN, 2006).

■ **Teste de segurança** – visa encontrar vulnerabilidades e solucioná-las por meio de firewalls (bloqueadores contra ataques), autenticação (valida identidade dos usuários), criptografia (mecanismo de codificação que protege dados confidenciais) e autorização (mecanismo de filtragem que permite acesso somente aos indivíduos com códigos de autorização adequados) (PRESSMAN, 2006).

■ **Teste de desempenho** – usado para descobrir problemas de desempenho que podem resultar em falta de recursos do lado servidor como largura da banda, capacidade de banco de dados, fragilidades do sistema operacional, funcionalidades mal projetadas etc. (PRESSMAN, 2006).

6.1.3 Atividade 3: Aplicar testes direcionados para o usuário final

Esta atividade envolve a avaliação do ambiente informacional digital considerando o usuário do mesmo.

6.1.3.1 *Práticas da Atividade 3: Aplicar testes direcionados para o usuário final*

Para aplicar testes direcionados para o usuário, podem-se utilizar as seguintes práticas:

■ **Personas** – é a criação de arquétipos de usuários que servem de exemplos do público-alvo que irá utilizar o ambiente. As personas referem-se a pessoas do mundo real, por meio de fichas de personas que contêm nome e descrição dos usuários. Esse método pode auxiliar na avaliação das formas de representação da informação do ambiente informacional digital. Um exemplo de ficha de persona é apresentado no Quadro 39.

Quadro 39 Exemplo de persona

Recuperação de informação – persona

**Liriane Camargo, 29 anos
Pesquisadora**

Assuntos preferidos: Arquitetura da Informação, Metodologia de Pesquisa e Sistemas de Informação.

Contexto: Formação na área de Computação e pós-graduada na área de Ciência da Informação com foco principal nas TICs - Tecnologias de Informação e Comunicação.

Interesse no ambiente: espera recuperar informações significativas como apoio para suas pesquisas, bem como relacionar com comunidades de usuários com mesmo interesse.

Uso da ferramenta: procura uma ferramenta rápida e confiável para recuperação da informação.

Objetivos:
Recuperar informações confiáveis.
Realizar uma busca rápida.

■ **Questionário** – já apresentado anteriormente, pode apresentar perguntas para os usuários finais.

■ **Observação direta** – consiste em observar os usuários na utilização do ambiente. Isso pode ser feito por meio de:

☐ **Análise de tarefas hierárquicas** – Sommerville (2007, p. 252) comenta sobre uma análise que enfoca como as pessoas trabalham; por-

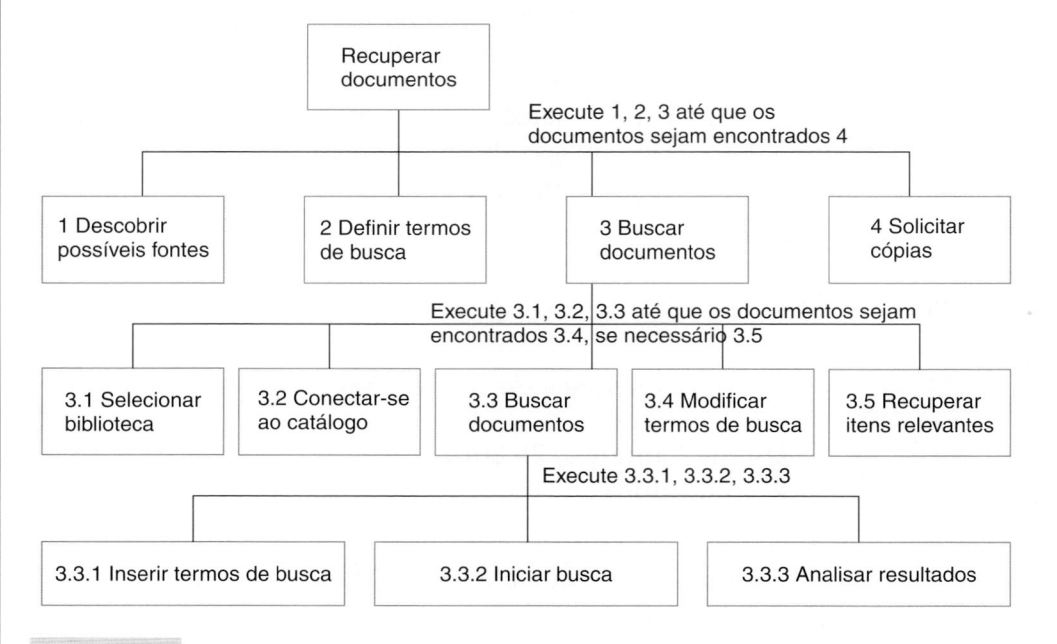

Figura 72 Exemplo de análise de tarefas hierárquicas

tanto as observações diretas de como os usuários trabalham e usam os sistemas é uma técnica adicional e importante para análise de usuário. Essa análise mapeia as tarefas realizadas pelos usuários de forma hierárquica, as quais são coletadas a partir da observação. Um exemplo disso é apresentado na Figura 72.

☐ **Etnografia** – Sommerville (2007, p. 252) relata que uma abordagem para observação direta usada em uma ampla variedade de locais é a etnografia, já apresentada anteriormente.

☐ **Relatório de observações** – Sommerville (2007, p. 252) comenta sobre um relatório em que são descritas as observações feitas da interação do usuário com o sistema. Um exemplo desse relatório é apresentado no Quadro 40.

Quadro 40 Exemplo de relatório de observações

Relatório de observações

O usuário entrou no ambiente e clicou no menu O Ambiente. Depois voltou à página principal e clicou no menu Publicações e digitou na ferramenta de busca a palavra Arquitetura da Informação. O sistema retornou uma lista de resultados em que o usuário acessou o primeiro item, fazendo o download do arquivo completo. Logo em seguida, fez a mesma atividade para o segundo item.

6.2 ETAPA 3.2: RETROALIMENTAÇÃO DO AMBIENTE INFORMACIONAL DIGITAL

Nesta etapa, são identificadas as necessidades de reajustes, adaptação, correção e/ou inserção de novos componentes e informações. A retroalimentação pode ser considerada a manutenção que deve ser feita no ambiente informacional digital de acordo com as avaliações realizadas no mesmo. Com relação a isso, Sommerville (2007, p. 389) comenta sobre gerenciamento de qualidade de software, que envolve:

■ Garantia de qualidade – estabelece procedimentos para conduzir um software de alta qualidade.

■ Planejamento de qualidade – seleciona procedimentos e os adapta para um projeto específico.

■ Controle de qualidade – define e aprova processos que assegurem que a equipe de desenvolvimento tenha seguido os procedimentos de qualidade de projeto.

Ainda nesse contexto, Pressman (2006, p. 482) relata que "a gestão de projeto envolve o planejamento, a monitoração e o controle do pessoal, processo e eventos que ocorrem à medida que o software evolui de um conceito preliminar para uma implementação operacional".

6.2.1 Atividade 1: Retroalimentar e dar manutenção no ambiente

A atividade a ser realizada nesta etapa consiste em retroalimentar e dar manutenção no ambiente, considerando as informações obtidas da etapa anterior, em que correções, adaptações ou adições são detectadas, além de considerar ainda a elaboração de um planejamento de manutenção.

6.2.1.1 Práticas da Atividade 1: Retroalimentar e dar manutenção no ambiente

Com base em Sommerville (2007) apresentam-se as seguintes práticas:

■ **Atualização de conteúdo** – envolve atualizações de objetos de conteúdo no ambiente digital. Por exemplo, a atualização de uma data ou de um calendário na virada do ano, de uma notícia, de uma imagem ou de um vídeo.

■ **Manutenção corretiva** – envolve correções de erros. Esse tipo de manutenção é voltado para reparo de defeitos.

■ **Manutenção adaptativa** – envolve apoio às mudanças. Um exemplo é a adaptação do software utilizado no momento para um software atual diferente.

■ **Manutenção evolutiva** – envolve adição de funcionalidades. Esse tipo de manutenção é necessário quando os requisitos do sistema mudam em respostas às mudanças organizacionais ou de negócio.

6.3 EXERCÍCIOS PROPOSTOS

1 – Faça uma avaliação interna do ambiente verificando se ele contempla os princípios de acessibilidade, usabilidade e qualidade apresentados nos Quadros 3, 4 e 5 da Seção 2.4.

2 – Realize um teste de conteúdo, um de interface e um de navegação no protótipo do ambiente já feito anteriormente.

3 – Elabore três perfis de usuários utilizando a técnica de personas e faça uma análise de suas tarefas.

4 – Identifique melhorias que poderiam ser realizadas no ambiente informacional digital pessoal em questão.

Capítulo 7

Síntese

Uma metodologia de desenvolvimento de ambientes digitais que contemple princípios da arquitetura da informação deve facilitar o desenvolvimento dos ambientes e a utilização dos mesmos pelos usuários. Essa facilidade se dá porque a metodologia oferece passos preestabelecidos para guiar o desenvolvedor durante o processo, fazendo com que o profissional tenha uma visão geral e específica de cada etapa.

Durante a elaboração da metodologia de desenvolvimento proposta neste livro, houve um grande interesse em analisar metodologias de desenvolvimento da engenharia de software com o intuito de identificar limitações e semelhanças entre as áreas de ES e AI. Essa análise visa unir e reusar princípios de ambas as áreas para complementar processos de desenvolvimento de ambientes abordando tanto aspectos tecnológicos quanto informacionais.

A metodologia proposta é constituída por fases, etapas e atividades de desenvolvimento de ambientes informacionais digitais, devendo ser utilizada de acordo com as necessidades do projeto do arquiteto da informação.

Além dessa análise, foi realizado um estudo comparativo em várias metodologia de AIs existentes e nos processos de desenvolvimento apresentados por Pressman (2006) e Sommerville (2007) advindos da área de ES para a elaboração da metodologia proposta neste livro. Já nesse estudo foram identificadas divergências entre autores sobre as fases abordadas na arquitetura da informação, principalmente na fase de implementação, a qual deve abranger um nível superficial de detalhes técnicos, deixando para o engenheiro de software a implementação da infraestrutura tecnológica.

Além dessas questões, foram verificadas as diferenças entre contextos e terminologias de várias áreas do conhecimento em relação ao campo da arquitetura da informação, foi definido também o tratamento de objetos de conteúdo como principal atividade da metodologia proposta, foram identificadas práticas direcionadas, bem como aspectos essenciais que devem ser considerados em todas as fases de desenvolvimento, sendo eles: funcionais, estruturais, informacionais, navegacionais e visuais. Assim, foram definidas as seguintes fases de desenvolvimento:

■ **Fase 1** – Levantamento de requisitos e planejamento: em que devemos coletar requisitos, estruturando-os em um documento. Nessa fase foram identificados tipos de requisitos e foi elaborado um instrumento de auxílio apresentado no Quadro 2 do Capítulo 2, que traz tipos de dados de usuários. Além disso, devem-se definir também o cronograma, o custo, os recursos e a equipe, viabilizando o projeto.

■ **Fase 2** – Análise e projeto: em que devemos analisar os requisitos coletados em cinco etapas – análise das funcionalidades, análise das estruturas, análise de conteúdo, análise da navegação e análise dos componentes visuais do ambiente. Além disso, podemos unir todas as análises em um projeto único, prototipando o ambiente.

■ **Fase 3** – Avaliação e retroalimentação: devemos avaliar o ambiente por meio de testes, principalmente com usuários, tentando garantir a qualidade do ambiente, e também podemos utilizar o instrumento desenvolvido nos Quadros 3 a 14 do Capítulo 2 como checklist do projeto, bem como atualizar e dar manutenção ao ambiente de forma constante para a evolução e retroalimentação do mesmo.

Em síntese, as atividades inseridas em cada fase estão apresentadas no Quadro 41.

Vale ressaltar que existem vários softwares de auxílio às práticas apresentadas como gerenciamento de tesauros, de conteúdo, de base de dados, de metadados etc.

Quadro 41 Atividades da arquitetura da informação proposta

Fases	Etapas	Subetapas	Atividades
1 – Levantamento de requisitos e planejamento			(1) Coletar requisitos (2) Elaborar um documento de requisitos (3) Elaborar planejamento
2 – Análise e Projeto	2.1 – Tratamento funcional		(1) Listar e projetar as funcionalidades do ambiente
	2.2 – Tratamento estrutural		(1) Analisar e projetar a estrutura e os fluxos informacionais do ambiente (2) Identificar as *formas* estruturais da arquitetura do ambiente
	2.3 – Tratamento informacional	2.3.1 – Análise de conteúdo	(1) Realizar análise sintática, semântica e pragmática do conteúdo informacional do ambiente digital (2) Estruturar e projetar o conteúdo informacional
		2.3.2 – Representação da informação	(1) Classificar (2) Catalogar (3) Indexar
		2.3.3 – Organização da informação	(1) Definir a forma de organização da informação
	2.4 – Tratamento navegacional		(1) Projetar a navegação do ambiente (2) Identificar as *formas* de navegação (3) Identificar os estilos de navegação (4) Identificar a sintaxe navegacional

(*continua*)

Quadro 41 Atividades da arquitetura da informação proposta (*Continuação*)

Fases	Etapas	Subetapas	Atividades
	2.5 – Tratamento visual		(1) Definir as *formas* de rotulagem do ambiente (2) Tratar a estética dos objetos de conteúdo (3) Estruturar os objetos de conteúdo em uma interface (4) Definir as formas de informações recuperadas (5) Elaborar protótipo
3 – Avaliação e Retroalimentação	3.1 – Avaliação da utilização a Arquitetura da Informação		(1) Avaliar critérios de qualidade e requisitos do ambiente (2) Aplicar testes direcionados para os ambientes (3) Aplicar testes direcionados para o usuário final
	3.2 – Retroalimentação do ambiente informacional digital		(1) Retroalimentar e dar manutenção no ambiente

A metodologia de desenvolvimento proposta consiste em guiar desenvolvedores por meio de passos preestabelecidos e estruturados, facilitando, melhorando e agilizando o processo de desenvolvimento e minizando problemas com futuras manutenções. Essa metodologia aborda processos e métodos de forma estruturada e incentiva o uso de serviços interativos a fim de melhorar a qualidade dos ambientes informacionais digitais.

Atualmente, estão surgindo ambientes que integram múltiplas aplicações, interfaces e hardware com navegação dinâmica, adaptativa, adaptável e intuitiva. O gerenciamento e o desenvolvimento de tais ambientes se tornam complexos, exigindo projetos em que a metodologia de desenvolvimento baseada em princípios da arquitetura da informação possa auxiliar.

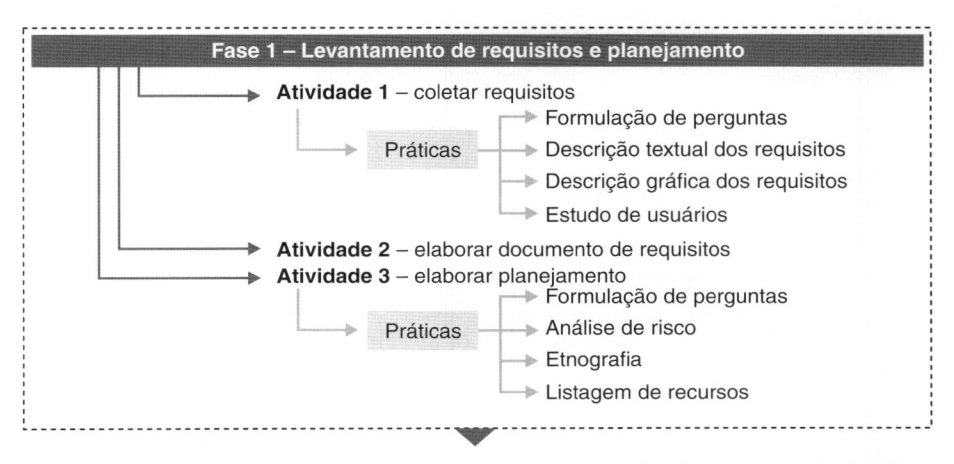

Fase 1 – Levantamento de requisitos e planejamento

Atividade 1 – coletar requisitos

Práticas
- Formulação de perguntas
- Descrição textual dos requisitos
- Descrição gráfica dos requisitos
- Estudo de usuários

Atividade 2 – elaborar documento de requisitos

Atividade 3 – elaborar planejamento

Práticas
- Formulação de perguntas
- Análise de risco
- Etnografia
- Listagem de recursos

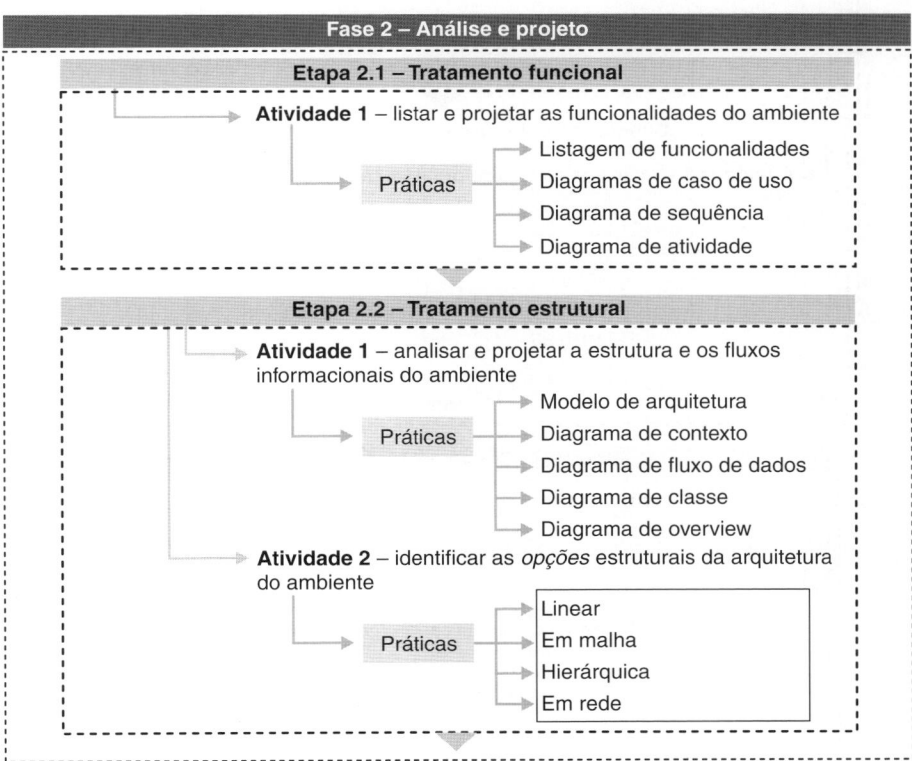

Fase 2 – Análise e projeto

Etapa 2.1 – Tratamento funcional

Atividade 1 – listar e projetar as funcionalidades do ambiente

Práticas
- Listagem de funcionalidades
- Diagramas de caso de uso
- Diagrama de sequência
- Diagrama de atividade

Etapa 2.2 – Tratamento estrutural

Atividade 1 – analisar e projetar a estrutura e os fluxos informacionais do ambiente

Práticas
- Modelo de arquitetura
- Diagrama de contexto
- Diagrama de fluxo de dados
- Diagrama de classe
- Diagrama de overview

Atividade 2 – identificar as *opções* estruturais da arquitetura do ambiente

Práticas
- Linear
- Em malha
- Hierárquica
- Em rede

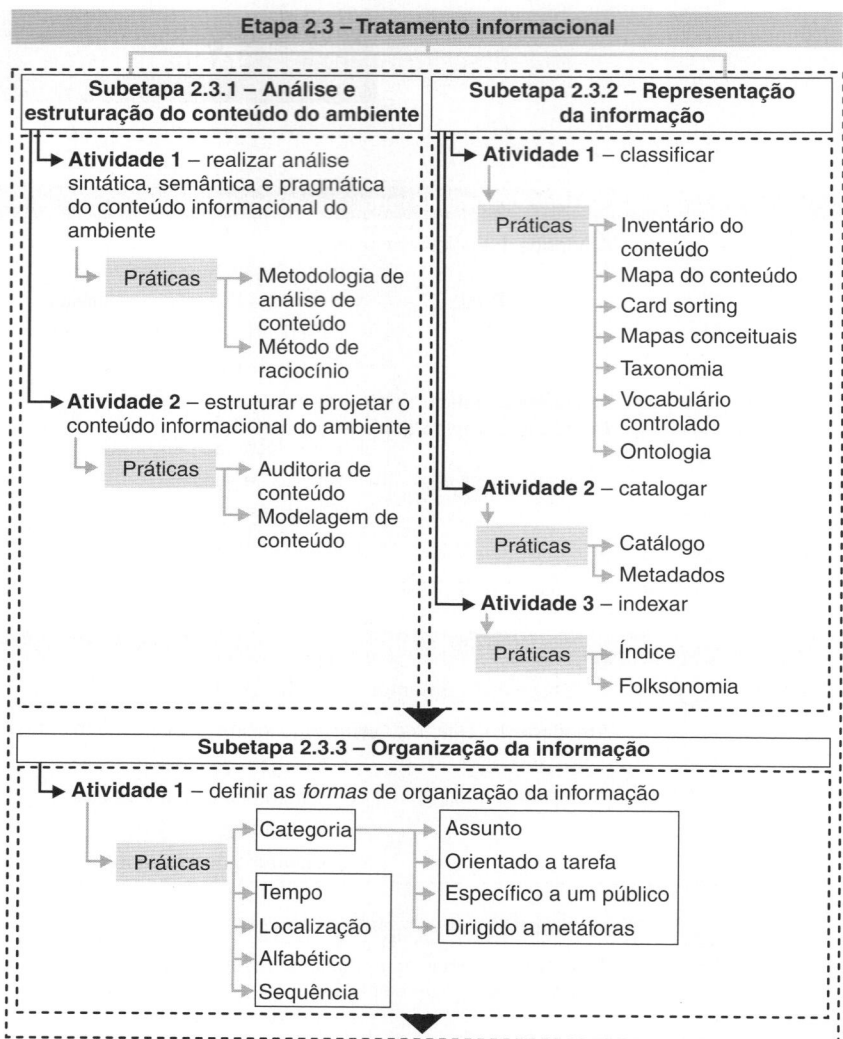

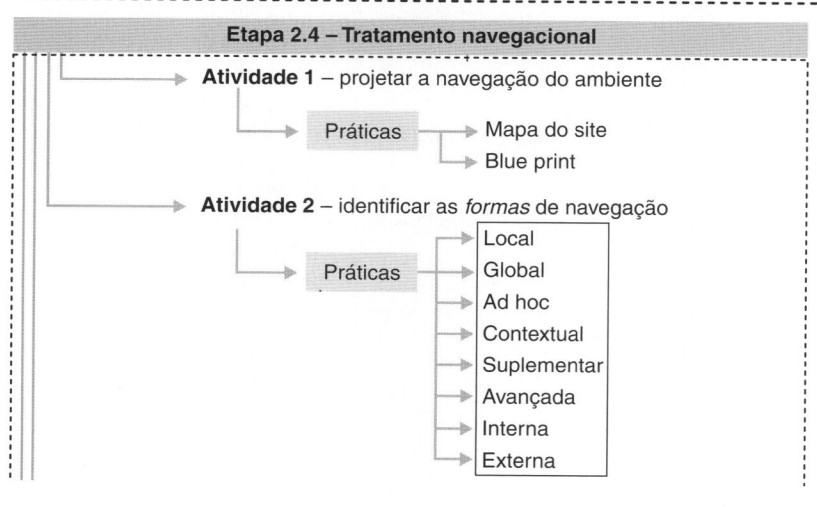

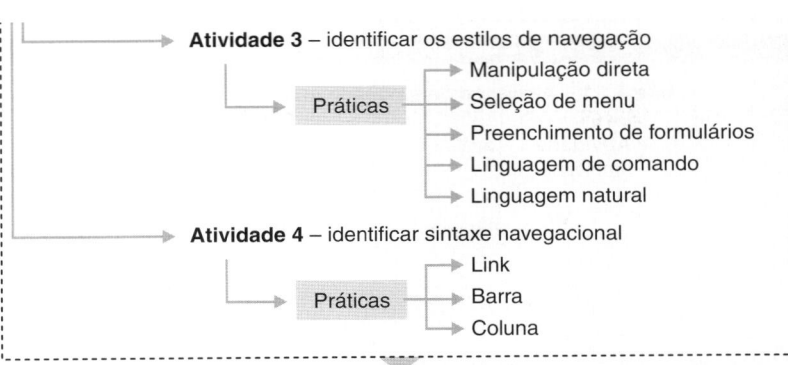

Atividade 3 – identificar os estilos de navegação

Práticas
- Manipulação direta
- Seleção de menu
- Preenchimento de formulários
- Linguagem de comando
- Linguagem natural

Atividade 4 – identificar sintaxe navegacional

Práticas
- Link
- Barra
- Coluna

Etapa 2.5 – Tratamento visual

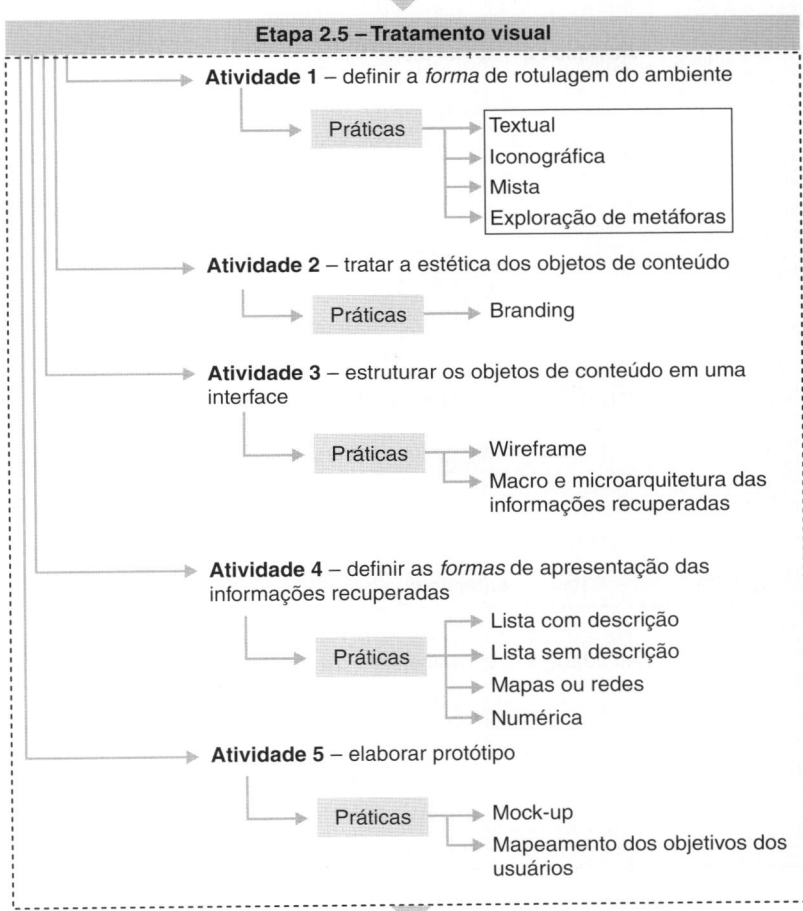

Atividade 1 – definir a *forma* de rotulagem do ambiente

Práticas
- Textual
- Iconográfica
- Mista
- Exploração de metáforas

Atividade 2 – tratar a estética dos objetos de conteúdo

Práticas → Branding

Atividade 3 – estruturar os objetos de conteúdo em uma interface

Práticas
- Wireframe
- Macro e microarquitetura das informações recuperadas

Atividade 4 – definir as *formas* de apresentação das informações recuperadas

Práticas
- Lista com descrição
- Lista sem descrição
- Mapas ou redes
- Numérica

Atividade 5 – elaborar protótipo

Práticas
- Mock-up
- Mapeamento dos objetivos dos usuários

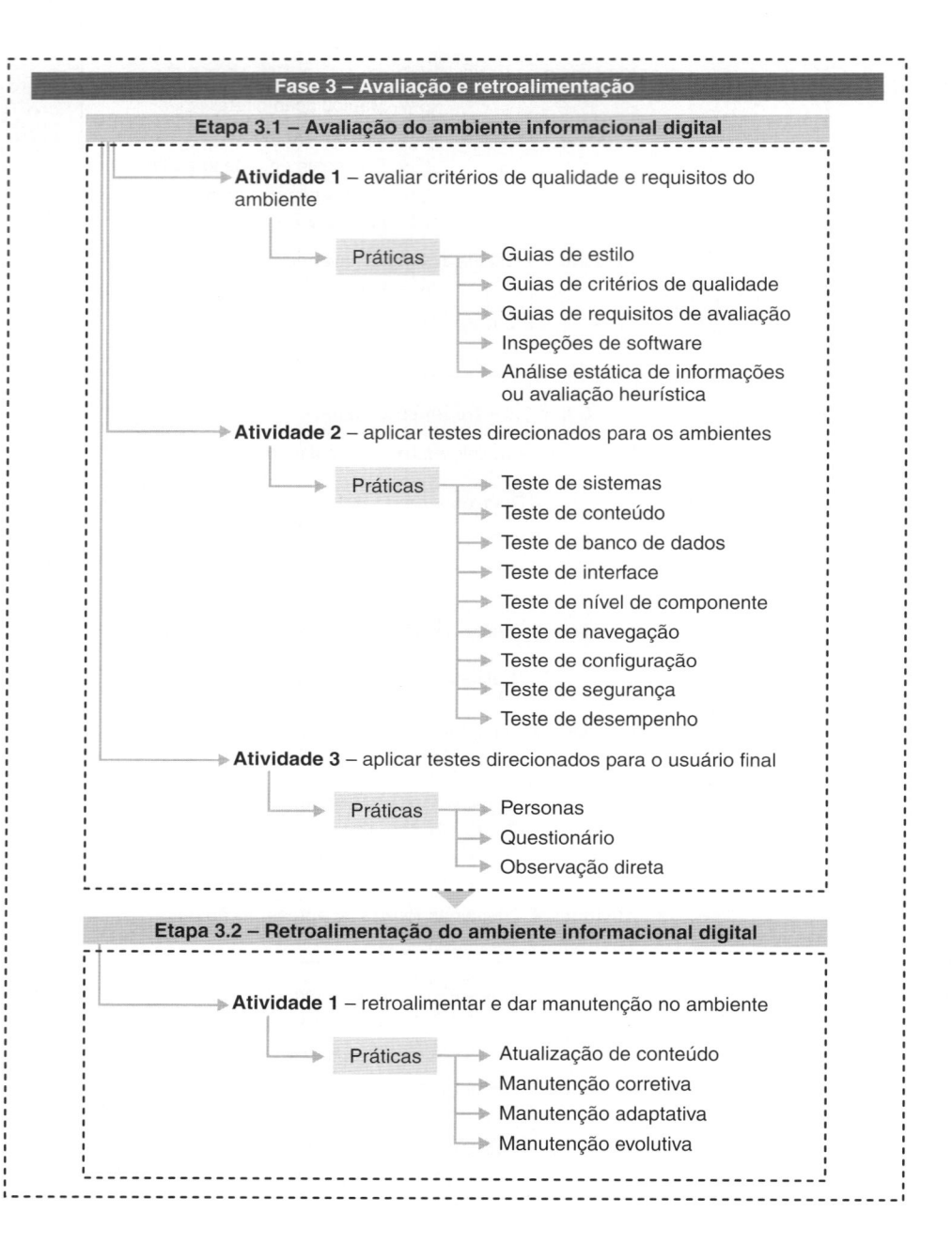

Bibliografia

ADOLFO, L. B.; SILVA, R. C. P. "A arquivística e a arquitetura da informação: uma análise interdisciplinar". *Arquivística.net*, Rio de Janeiro, v. 2, n. 1, p. 34-51, jan./jun. 2006. Disponível em: <http://www.arquivistica.net/ojs/include/getdoc.php?id=186&article=53&mode=pdf>. Acesso em: 02 fev. 2010.

AGNER, L. C. Arquitetura da informação e governo eletrônico: diálogos cidadãos-Estado na World Wide Web – estudo de caso e avaliação ergonômica de usabilidade de interfaces humano-computador. Rio de Janeiro, 2007. Tese (Doutorado em Design). Pontifícia Universidade Católica do Rio de Janeiro. Disponível em: <http://www.agner.com.br/2008/01/30/arquitetura-de-informacao-e-governo-eletronico-tese-baixe-na-integra/>. Acesso em: 03 fev. 2010.

ALDAY, H. E. C. "O planejamento estratégico dentro do conceito de administração estratégica". *Revista* da *FAE*, Curitiba, v. 3, n. 2, p. 9-16, mai./ago. 2000. Disponível em: <http://www.fae.edu/publicacoes/pdf/revista_da_fae/fae_v3_n2/o_planejamento_estrategico.pdf >. Acesso em: 02 fev. 2010.

ALMEIDA, C. C.; CURTY, R. G. "O conhecimento na condição de objeto da gestão do conhecimento: considerações sobre o conhecimento na GC e sua influência na biblioteconomia e ciência da informação". p. 534-551. In: VII Encuentro Asociación de Educadores e Investigadores de Bibliotecología, Archivología, Ciências de la Información y Documentación de Iberoamérica y el Caribe. Marília: EDIBCIC, 2006.

ALMEIDA, R. L. Disseminação de conteúdos na Web: a tecnologia RSS como proposta para a comunicação científica. Brasília, 2008. Dissertação (Mestrado em Ciência da Informação). Universidade de Brasília. Disponível em: <http://eprints.rclis.org/archive/00013971/>. Acesso em: 02 fev. 2010.

ALVES, R. C. V. Metadados como elementos do processo de catalogação. Marília, 2010. 132f. Tese (Doutorado em Ciência da Informação). Faculdade de Filosofia e Ciências, Universidade Estadual Paulista.

ALVES, R. C. V. Web semântica: uma análise focada no uso de metadados. Marília, 2005. 180f. Dissertação (Mestrado em Ciência da Informação). Faculdade de Filosofia e Ciências, Universidade Estadual Paulista.

ANDERSON, R. I. "Coming Together to Explore the Intersections of HCI, Experience Design, and Information Architecture". 2002. *Interactions*, Volume 9 Issue 2. Disponível em: <http://delivery.acm.org/10.1145/510000/505137/p109-anderson.pdf?key1=505137&key2=6115891121&coll=Portal&dl=GUIDE&CFID=70269974&CFTOKEN=97204999>. Acesso em: 02 fev. 2010.

ATKINS, D. "Vision for digital libraries". In: An International Research Agenda for Digital Libraries, p. 11-14, out. 1998.

BAPTISTA, S. G.; ESPANTOSO, J. J. P. "O trabalho do bibliotecário e outros profissionais da informação na organização e projeto de espaços de informação digitais". *DataGramaZero*, v. 9, n. 2, abr. 2008. Disponível em: <http://www.dgz.org.br/abr08/Art_05.htm>. Acesso em: 02 fev. 2010.

BARANAUSKAS, M. C. C.; MANTOAN, M. T. E. "Acessibilidade em ambientes educacionais: para além das guidelines". *Revista On-line da Bibl. Prof. Joel Martins*, São Paulo, v. 2, n. 2, p. 13-22, 2001.

BARDIN, L. *Análise de conteúdo*. Lisboa: Edições 70, 1977.

BASTIEN, J. M. C.; SCAPIN, D. "Ergonomic Criteria for the Evaluation of Human-Computer Interfaces". *Tech. Rep.*, n. 156, Institut National de Recherche en Informatique et en Automatique, Rocquencourt, France, 1993.

BATISTA, E. O. *Sistemas de informação: o uso consciente da tecnologia para o gerenciamento*. São Paulo: Saraiva, 2004.

BATLEY, S. *Information Architecture for Information Professionals.* Oxford: Chandos Publishing, 2007.

BELKIN, N. J. "Information Concepts for Information Science". *Journal of Documentation*, v. 34, n. 1, p. 55-85, 1978.

BOERES, S. A.; MÁRDERO ARELLANO, M. A. "Políticas e estratégias de preservação de documentos digitais". In: Anais do Encontro de Ciência da Informação (CINFORM) VI, 2005, Salvador. Disponível em: <http://dici.ibict.br/archive/00000263/01/Preserva%C3%A7%C3%A3o_VI_CINFORM.pdf>. Acesso em: 02 fev. 2010.

BORKO, H. "Information Science: What is it?". *American Documentation*, v. 19, n. 1, p. 3-5, 1968.

BRANCHEAU, J. C. *et al*. "Building Implementing Information Architecture". *ACM SIGMIS Database*, v. 20, n. 2, 1989. p. 9-17. Disponível em: <http://portal.acm.org/ft_gateway.cfm?id=1017916&type=pdf&coll=Portal&dl=GUIDE&CFID=70269974&CFTOKEN=97204999>. Acesso em: 02 fev. 2010.

BRANCHEAU, J. C.; WETHERBE, J. C. "Information Architectures: Methods and practice". *Information Processing & Management*, v. 22, n. 6, p. 453-463, 1986.

BRETAS, M. B. A. "Elementos metodológicos para a abordagem das interações telemáticas". In: FAUSTO NETO, A. *et al*. (orgs.). *Interação e sentidos no ciberespaço na sociedade*. Coleção Comunicação 11, v. 2. Porto Alegre: EDIPUCRS, 2001, p. 29-48.

CAFÉ, L. *et al*. "Repositórios institucionais: nova estratégia para publicação científica na Rede". In: Anais do Congresso Brasileiro de Ciências da Comunicação XXVI. Belo Horizonte: Sociedade Brasileira de Estudos Interdisciplinares da Comunicação, 2003.

CAGNIN, M. I. *et al*. "Reuso na atividade de teste para reduzir custo e esforço de VV&T no desenvolvimento e na reengenharia de software". In: Anais do Simpósio Brasileiro de Engenharia de Software XVIII, 2004. Disponível em: < http://www.lbd.dcc.ufmg.br:8080/colecoes/sbes/2004/006.pdf>. Acesso em: 20 jul. 2010.

CALLAN, J. *et al*. "Personalisation and Recommender Systems in Digital Libraries Joint NSF-EU DELOS". Working Group Report. 2003. Disponível em: <http://www.ercim.eu/publication/ws-proceedings/Delos-NSF/Personalisation.pdf>. Acesso em: 02 fev. 2010.

CAMARGO, L. S. A. Arquitetura da informação para biblioteca digital personalizável. Marília, 2004. 145f. Dissertação (Mestrado em Ciência da Informação). Universidade Estadual Paulista.

CAMARGO, L. S. A. Metodologia de desenvolvimento de ambientes informacionais digitais a partir dos princípios da arquitetura da informação. Marília, 2010. 287f. Tese (Doutorado em Ciência da Informação). Universidade Estadual Paulista.

CAMPBELL, D. G. "Information Architecture: An academic's view". *Bulletin of the American Society for Information Science and Technology,* v. 32, n. 6, p. 7-10, Aug./Set. 2006. Disponível em: <http://www3.interscience.wiley.com/cgi-bin/fulltext/114297014/PDFSTART>. Acesso em: 08 out. 2008.

CASTRO, F. F. Padrões de representação e descrição de recursos informacionais em bibliotecas digitais na perspectiva da ciência da informação: uma abordagem do MarcOnt Initiative na era da Web semântica. Marília, 2008. 203p. Dissertação (Mestrado em Ciência da Informação). Universidade Estadual paulista.

CASTRO, F. F; COSTA SANTOS, P. L. V. A. "Uso das tecnologias na representação descritiva: o padrão de descrição bibliográfica semântica MarcOnt Initiative nos ambientes informacionais digitais". *Ciência da Informação*, Brasília, v. 38, n. 1, p. 74-85, jan./abr. 2009. Disponível em: <http://revista.ibict.br/ciinf/index.php/ciinf/article/view/1082/1312>. Acesso em: 20 fev. 2010.

CATARINO, M. E.; BAPTISTA, A. A. "Folksonomia: um novo conceito para a organização dos recursos digitais na Web". *DataGramaZero*, v. 8, n. 3, jun/2007. Disponível em: <http://www.datagramazero.org.br/jun07/Art_04.htm>. Acesso em: 02 fev. 2010.

COELHO, C. Um repositório digital para a Universidade do Porto: relatório preliminar. Universidade do Porto, Biblioteca Virtual. 2005. Disponível em: <http://repositorio-aberto.up.pt/handle/10216/6701>. Acesso em: 02 fev. 2010.

COLEPÍCOLO, E. *et al*. MeSH: de cabeçalho de assunto a tesauro. 2006. Disponível em: <www.sbis.org.br/cbis/arquivos/994.pdf>. Acesso em: 02 fev. 2010.

COSTA, G. L. M. "Mudanças da cultura docente em um contexto de trabalho colaborativo mediado pelas tecnologias de informação e comunicação". *Perspectivas em Ciência da Informação*. v. 13, n. 1, p. 152-165, jan./abr. 2008.

CRESPO, I. M.; CAREGNATO, S. "Periódicos científicos eletrônicos: identificação de características e estudo de três casos na área de comunicação". In: Anais do Encontro de Informação em Ciências da Comunicação (Endocom), XVI. 2004. 14 pp. Disponível em http://www.portcom.intercom.org.br/institucional/a_rede/endocom/2004/Crespo.PDF. Acesso em: 02 fev. 2010.

CUNHA, M. B. "Desafios na construção de uma biblioteca digital". *Ciência da Informação*, Brasília, v. 28, n. 3, p. 257-268, set./dez. 1999. Disponível em: <http://www.scielo.br/pdf/ci/v28n3/v28n3a3.pdf>. Acesso em: 20 ago. 2010.

CYBIS, W. A. *et al*. Uma abordagem ergonômica para o desenvolvimento de sistemas interativos. 1999. Disponível em: <http://www.helionet.varginha.com.br/files/Cybis.pdf>. Acesso em: 02 fev. 2010.

D'ANDRÉA, C. "Estratégias de produção e organização de informações na Web: conceitos para a análise de documentos na Internet". *Ciência da Informação*, Brasília, v. 35, n. 3, p. 39-44, set./dez. 2006.

DAVENPORT, T. H. *Ecologia da informação: por que só a tecnologia não basta para o sucesso na era da informação*. São Paulo: Futura, 1998.

DIAS, C. *Usabilidade na Web: criando portais mais acessíveis*. Rio de Janeiro: Alta Books, 2003.

DIX, A. *et al*. *Human-Computer Interaction*. 3 ed. Londres: Pearson – Prentice Hall, 2004.

DONATI, L. P. *et al*. "Sites na Web: considerações sobre o design gráfico e a estrutura de navegação". In: *Cadernos da Pós-Graduação*, Campinas: Unicamp, ano 1, v. 1, n. 1, p. 27-39, 1997. Disponível em: <http://www.cap.eca.usp.br/wawrwt/version/textos/texto01.htm>. Acesso em: 02 fev. 2010.

DONG, J. *et al*. User Input and Analysis Tool for Information Architecture. 2001. CHI '01 extended abstracts on Human factors in computing systems. Disponível em: <http://delivery.acm.org/10.1145/640000/634085/p23-dong.pdf?key1=634085&key2=1625891121&coll=Portal&dl=GUIDE&CFID=70269974&CFTOKEN=97204999>. Acesso em: 02 fev. 2010.

DUQUE, L. A.; VIERA, A. F. G. "Organização da informação na Web: interfaces para o trabalho colaborativo". In: Anais do Encontro Nacional da Ciência da Informação Brasileira (ENANCIB) IX, 2008. São Paulo: SENAC, 2008. Disponível em: <http://www.enancib2008.com.br/cd/6%20

-%20Trabalhos%20em%20PDF/GT8/2%20-%20Poster/2013%20-%20Organização%20 da%20Informação%20na%20Web%20-%20interfaces%20p....pdf>. Acesso em: 06 out. 2008.

EAGAN, J. R. "Designing Interfaces to Enrich Personalization". In: ACM – Proceedings of the 6th Conference on Designing Interactive Systems, p. 26-28, 2006. Disponível em: <http://portal. acm.org/ft_gateway.cfm?id=1142460&type=pdf&coll=Portal&dl=ACM&CFID=29687628&CF TOKEN=12483935>. Acesso em: 02 fev. 2010.

EVERNDEN, R.; EVERNDEN, E. "Third-generation information architecture". 2003. *Communications of the ACM*, v. 46, n. 3, p. 95-98. Disponível em: <http://portal.acm.org/ft_gateway.c fm?id=636777&type=pdf&coll=Portal&dl=GUIDE&CFID=70269974&CFTOKEN=97204999>. Acesso em: 02 fev. 2010.

FERREIRA, D. S. Abordagem híbrida para avaliação da usabilidade de dispositivos móveis. Dissertação (Mestrado em Informática). Campina Grande, 2007. Universidade Federal de Campina Grande Centro de Engenharia Elétrica e Informática. Disponível em: <http://www.dominiopublico.gov.br/download/texto/cp043839.pdf>. Acesso em: 02 fev. 2010.

FERREIRA, J. R. "A biblioteca digital". *Dossiê Informática/Internet*. n. 35, set./nov., 1997. Disponível em: <http://www.ime.usp.br/~is/infousp/rincon/rincon.htm>. Acesso em: 20 ago. 2010.

FREIRE, A. P.; FORTES, R. P. M. "Avaliação e reengenharia da interface de uma aplicação Web de acordo com normas de acessibilidade". In: Anais do Simpósio Sobre Fatores Humanos em Sistema Computacionais VI. Ribeirão Preto, 2004. p. 181-184. Disponível em: <http://safe.icmc.usp. br:9673/safe/scientific-production/FreireFortesWIC.pdf>. Acesso em: 25 out. 2008.

GARRETT, J. J. *The Elements of user Experience: User-centered design for the Web*. New York/ Berkeley: Aiga/New Riders, 2002.

GILLILAND-SWETLAND, A. J. "La definición de los metadatos". In: *Introducción a los metadatos: vías a la información digital*. [S. l.]: Getty, p. 1-9, 1999.

GOMES, R. L.. *et al*. "Um ambiente para integração de aplicações colaborativas". In: Anais do Simpósio Brasileiro de Sistemas Colaborativos (SBSC), 2006. Disponível em: <http://www.uv.mx/ ghoyos/pdfs/sbsc2006.pdf>. Acesso em: 02 fev. 2010.

GOTO, N.; COTLER, E. *Web ReDesign 2.0: Workflow that Works*. Berkeley: New Riders, Peachpit Press, 2005.

GRUSZYNSKI, A. C. *Design gráfico: do invisível ao ilegível*. Rio de Janeiro: 2AB, 2000.

HAGEDORN, K. The Information Architecture Glossary. USA, 2000. Disponível em: <http://argus-acia.com/white_papers/iaglossary.html >. Acesso em: 02 fev. 2010.

HAVERTY, M. "Information Architecture Without Internal Theory: An Inductive Design Process". *Journal of the American Society for Information Science and Technology*, v. 53, n. 10, p. 839–845, 2002. Disponível em: <http://www3.interscience.wiley.com/cgi-bin/fulltext/93520094/ PDFSTART>. Acesso em: 02 fev. 2010.

HENDERSON, R. *et al*. "Dating Example for Information Architecture". 2003. CHI '03 extended abstracts on Human factors in computing systems. Disponível em: <http://portal.acm.org/ft_ gateway.cfm?id=766128&type=pdf&coll=Portal&dl=GUIDE&CFID=70269974&CFTOKEN=972 04999>. Acesso em: 02 fev. 2010.

HERLOCKER, J. L. *et al*. Evaluating Collaborative Filtering Recommender Systems. ACM Transactions on Information Systems, v. 22, n. 1, January 2004, p. 5-53. Disponível em: <http://portal. acm.org/citation.cfm?id=963772&dl=portal&dl=ACM>. Acesso em: 02 fev. 2010.

HJØRLAND, B. "Theory and Metatheory of Information Science: A new interpretation". *Journal of Documentation*, v. 54, n. 5, p. 606-621, 1998.

HUANG, D. Design Principles. CS 6751 Human-Computer Interface. College of Computing. Georgia Institute of Technology. Winter 1997. Disponível em: <http://www.cc.gatech.edu/classes/cs6751_97_winter/Topics/design-princ/>. Acesso em: 02 fev. 2010.

HUANG, E. Y.; LIN, C.-Y. Customer-Oriented Financial Service Personalization. Industrial Management & Data Systems, v. 105, n. 1, 2005, p. 26-44. Emerald Group Publishing Limited 0263-5577. DOI 10.1108/02635570510575171. Disponível em: <www.emeraldinsight.com/0263-5577.htm>. Acesso em: 02 fev. 2010.

HUBERT-MILLER, B. A. "The IA of Potentiality: Toward a grounded theory of information architecture philosophy, theory and research". *Bulletin of the American Society for Information Science and Technology*, v. 32, n. 6, p. 10-12, Aug./Set. 2006. Disponível em: <http://www3.interscience.wiley.com/cgi-bin/fulltext/114297020/PDFSTART>. Acesso em: 02 fev. 2010.

KOBASHI, N. Y. *et al.* "A função da terminologia na construção do objeto da ciência da informação". *DataGramaZero*, v. 2, n. 2, 2001. Disponível em: <http://www.dgz.org.br/abr01/Art_03.htm>. Acesso em: 02 fev. 2010.

KOSCIANSLI, A.; SANTOS SOARES, M. *Qualidade de software: aprenda as metodologias e técnicas mais modernas para o desenvolvimento de software*. São Paulo: Novatec, 2007.

KRUCHTEN, P. *The Rational Unified Process: An introduction*. 2 ed. New Jersey: Addison-Wesley, 2000.

LARA FILHO, D. "O fio de Ariadne e a arquitetura da informação na www". *DataGramaZero*, v. 4, n. 6, dez. 2003. Disponível em: <http://www.datagramazero.org.br/dez03/Art_02.htm>. Acesso em: 02 fev. 2010.

LATHAM, D. "Information Architecture: Notes toward a new curriculum". *Journal of the American Society for Information Science and Technology*, v. 53, n. 10, p. 824-830, 2002. Disponível em: <http://www.eric.ed.gov/ERICWebPortal/custom/portlets/recordDetails/detailmini.jsp?_nfpb=true&_&ERICExtSearch_SearchValue_0=EJ654158&ERICExtSearch_SearchType_0=eric_accno&accno=EJ654158>. Acesso em: 02 fev. 2010.

LAUDON, K. C.; LAUDON, J. P. *Sistemas de informação gerenciais*. Tradução Thelma Guimarães; revisão técnica Belmiro N. João. 7. ed. São Paulo: Pearson – Prentice-Hall, 2007.

LEVACOV, M. "Bibliotecas virtuais: (r)evolução?". *Ciência da Informação*, v. 26, n. 2, Brasília, 1997. Disponível em: <http://www.scielo.br/scielo.php?pid=S0100-19651997000200003-&script=sci_arttext&tlng=em>. Acesso em: 02 fev. 2010.

LIMA-MARQUES, M.; MACEDO, F. L. O. "Arquitetura da informação: base para a gestão do conhecimento". In: TARAPANOFF, K. (org.). *Inteligência, informação e conhecimento em corporações*. Brasília: IBICT, UNESCO, 2006.

LYNCH, C. A. Institutional Repositories: Essential infrastructure for scholarship in the digital age, 2003, ARL Bimonthly Rep, n. 226, p. 327-336. Disponível em <http://www.arl.org/bm~doc/br226ir.pdf >. Acesso em: 02 fev. 2010.

LYNCH, C. A. Personalization, Privacy, and Distributed Information Resources. 2002. Personalisation and Digital Libraries Seminar. Oct. 2002.

LOURENÇO, C. A. "Metadados: o grande desafio na organização da Web". *Informação & Sociedade*. João Pessoa, v. 17, n. 1, p. 71-80, jan./abr. 2007. Disponível em: <http://www.eci.ufmg.br/cintialourenco/downloads/466-986-1-PB.pdf>. Acesso em: 02 fev. 2010.

MACCOLL, J. *et al.* The Institutional Repository in the Digital Library. 2006. p. 1-30. Disponível em: <www.era.lib.ed.ac.uk/bitstream/1842/858/1/Chapter_1.pdf>. Acesso: 02 fev. 2010.

MACEDO, F. L. O. Arquitetura da informação: aspectos epistemológicos, científicos e práticos. Brasília, 2005. 186 p. Dissertação (Mestrado em Ciência da Informação). Universidade de Brasília.

MACEDO, F. L. O. Arquitetura da Informação na prática: portais corporativos. 2007. Apresentação disponibilizada em: <http://www.stf.jus.br/arquivo/sijed/07.pdf>. Acesso em: 02 fev. 2010.

MACHADO, L. L.; SILVA, J. T. Objeto de aprendizagem digital para auxiliar o processo de ensino-aprendizagem no Ensino Técnico em Informática. CINTED-UFRGS – Novas Tecnologias na Educação, v. 3, n. 2, 2005. Disponível em: <http://www.cinted.ufrgs.br/renote/nov2005/artigosrenote/a23_objeto_aprendizagem_ensinotecnico.pdf>. Acesso em: 02 fev. 2010.

MAIMONE, G. D.; TÁLAMO, M. F. G. M. "Tratamento informacional de imagens artístico-pictóricas no contexto da Ciência da Informação". DataGramaZero. v.9 n.2 abr 2008. Disponível em:<http://www.dgz.org.br/abr08/Art_02.htm>. Acesso em: 02 fev. 2010.

MANZANO, A. L. N. G.; MANZANO, M. I. N. G. Estudo dirigido – informática básica. São Paulo: Érica, 1998.

MARCOS, M. C. Interacción en interfaces de recuperación de información: conceptos, metáforas y visualización. Gijón: Ediciones Trea, 2004.

MARTINEZ, M. L. "Um método de Web design baseado em usabilidade". In: Anais do Simpósio Nacional de Geometria Descritiva e Desenho Técnico, XVI, 2003, Santa Cruz do Sul – RS.

McGEE, J.; PRUSAK, L. Gerenciamento estratégico da informação. Tradução Astrid Beatriz de Figueiredo. Rio de Janeiro: Campus, p. 129-149, 1994.

MELO, S. Arquitetos de informação (pelo menos lá fora) são os mais bem pagos da Web. Por quê? 2007. Arquitetura da Informação. Disponível em: <http://arquiteturadeinformacao.com/2007/11/29/arquitetos-de-informacao-tem-os-melhores-salarios-da-Web/>. Acesso em: 02 fev. 2010.

MOREIRA, M. A. Mapas conceituais e aprendizagem significativa. 1997. Disponível em: <http://www.if.ufrgs.br/~moreira/mapasport.pdf>. Acessado em: 15 jan. 2010.

MORVILLE, P. O uso estratégico da arquitetura de informação. Palestra proferida no workshop X Terraforum KM Speaker Series. Terraforum Consultores. Rio de Janeiro, 06 de dezembro de 2005. Arquivo PowerPoint. Disponível em: <http://semanticstudios. com/events/ brazilia.ppt>. Acesso em: 07 dez. 2009.

MORVILLE, P.; ROSENFELD, L. Information Architecture for the World Wide Web. Sebastopol: O'Reilly, 2006. 504p.

MUELLER, S. P. M. "A comunicação científica e o movimento de acesso livre ao conhecimento". Ciência da Informação, Brasília, v. 35, n. 2, p. 27-38, mai./ago. 2006.

MUELLER, S. P. M.; PECEGUEIRO, C. M. P. A. "O periódico Ciência da Informação na década de 90: um retrato da área refletido em seus artigos". Ciência da Informação, Brasília, v. 30, n. 2, p. 47-63, mai./ago. 2001. Disponível em: <http://www.scielo.br/pdf/ci/v30n2/6211.pdf >. Acesso em: 02. fev. 2010.

NATHANSOHN, B. M.; FREIRE, I. M. "Estudos de usuários on-line". Revista Digital de Biblioteconomia e Ciência da Informação, Campinas, v. 3, n. 1, p. 39-59, jul./dez. 2005. Disponível em: <www.sbu.unicamp.br/seer/ojs/include/getdoc.php?id=184...>. Acesso em: 02 fev. 2010.

NIELSEN, J.; TAHIR, M. Homepage: Usabilidade – 50 Websites desconstruídos. Tradução Tereza Cristina Félix de Souza. Rio de Janeiro: Campus, 2002. 315p. Disponível em: <http://www.ime.usp.br/~anderson/novatec.html>. Acesso em: 02 fev. 2010.

NOVELLINO, M. S. F. "Instrumentos e metodologias de representação da informação". Informação & Informação, Londrina, v. 1, n. 2, p. 37-45, jul./dez. 1996. Disponível em: <http://www.uel.br/revistas/uel/index.php/informacao/article/view/1603/1358>. Acesso em: 02 fev. 2010.

NUNES, C. O. "Algumas considerações acerca da ausência de políticas de indexação em bibliotecas brasileiras". Biblos. Rio Grande, 16: 55-61, 2004. Disponível em: <http://www.seer.furg.br/ojs/index.php/biblos/article/viewFile/411/96>. Acesso em: 02 fev. 2010.

OLIVEIRA, L. B. Arquitetura da informação aplicada na construção de um sistema publicador para jornais digitais. Dissertação (Mestrado em Jornalismo). São Paulo, 2005. Escola de Comunicação e Artes da Universidade de São Paulo. Disponível em: <http://www.dominiopublico.gov.br/download/texto/cp012396.pdf>. Acesso em: 02 fev. 2010.

ORTIZ-REPISO JIMÉNEZ, V. "Qué enseñamos después del MARC?". *Organizacion Del Conocimiento en Sistemas de Información y Documentación*, Zaragoza, v. 3, p. 217-225, 1999.

PAVAN, C.; STUMPF, I. R. O processo de avaliação pelos pares nas revistas brasileiras de ciência da informação. In: Anais do Encontro Nacional da Ciência da Informação Brasileira IX, São Paulo: SENAC, 2008. Disponível em: <http://www.enancib2008.com.br/cd/6%20-%20Trabalhos%20em%20PDF/GT7/1%20-%20Oral/1713%20-%20O%20processo%20de%20avaliação%20pelos%20pares%20nas%20revista....pdf>. Acesso em: 06 out. 2008.

PERIN JUNIOR, E. "A linguagem no direito: análise semântica, sintática e pragmática da linguagem jurídica". Jus Navigandi, Teresina, ano 4, n. 40, mar. 2000. Disponível em: <http://jus2.uol.com.br/doutrina/texto.asp?id=50>. Acesso em: 02 fev. 2010.

PINTO, V. B. "Indexação documentária: uma forma de representação do conhecimento registrado". *Perspectiva em Ciência da Informação*, Belo Horizonte, v. 6, n. 2, p. 223-234, jul./dez. 2001. Disponível em: <http://www.eci.ufmg.br/pcionline/index.php/pci/article/viewFile/423/239>. Acesso em: 02 fev. 2010.

PRESSMAN, R. *Engenharia de software*. São Paulo: McGraw-Hill, 2006.

REIS, G. A. Centrando a arquitetura de informação no usuário. São Paulo, 2007. 250 p. Dissertação (Mestrado em Ciência da Informação). Escola de Arte e Comunicação de São Paulo. Disponível em: <http://www.teses.usp.br/teses/disponiveis/27/27151/tde-23042007-141926/>. Acesso em: 02 fev. 2010.

REIS, G. Por uma metodologia de arquitetura da informação. 2006. WebInsider. Disponível em: <http://Webinsider.uol.com.br/index.php/2006/06/16/por-uma-metodologia-de-arquitetura-de-informacao/>. Acesso em: 02 fev. 2010.

RIBEIRO, C. J. S. Diretrizes para o projeto de informações: uma proposta interdisciplinar baseada na análise de domínio e arquitetura da informação. Niterói, 2008. 298p. Tese (Doutorado em Ciência da Informação) Universidade Federal Fluminense. Disponível em: <http://biblioteca.ibict.br/phl8/anexos/claudioribeiro2008.pdf>. Acesso em: 02 fev. 2010.

RLG-OCLC Report. Trusted Digital Repositories: Attributes and Responsibilities. RLG, Mountain View, CA, p. 1-70. 2002. Disponível em: <http://www.oclc.org/research/activities/past/rlg/trustedrep/repositories.pdf>. Acesso em: 02 fev. 2010.

ROBREDO, J. "Indexação automática de textos: uma abordagem otimizada e simples". *Ciência da Informação*, Brasília, 20(2): 130-136, jul./dez. 1991. Disponível em: <http://revista.ibict.br/ciinf/index.php/ciinf/article/viewFile/1349/976>. Acesso em: 02 fev. 2010.

ROBREDO, J. *et al*. Reflexões sobre os fundamentos da arquitetura da informação. In: Anais do encontro nacional da ciência da informação brasileira (ENANCIB) IX. São Paulo: SENAC, 2008. Disponível em: <http://www.enancib2008.com.br/cd/6%20-%20Trabalhos%20em%20PDF/GT1/Oral/2061%20-%20Reflexões%20sobre%20Fundamentos%20da%20Arquitetura%20da%20Informação.pdf>. Acesso em: 06 out. 2008.

RODRIGUES, E. Acesso livre à literatura científica: o repositório institucional e a política de autoarquivo da Universidade do Minho. 2005. Disponível em: <https://repositorium.sdum.uminho.pt/handle/1822/3478>. Acesso em: 25 jan.2009.

ROSENFELD, L.; MORVILLE, P. *Information Architecture for the World Wide Web*. Sebastopol: O'Reilly, 1998. 202p.

RUBI, M. P.; FUJITA, M. S. L. "Elementos de política de indexação em manuais de indexação de sistemas de informação especializados". *Perspectiva em Ciência da Informação*, Belo Horizonte, v. 8,

n. 1, p. 66-77, jan./jun. 2003. Disponível em: <http://www.eci.ufmg.br/pcionline/index.php/pci/article/viewFile/375/193>. Acesso em: 02 fev. 2010.

SAMPAIO, M. *et al*. PAQ – Programa de avaliação da qualidade de produtos e serviços de informação: uma experiência no SIBi/USP". *Ciência da Informação*, Brasília, v. 33, n. 1, 2004. Disponível em: <http://revista.ibict.br/index.php/ciinf/article/view/70/67>. Acesso em: 02 fev. 2010.

SANTOS, R. L. G. Usabilidade e métodos de avaliação de usabilidade de interfaces Web. Anais do Encontro Pan-Americano de Ergonomia I. Congresso brasileiro de ergonomia X. Rio de Janeiro: Abergo, 2000. Disponível em: <http://www.robsonsantos.com/trabalhos/usab_metodos.pdf>. Acesso em: 21 ago. 2009.

SARACEVIC, T. "Interdisciplinarity Nature of Information Science". *Ciência da Informação*, Brasília, v. 24, n. 1, p. 36-41, 1995.

SARACEVIC, T. "Information Science". *Journal of The American Society for Information Science*, New York, v. 50, n. 12, p. 1051-1063, 1999.

SAYÃO, L. F. "Preservação de revistas eletrônicas". In: FERREIRA, S. M. S. P.; TARGINO, M. G. (orgs.). *Mais sobre revistas científicas: em foco a gestão*. São Paulo: Editora Senac São Paulo/Cengage Learning, 2008.

SCHEIDERMAN, B. *Designing the user interface: strategies for effective human-computer interaction*. 3 ed. Reading, MA: Addison-Wesley Longman, 1998

SCHULTZE, S. "Características de periódicos científicos produzidos por editoras universitárias brasileiras". *Informação & Sociedade*, João Pessoa, v. 15, n. 2, p. 157-179, jul./dez. 2005. Disponível em: <http://www.ies.ufpb.br/ojs2/index.php/ies/article/view/36/1517>. Acesso em: 02 fev. 2010.

SCHUURMANS, J.; ZIJLSTRA, E. "Towards a Continuous Personalization Experience". In: ACM – Proceedings of the Conference on Dutch Directions in HCI. 2004, p. 1-4. Disponível em: <http://portal.acm.org/ft_gateway.cfm?id=1005243&type=pdf&coll=Portal&dl=ACM&CFID=29687628&CFTOKEN=12483935>. Acesso em: 02 fev. 2010.

SEABRA, C. Ambientes colaborativos e trabalho em rede. Document Actions. 2008. Disponível em: <http://www.intranetportal.com.br/colab1/comvirt2>. Acesso em: 02 fev. 2010.

SELNER, C. Análise de requisitos para sistemas de informações, utilizando as ferramentas da qualidade e processos de software. Florianópolis, 1999. Dissertação (Mestrado em Engenharia). Universidade Federal de Santa Catarina.

SHACKEL, B. "Ergonomics in design for usability". In: Harrison, M. D.; Monk, A. F. *People and Computers: Designing for Usability*, p. 44-64. Proceedings of HCI 86. Cambridge, UK: Cambridge University Press, 1986.

SHEDROFF, N. Information Interaction Design: A Unified Field Theory of Design. 1994. Disponível em: <http://blogs.nyu.edu/blogs/rbm2/ectblog/2008/01/shedroff_nathan_1999_informati.html>. Acesso em: 02 fev. 2010.

SINHA, R.; BOUTELLE, J. "Rapid Information Architecture Prototyping". 2004. In: DIS '04: Proceedings of the 5th conference on Designing Interactive Systems: Processes, Practices, Methods, and Techniques. p. 349-352. Disponível em: <http://delivery.acm.org/10.1145/1020000/1013177/p349-sinha.pdf?key1=1013177&key2=8724891121&coll=Portal&dl=GUIDE&CFID=70269974&CFTOKEN=97204999>. Acesso em: 02 fev. 2010.

SIQUEIRA, A. A lógica e a linguagem como fundamentos da arquitetura da informação. Brasília, 2008. 143 p. Dissertação (Mestrado em Ciência da Informação e Documentação). Universidade de Brasília. Disponível em: <http://bdtd.bce.unb.br/tedesimplificado/tde_busca/arquivo.php?codArquivo=3180>. Acesso em: 02 fev. 2010.

SOMMERVILLE, I. *Engenharia de software*. Nova Jersey: Addison-Wesley, 2007.

SOTILLOS SANZ, L. "La arquitectura de la información en los medios digitales". In: KNAPP BJERÉN, A. (coord.). *La experiencia del usuario*. Madrid: Anaya Multimedia, 2002.

SOUTO, P. C. N.; OPPENHEIN, C. "Direitos autorais e o movimento de acesso aberto: um equilíbrio que demanda novas atitudes". In: FERREIRA, S. M. S. P.; TARGINO, M. G. (org.). *Mais sobre revistas científicas: em foco a gestão*. São Paulo: Senac São Paulo, 2008.

SURLA, S. M. Information Architecture: Inquiry and Application. Aug./Sep. 2006. *Bulletin of the American Society for Information Science and Technology*. v. 32, n. 6, p. 5-6. Disponível em: <http://findarticles.com/p/articles/mi_qa3991/is_200608/ai_n16717186>. Acesso em: 02 fev. 2010.

TOMAÉL, M. *et al*. "Fontes de informação na Internet: acesso e avaliação das disponíveis nos sites de universidades". In: SNBU, 2000. Disponível em: <snbu.bvs.br/snbu2000/docs/pt/doc/t138.doc>. Acesso em: 02 fev. 2010.

TOMS, E. G. "Information Interaction: Providing a Framework for Information Architecture". *Journal of the American Society for Information Science and Technology*, v. 53, n. 10, p. 855–862, 2002. Disponível em: <http://www3.interscience.wiley.com/cgi-bin/fulltext/93520866/PDFSTART>. Acesso em: 02 fev. 2010.

TORRES, E. F. *et al*. "A acessibilidade à informação no espaço digital". *Ciência da Informação*, Brasília, v. 31, n. 3, p. 83-91, set./dez. 2002.

TOSETE HERRANZ, F.; RODRIGUEZ MATEOS, D. "Arquitectura de la información y el diseño de sedes Web". In: SEBASTIAN, M. C.; FLORES, J. T. N. (coords.). *La información en la posmodernidad: la sociedad del conocimiento en España e Iberoamérica*. Madrid: Editorial Universitária Ramón Areces, 2004.

TRAMONTANO, M.; SALERNO JUNIOR, E. Além de HCI: interfaces gráficas colaborativas. In: Anais do SIGraDi Proceedings of the 9th Iberoamerican Congress of Digital Graphics, 2005, Lima. v. 2, p. 773-777. Disponível em: <http://cumincades.scix.net/data/works/att/sigradi2005_773.content.pdf>. Acesso em: 02 fev. 2010.

TRISTÃO, A. M. D. *et al*. "Sistema de classificação facetada e tesauros: instrumentos para organização do conhecimento". *Ciência da Informação*, Brasília, v. 33, n. 2, p. 161-171, mai./ago. 2004.

VECHIATO, F. L.; VIDOTTI, S. A. B. G. Avaliação da usabilidade de ambientes informacionais digitais sobre envelhecimento humano no contexto da arquitetura da informação: aplicação de avaliação heurística e testes de usabilidade com usuários idosos. In: Anais do Encontro Nacional da Ciência da Informação Brasileira IX. São Paulo: SENAC, 2008, p. 1-13.

VIANA, C. L. M. *et al*. Repositórios institucionais em ciência e tecnologia: uma experiência de customização do DSpace. In: SIMPÓSIO DE BIBLIOTECAS DIGITAIS, III. 2006. Disponível em: <http://bibliotecas-cruesp.usp.br/3sibd/docs/viana358.pdf>. Acesso em: 02 fev. 2010.

VIEIRA, F. J. T. Personalização de informações em portais corporativos: o caso do SERPRO. Brasília, 2005. 106p. Dissertação (Mestrado em Ciência da Informação). Universidade de Brasília.

VIDOTTI, S. A. B. G. Servidores e ferramentas de busca de informação na Internet. Aulas de pós-graduação da Ciência da Informação, Universidade Estadual Paulista, UNESP, Marília, 2003.

WANDERLEY, A. V. M. "Um instrumento de macropolítica de informação. Concepção de um sistema de inteligência de negócios para gestão de investimentos de engenharia". *Ciência da Informação*, v. 28, n. 2, Brasília, 1999. Disponível em: <http://www.scielo.br/scielo.php?pid=S0100-19651999000200011&script=sci_arttext&tlng=pt>. Acesso em: 02 fev. 2010.

WEITZEL, S. R. "Reflexões sobre os repositórios institucionais". In: Anais do Congresso Brasileiro de Ciências da Comunicação XXIX. Brasília: UnB, 2006. Disponível em: <http://www.intercom.org.br/papers/nacionais/2006/resumos/R0884-1.pdf>. Acesso em: 02 fev. 2010.

WHITE, M. "Viewpoint: Information Architecture". The Electronic Library, v. 22, n. 3, 2004, p. 218-219. Disponível em: <http://www.emeraldinsight.com/Insight/viewPDF.jsp?Filename=html/Output/Published/EmeraldFullTextArticle/Pdf/2630220301.pdf>. Acesso em: 02 fev. 2010.

WINCKLER, M.; PIMENTA, M. S. "Avaliação de usabilidade de sites Web". In: Anais da Escola Regional de Informática. Porto Alegre: SBC, 2002. Disponível em: <http://www.funtec.org.ar/usabilidadsitiosWeb.pdf>. Acesso em: 02 fev. 2010.

WURMAN, R. S. Information Architects. Zurich: Graphis, 1996.

WURMAN, R. S. Ansiedade da informação. São Paulo: Cultura Editores Associados, 1991.

WURMAN, R. S. Information Anxiety 2. Indianapolis: QUE, 2001.

W3C: WORLD WIDE WEB CONSORTIUM. Essencial Components of Web Accessibility, Madison, 2007. Disponível em: <http://www.w3.org/WAI/intro/components.php>. Acesso em: 02 fev. 2010.

Índice

Serviços de impressão e acabamento
executados, a partir de arquivos digitais fornecidos,
nas oficinas gráficas da EDITORA SANTUÁRIO
Fone: (0XX12) 3104-2000 - Fax (0XX12) 3104-2016
http://www.editorasantuario.com.br - Aparecida-SP

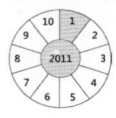